Les Secrets de jeunesse des paresseuses

Marie Belouze-Storm

Les Secrets de jeunesse des paresseuses

•MARABOUT•

Sommaire

Avant-propos
Pourquoi ce guide va vous aider 9

chapitre 1
Comment rester jeune en apprenant à vous apprécier 11

chapitre 2
Comment rester jeune en respectant son corps 47

chapitre 3
Comment rester jeune en gardant la ligne 91

chapitre 4
Comment rester jeune en soignant votre corps de l'intérieur 135

chapitre 5
Comment rester jeune en prenant soin de sa santé 169

chapitre 6
Comment rester jeune en vous bichonnant des pieds à la tête 207

chapitre 7
Comment rester jeune contre vents et marées 253

chapitre 8
Petit glossaire des secrets de jeunesse 285

Table des matières 313

Avant-propos

Pourquoi ce guide va vous aider

Seriez-vous par hasard une très jeune paresseuse ?

Si oui, vous êtes en même temps amoureuse de votre prof de philo, d'un poète maudit et de votre prof de tennis. Vous vous posez des questions existentielles sur l'amour, la vie, l'âme, tout en vous torturant l'esprit pour savoir si vous avez acheté le bon jean. Ce guide ne vous est pas forcément destiné, mais ne vous sentez pas exclue pour autant. Votre tour viendra plus vite que vous ne le pensez ; la lecture de ce guide est donc, à n'en pas douter, un bon investissement pour l'avenir.

Seriez-vous, par le plus grand des hasards, une paresseuse un peu moins jeune ?

Si oui (vous commencez à avoir besoin de lunettes pour lire), vous vous angoissez au premier cheveu blanc, vous êtes atterrée par votre petit bedon proéminent, horrifiée par vos cuisses qui deviennent ramollos et désespérée par vos légères pattes-d'oie. D'ailleurs, parlons de ces rides que vous guettez avec plus ou moins d'angoisse, qui vous poussent dans la catégorie de celles qui ont déjà vécu et vous éjectent du même coup du club très prisé des jeunes, lisses et belles auxquelles tout est censé sourire. Comment dès lors ne pas vous sentir dépourvue à la première ride venue ? Car il faut bien le dire : la jeunesse est pour l'essentiel assimilée à la beauté et la barre est placée de plus en plus haut. « Faire ou ne pas faire son âge », telle est la question. Dur labeur, tâche ingrate, surtout pour une paresseuse qui veut rester jeune en s'épargnant le look « Barbie ». Détendez-vous : la mission n'est pas impossible !

Avec ce guide, vous allez apprendre tous les trucs pour rester une paresseuse qui fait jeune pour son âge, quel qu'il soit. Pas question de vous laisser aller, ni de vous sentir trahie par votre corps ou par votre look ! Grâce à ce guide, vous apprendrez tous les trucs pour éviter de futurs ennuis. Vous deviendrez une paresseuse qui se nourrit de façon appropriée sans s'empâter au fil des ans, qui bichonne son corps pour garder fière allure et qui évite les ennuis de santé.

D'abord, ne pas faire son âge, c'est se satisfaire de son image (je vous accorde qu'il faut quand même y travailler un tout petit peu). C'est ensuite, au-delà de l'apparence physique, adopter une certaine attitude face à l'existence (je vous accorde aussi qu'il faut savoir apprivoiser son ego), faite d'harmonie, de désir et de capacité à vivre avec les années. Rester jeune, c'est une aventure, un style, un comportement face au temps qui passe. La jeunesse, c'est un éclat du regard, une joie de vivre, un état d'esprit. Quoi qu'il en soit, au final, avec ce guide, même la plus invétérée des paresseuses va apprendre à bichonner son petit corps et – promis, juré – n'aura pas à ramer pour rester jeune et belle.

Vogue la galère donc !

chapitre 1

Comment rester jeune en apprenant à vous apprécier

Et si vous vous faisiez du bien

Avouez que la seule personne avec qui vous passez vraiment 24 heures sur 24, c'est vous-même et – espérons-le – encore pour de nombreuses années. Alors, évidemment, LE PREMIER DES SECRETS DE JEUNESSE est de vous apprécier et vous estimer.

L'estime de soi (jugement de valeur sur soi-même) et la confiance en soi (sentiment de confiance à propos de soi et capacité à faire face aux différentes circonstances de la vie) vont de pair. En d'autres termes, l'estime de soi est essentielle pour se faire confiance. Donc, une jeune (ou moins jeune) paresseuse doit impérativement s'armer de cette vertu pour affronter les aléas de la vie.

Enfant, vous possédiez de la confiance en vous et pourtant, peu à peu, vous avez eu tendance à vous en priver pour tenter de satisfaire les besoins de votre entourage : famille, enseignants, collègues... Vous pensez peut-être que, pour mériter l'amour et l'affection des autres, vous devez faire des concessions, refréner vos émotions trop vives, entrer dans un moule. Vous avez souvent appris à refouler vos propres besoins, ceux qui vous définissent comme une personne unique qui s'aime et sait se faire aimer des autres, simplement pour elle-même. Car faire preuve d'estime de soi, c'est avant tout aimer qui l'on est et être persuadée que l'on mérite les bonnes choses de la vie autant que les autres. C'est aussi rejeter l'idée que vous êtes une victime réduite à tout subir sans jamais être à la hauteur.

Donc, il est grand temps de remettre les pendules à l'heure, mais, pour cela, il vous faudra :

1. « Tourner la page » : essayez d'oublier les moments négatifs et désagréables du passé.

2. Faire disparaître les peurs qui vous empêchent de vivre heureuse.

3. Pardonner aux autres et vous pardonner pour vous libérer du passé.

4. Prendre conscience de votre valeur et de votre importance, simplement en tant qu'être humain.

5. Appréhender les principales valeurs qui vous motivent.

6. Apprendre à faire la différence entre Être et Faire (non, vous n'*êtes* pas ce que vous *faites*).

7. Vous connecter avec le sens profond de votre vie.

8. Vous autoriser... à faire et à être.

9. Trouver et utiliser des ressources intérieures positives et gagnantes.

10. Apprendre à trouver le côté positif dans chaque événement de l'existence.

11. Ne pas hésiter à aller de l'avant et à vivre pleinement.

LES 30 MANTRAS DE LA PARESSEUSE QUI S'APPRÉCIE À JAMAIS

1. **Soyez indulgente avec vous-même lorsque vous commettez des erreurs.**
2. **Concentrez-vous sur vos points forts et vos réussites.**
3. **Apprenez à dire « non ».**
4. **Rejetez avec indifférence toute remarque désobligeante.**
5. **Sachez tirer les leçons de vos erreurs.**
6. **Faites du bonheur une habitude.**
7. **Acceptez d'avoir tort avec sérénité.**
8. **Cessez de pester contre vous-même.**
9. **Ne vous préoccupez pas de l'image que vous donnez.**
10. **Acceptez-vous sans condition dès aujourd'hui.**
11. **Soyez prête à vous investir dans vos désirs.**
12. **Acceptez que les autres soient différents de vous.**
13. **Déterminez votre propre définition de la perfection.**
14. **Résistez à l'envie de changer pour que les autres vous aiment.**

15. Ne vous comparez à personne.
16. Épargnez-vous des souffrances inutiles.
17. Cessez de vous identifier à vos actes.
18. Gardez le sourire quand on vous critique.
19. Sachez vous adapter.
20. Acceptez les compliments de bonne grâce.
21. Accordez de l'importance à vos idées.
22. Apprenez à accomplir les tâches que vous confiez aux autres.
23. Ne prenez aucune sorte de compétition trop au sérieux.
24. Dites « non » à la culpabilité.
25. Pensez que vous êtes quelqu'un d'estimable.
26. Interprétez chaque événement de manière positive.
27. Défendez vos intérêts.
28. Fiez-vous le plus possible à vous-même.
29. Acceptez l'entière responsabilité de ce qui vous arrive.
30. Dites ou pensez du bien des autres.

« Bravo moi ! »

Plus vous vous faites du bien, plus vous faites les choses bien. Plus vous faites les choses bien, plus vous vous relaxez, et plus vous vous relaxez, plus vous avez des chances de battre le record de Jeanne Calmant !

Pour vivre longtemps et bien, la paresseuse n'a pas à être parfaite

Cherchez bien... Que dit-on au chien quand il pose enfin son derrière par terre alors que ça fait deux cents fois qu'on lui répète : « Assis ! » ? Que dit-on à un athlète qui vient de franchir la ligne d'arrivée en moins de 1 minute

37 secondes et 2 dixièmes ? On dit : « Bravo ! », on dit : « C'est bien ! », on dit : « C'est formidable ! » Bon, et maintenant, que se passe-t-il quand vous venez de faire cuire une omelette, de finir un dossier ou de réserver des vacances en Toscane pour quatre au meilleur prix ? Rien de spécial. Tout le monde trouve ça normal ! Et quand on vous fait des compliments, vous rétorquez : « Tu sais, c'est rien » ou « J'ai juste de la chance », ou bien « Le hasard fait bien les choses ». Vous êtes trop modeste ! Il faut que ça change !

Trucs de paresseuse sans fausse modestie

1. Vous allez vous dire que vous n'avez pas à être parfaite pour être une femme extraordinaire...

... et vous allez pratiquer la compassion envers vous-même. Vous allez vous apprécier pour ce que vous êtes, imperfections comprises, car c'est tout simplement ce que vous êtes. Vous allez avoir moins besoin de l'approbation des autres, vous allez vous sentir plus centrée, détendue et ouverte à toutes les situations. Laissez tomber votre perfectionnisme : dites-vous que vous êtes seulement humaine, que tout le monde a ses faiblesses et acceptez les vôtres. Si vous souffrez du syndrome de « la barre trop haute », ne vous dites plus que vous vous féliciterez quand vous aurez franchi la prochaine étape. Le complexe de la perfection, c'est être persuadée que vous ne serez appréciée et aimée qu'à condition d'être parfaite. Oubliez cela tout de suite, car les parfaites, si toutefois elles existent, on les admire de loin (parfois) et on les laisse seules dans leur bulle.

2. Vous allez apprendre à vous féliciter...

... et vous serez l'artisan de votre propre bonheur. C'est bien, c'est facile et en plus ça marche. C'est mal vu d'être fière de soi ? Tant pis ! Et en plus ça n'attire pas le mauvais œil – c'est même tout le contraire ! Au besoin, forcez-vous : savoir se féliciter aiguise l'appétit du plaisir et du succès. Encouragez-vous à haute voix ou en cachette : le pouvoir des mots est essentiel ; aux mots forts sont corrélées des sensations fortes. Vous venez d'enchaîner quatre longueurs de piscine au lieu des trois habituelles ? Ne cédez pas à la tentation de minimiser votre exploit en songeant à votre copine qui fait ça toute la journée. Commentez votre performance et clamez, à vous et aux autres : « Je suis super contente ! »

3. Vous allez apprendre à le faire plus souvent

Arrêtez de vous fixer des plannings beaucoup trop ambitieux, assignez-vous une seule tâche dans la journée et vous vous endormirez satisfaite d'avoir relevé ce petit défi. Rappelez-vous : le désir de progresser se nourrit de petits succès dont on prend conscience et dont on se gratifie.

4. Vous allez apprendre à dire : « Ça fait mal mais ça passera »

Quand quelque chose vous fait souffrir, cessez de ressasser vos émotions négatives et vous ferez face à votre problème. Car ce n'est pas la douleur le problème : c'est ce que vous en faites. Si, pour ne pas souffrir, vous dévalisez les magasins ou vous vous jetez la tête la première dans le frigo, le mieux est de vous abandonner à vos émotions sans les juger et sans chercher à les justifier.

5. Vous allez apprendre à repérer ce que vous faites bien...

... et vous vous concentrerez sur les remarques ou les événements positifs. Prenez 5 minutes, voire 1/2 heure pour lister tout ce que vous avez fait de bien aujourd'hui. Vous avez arrosé la plante qui criait famine ? Ça compte. Vous avez gagné deux jours sur le dossier Truc-Muche ? Ça compte. Vous avez fait sourire le garçon de café ? Ça compte aussi ! Vous n'êtes pas obligée de résoudre le problème de la faim dans le monde pour être contente de vous. Sortez du tout ou rien !

6. Vous allez apprendre à vous récompenser...

... et à savourer vos succès. Si le remords pointe son nez parce que vous prenez votre temps, dites-lui de repasser. Et souvenez-vous que le champagne se sabre aussi lors de petites occasions. On a beau être adulte, le principe de la récompense continue à nous faire marcher (*cf.* les prix littéraires, les Prix Nobel et autres Oscars). Donc, n'hésitez pas : un petit cadeau, 1/2 heure sous les lilas du square, un massage ou autre gâterie, décernez-vous une récompense !

7. Vous allez apprendre à tirer les leçons de vos erreurs...

... et vous dire qu'elles sont des opportunités pour apprendre à corriger le tir dans le futur. Car apprendre à tirer les leçons de ses erreurs, c'est aussi ne plus craindre l'échec et augmenter ses chances de succès.

8. Vous allez apprendre à vivre dans le présent...

... et profiter de l'instant. Vous éviterez ainsi d'être dans « l'avant », synonyme de tout ce qu'on n'a pas fait, ou dans « l'après », synonyme de tout ce qu'on doit encore faire. Faites de votre vie un plaisir à déguster au jour le jour, non quelque chose que vous attendez pour plus tard.

« Parce que je le vaux bien ! »

La matière même de la vie est un mouvement fluide, faite d'adaptations et de changements perpétuels. Alors, paresseuse ou pas, on décide ce que l'on veut et l'on s'y tient ! Car – c'est une évidence – rien n'arrive à moins qu'on ne l'ait décidé : relations personnelles, changements de carrière, perte de poids, arrêt du tabac, tout dépend de vous. Il ne s'agit pas de se précipiter : ne prenez aucune décision avant que les choses ne soient claires dans votre esprit ou dans votre cœur. Faites silence dans votre tête, écoutez votre voix et non celles des autres. Mais n'hésitez pas non plus éternellement : les décisions importantes sont toujours plus effrayantes avant de sauter le pas qu'après. Et puis, dites-vous que la providence vous aidera : toutes sortes d'opportunités inattendues vont se présenter, un lot d'événements va suivre votre décision, peut-être des occasions dont vous n'aviez même pas osé rêver.

Une fois votre décision arrêtée, respectez-la et regardez votre vie aller de l'avant. Comme disait Goethe : « Tout ce que vous pouvez faire ou rêver de faire a un début. L'audace a du génie, du pouvoir et de la magie. »

Voici 7 petites choses que vous pouvez décider de faire pour vous-même :

1. Offrez-vous une gâterie

La prochaine fois que vous faites vos courses, achetez une barquette de fraises et du chocolat noir. Faites fondre le chocolat, trempez-y les fraises et laissez refroidir sur du papier sulfurisé. Mettez au frigo et grignotez quelques fraises enrobées de chocolat chaque jour. N'ayez ni complexe, ni remords : les fraises et le chocolat sont bourrés d'antioxydants !

2. Allez à la gym juste pour utiliser le sauna

Votre mission : ignorez tous les appareils de torture ambiants. Enveloppez-vous dans la serviette la plus moelleuse qui soit, entrez dans le sauna et restez-y, encore et encore...

3. Faites foin du blues

Il fait un temps de cochon ? Sous les pavés, la plage ! Transportez-vous en plein été en faisant appel à votre mémoire olfactive : hydratez-vous le corps avec un lait corporel à la noix de coco ou une lotion à la vanille des îles.

4. Faites une sieste

Samedi ou jour de semaine, peu importe : accordez-vous une bonne petite sieste (en fermant la porte et en posant votre tête sur votre bureau). C'est connu : un petit somme augmente la productivité, la concentration et l'attention. Ne dépassez cependant pas les 30 minutes, sinon vous risquez de vous réveiller groggy ou d'avoir des problèmes avec votre boss.

5. Trouvez-vous un compagnon à poil

Que vous soyez une mère à chats ou pas, il est prouvé que la compagnie d'un animal domestique fait baisser la tension et le cholestérol. Et qu'être avec un chien booste le niveau de sérotonine, l'hormone de la bonne humeur.

6. Dépaysez-vous

Rappelez-vous combien vous vous sentiez régénérée en rentrant de vacances. Faites comme si... Explorez un nouveau quartier, arrêtez-vous dans un café ou visitez un musée ou un parc : en d'autres termes, jouez les touristes sans passeport ni décalage horaire.

7. Débranchez-vous

Vous êtes sans doute connectée en permanence. Téléphone, portable, mail : débranchez tout ça pour un moment et rêvez éveillée – c'est le meilleur moyen de vous reconnecter... avec vous-même.

ENVOYEZ-VOUS DES FLEURS

Comme il n'y a pas de mal à se faire du bien, faites une liste de toutes les qualités qui vous rendent unique et précieuse. Quelques exemples au cas où vous seriez à court d'idées :

- « Je suis une amie loyale. »
- « J'ai un grand sens de l'humour. »
- « Je fais de mon mieux à chaque fois que j'entreprends quelque chose. »
- « Je connais plein d'histoires drôles. »
- « J'ai le don de mettre les gens à l'aise. »

Etc., etc., etc.

Complétez consciencieusement votre liste sur plusieurs jours ou semaines ; gardez-en une copie sur votre table de nuit, votre plan de travail dans la cuisine ou sur la porte de votre frigo. Jetez-y souvent un coup d'œil : comme ça, quand vous vous sentirez dévalorisée ou déprimée, vous éviterez peut-être de vous jeter sur la tablette de chocolat (vous aurez pris la précaution de relire la liste à la place).

Vous avez le droit de garder le silence

Votre portable sonne, votre mail déborde, votre amie pleure dans votre giron ? Bonne nouvelle : vous avez le droit de ne pas être là – tout le temps, pour tout le monde ! Pensez un peu plus à vous ! Souvent, on passe d'une activité à une autre, sans s'accorder la moindre parenthèse. Pourtant il faut savoir dire « stop » et couper les ponts de temps en temps. Car profiter de la vie, c'est savoir parfois (à défaut de souvent) se faire plaisir et prendre (enfin) soin de soi. Avouez que vous avez l'impression que l'existence passe trop vite, qu'elle vous échappe et que vous n'en profitez pas assez. Et dites-vous que cette impression se renforce avec l'âge.

Pas une minute à vous ? Trop de décisions à prendre ? Trop de pressions ? Trop de travail ? La solution : soyez un peu plus égoïste ! Car ne pas passer à côté de sa vie, c'est avant tout ne pas passer à côté de soi-même ! Pour que votre quotidien conserve sa saveur, prenez soin de vous, écoutez-vous un peu. Si l'égoïsme est un enfermement sur soi, s'occuper de soi témoigne, tout au contraire, d'une attitude d'ouverture, à soi comme à ce qui vous entoure. Si l'on est capable d'attention, d'écoute, de respect, de force de caractère et de sens des responsabilités vis-à-vis de soi, on en est aussi capable vis-à-vis des autres. S'occuper de soi, c'est aussi bon pour les autres ! Cultiver le respect de soi, c'est la base du respect porté aux autres et cela rejaillit de façon positive sur tout votre entourage.

Occupez-vous de vous

- En prenant en charge vos propres besoins, vous cessez d'attendre que les autres y pourvoient : ils ne sont pas responsables de vos besoins ni de vos attentes.
- En refusant de vous laisser happer par le monde extérieur, en respectant vos besoins et votre rythme propres, toute une partie étouffée de vous-même reprend ses droits. Intuition, créativité : sans elles votre relation au monde devient mécanique, stéréotypée et sans beaucoup de saveur. Accordez-vous un peu d'attention pour vous rapprocher de votre équilibre intérieur – ce qui profite à vos proches et vous rend moins vulnérables aux aléas de la vie.

Trucs de paresseuse pour débrancher

I. Cachez-vous

Quand vous vous sentez dépassée par les événements ! Pour quelques minutes ou quelques jours, dans votre salle de bains, dans une chambre d'hôtel, dans la forêt ou dans votre voiture.

2. Redevenez primitive !

D'accord, toutes ces avancées technologiques ont rendu le contact plus facile, mais elles ont aussi conduit certaines à penser que prendre de la distance était une violation de l'ordre social ! Débranchez parfois vos fameuses connexions : le silence est d'or.

3. Débarrassez-vous de vos pieuvres !

C'est-à-dire de ceux et celles qui ont des tentacules et semblent ne pas pouvoir exister sans votre précieux soutien moral. Une fois qu'ils vous accrochent, difficile de s'en débarrasser. Ne cherchez pas à vous en sortir élégamment. Ce ne sera pas joli-joli, donc autant employer les grands moyens. Soyez directe, prenez vos jambes à votre cou sans autre forme de procès.

4. Soyez insensible !

Arrêtez d'être attentive aux problèmes de tous ceux qui se plaignent en permanence (pas ceux qui vous demandent de l'aide pour de vrai), répondez-leur froidement : « Et alors ? »

5. Soyez superficielle !

Rester en contact avec un petit nombre de personnes que vous aimez se révèle difficile si vous êtes trop impliquée. Dans ce cas, la superficialité est parfois une bonne chose. Cessez de disserter sur Schopenhauer par mail, envoyez plutôt quelques blagues bien placées ou réunissez vos amis pour regarder votre série télé préférée.

Les 10 travaux pratiques de la paresseuse qui profite de la vie

Besoin de solitude ? de présence affectueuse ? d'évasion ? de nature ? d'activités physiques ? de repos ? de fête ? Besoin de ne rien faire peut-être ? Quelle que soit la forme de « ce qui est bon pour vous », l'important, c'est d'y prêter attention :

1. Mettez-vous à l'écoute de vos besoins...

... physiques, psychiques et affectifs. Cela vous permet de faire le point et de sentir ce qui est bon pour vous.

2. Sachez dire « stop » aux sollicitations extérieures

Trop c'est trop. Défendez votre territoire, mettez des limites, imposez des restrictions.

3. Accordez-vous des pauses...

... et des espaces vacants. Placez ces moments de répit en tête de liste de vos priorités.

4. Programmez-les et notez-les...

... sur votre agenda au même titre que vos autres rendez-vous.

5. Gardez vos objectifs en mémoire

Il est rarement possible de satisfaire ses besoins dans l'instant, mais ce n'est pas une raison pour les négliger ou les reléguer aux calendes grecques.

6. Cultivez votre jardin secret

Dans vos jeunes années, vous étiez artiste ? sportive ? inventive ? Et maintenant ? Oh, vous êtes bien trop occupée ! Entre le travail et la famille, vous n'avez plus de temps pour ces futilités. Et si vous vous donniez à nouveau l'occasion et les moyens de cultiver votre jardin ?

7. Ne sacrifiez pas vos passions

La liste n'en finirait pas de toutes ces passions, petites ou grandes, auxquelles vous avez renoncé au nom du sempiternel « J'ai pas le temps ! ». Et pourtant, le temps, ça se trouve ! Vous avez peut-être moins de loisirs qu'avant, mais vous ne travaillez pas non plus 24 heures sur 24 !

8. Prenez le temps de vivre

En fait, vous avez tellement pris l'habitude de vous occuper des autres (conjoint, enfants, etc., etc.), d'organiser leurs sorties ou leurs vacances, que vous vous êtes oubliée en route. Du coup, vous n'en avez plus vraiment envie, et vos goûts sont guidés par le devoir plutôt que le plaisir. Cherchez bien dans votre mémoire : vous retrouverez vite quelles occupations faisaient votre bonheur !

9. Faites-vous plaisir

Personne ne vous oblige à devenir une acharnée du loisir ! Si aucune activité particulière ne vous tente, offrez-vous une soirée par-ci par-là, rien que pour vous. Allez écouter la musique que vous aimez, boire un verre avec un(e) collègue, un(e) ami(e)...

10. Pratiquez les activités de vos rêves

Les centres de loisirs et les centres sportifs proposent une multitude d'activités pour adultes. Si vous n'aimez pas les contraintes horaires, pratiquez votre « hobby » chez vous. Les librairies regorgent de méthodes d'apprentissage dans les domaines les plus variés. Inscrivez-vous à des associations, entrez en relation avec d'autres passionnés, échangez des astuces : c'est le moyen de faire la part belle à vos petits bonheurs. En affirmant vos passions, vous ne volez pas de temps à ceux que vous aimez, vous leur permettez, au contraire, de mieux vous apprécier en mettant au jour vos talents cachés.

Vous avez le droit d'être heureuse

Parfaits, votre mari, votre maison, votre job, etc. ? Peut-être... mais c'est loin d'être suffisant. Et si le vrai bonheur, c'était de vous connaître vous-même ? Eh oui, ça prend du temps, mais du temps, vous en avez puisque vous allez rester jeune pour longtemps. D'ailleurs, le meilleur moment d'agir pour être heureuse, ce n'est pas à la Saint-Glinglin : c'est maintenant !

Débroussaillez le terrain !

Même si vous ne croyez pas aux conseils, voici quelques petits trucs de paresseuse pour vous mettre le cœur en fête et vous donner le sourire aux lèvres :

1. Faites la paix avec vous-même

Commencez toujours vos journées par un regard bienveillant sur vous-même. Oubliez vos défauts, vos manques et vos faiblesses, et admirez plutôt vos qualités et vos richesses. Idéal pour doper la confiance et progresser vraiment !

2. Semez le bonheur autour de vous

Mettez votre énergie au profit des autres : votre famille, vos amis... mais aussi ceux qui, moins bien lotis, ont besoin de soutien : votre vieille voisine, les enfants malades, les sans-abri. Un peu de philanthropie pour contrebalancer votre égoïsme tout neuf !

3. Acceptez vos humeurs

Ce matin, vous vous êtes levée du pied gauche ? Acceptez les variations naturelles de votre moral et cessez de culpabiliser. De même, admettre que vos proches, eux aussi, puissent être de mauvaise humeur vous aidera à les supporter plus sereinement.

4. Reconnaissez votre chance

Vous avez un mari, des enfants, des parents et amis, un travail, un logement, vous êtes en bonne santé... Sincèrement, que voulez-vous de plus ? Admettez que vous faites partie du clan des veinardes et cessez vos crises d'insatisfaction.

5. Évitez le catastrophisme

Les nouvelles font grise mine ? Faites la part des choses : sont-elles si terribles que cela ? le monde s'écroule-t-il vraiment ? Vous constaterez sans doute que non. Éteignez la télé : vous vous porterez mieux.

6. Écoutez les autres

L'empathie – comprendre et connaître les autres en s'identifiant à eux – est une qualité maîtresse qui facilitera vos relations et adoucira votre regard sur la vie. Essayez de vous mettre à la place des autres. Votre boss est énervé (son fils a de gros soucis de santé) ? Votre mari n'est pas à prendre avec des pincettes (son travail l'angoisse) ? La contractuelle est odieuse (il pleut à torrents depuis trois jours) ?... À leur place, seriez-vous toujours aimable ?

7. Faites la fête

Ne vous enfermez pas dans le rythme monotone de vos journées : cultivez vos amitiés, partez à la rencontre des autres, établissez des liens nouveaux. Vous êtes crevée ? Ne vous économisez pas sous prétexte de dormir : vous trouverez bien un moment pour dormir pendant le week-end. Sachez faire simple (pas de grand dîner avec tralala) pour ne rater aucun bon moment.

8. Réconciliez-vous avec votre passé

Mettez-vous à jour avec votre passé : laissez de côté les ressentiments et les vieilles rancunes, acceptez ce qui ne peut être changé, digérez les histoires familiales, les séparations, les deuils. Réglez aussi les disputes et les tensions, ne laissez pas pourrir ce genre de situations pour éviter les regrets inutiles et douloureux.

9. Posez-vous des questions

Sans vous prendre la tête avec de profondes questions existentielles, que diriez-vous d'une petite introspection ? Scrutez-vous, analysez vos valeurs personnelles, votre travail et, plus généralement, interrogez-vous sur l'amour, la famille, la liberté. Cernez vos objectifs et observez comment vous vous employez à les réaliser.

10. Préservez votre liberté

Pour se sentir bien avec les autres, ne vous laissez pas enfermer par leurs désirs, mais sachez leur dire « non », exprimer vos sentiments, vos envies et vos besoins. Ne craignez pas le jugement des autres, choisissez seule, librement, ce que vous souhaitez faire ou ne pas faire, et refusez toute manipulation !

Cultivez votre jardin !

Pour les unes, le bonheur est dans le pré. Pour d'autres, il est dans les bras de l'être aimé, dans une salle de cinéma ou au détour d'une galerie d'art. Chacune le sien, donc – et tout le monde y a droit ! Parfois, il est à portée de main et, souvent, on passe à côté. Disposition de l'esprit ou don du Ciel ? Peu importe ! L'important est de cultiver votre jardin d'Éden, car il n'est pas question de vivre centenaire en étant malheureuse ! Il existe plusieurs pistes ; toutes reposent sur des attitudes et des pratiques au quotidien.

1. Sachez vous valoriser

Soyez, sans hésitation, de celles qui pensent qu'elles sont un cadeau au monde ! Votre personnalité a besoin d'être alimentée, alors traitez-vous en diva et ayez une haute estime de vous-même. Prenez votre vie en main, donc votre bonheur, sans blâmer les autres pour vos petites misères. Pour cultiver cette attitude, commencez par dérouler le film de vos succès. En fin de journée, chassez les mauvaises nouvelles du genre « Ce dossier est inextricable », « Il a plu tout le week-end ». Pensez plutôt « positif » : une petite victoire au boulot, un compliment de votre amoureux... pas mal tout ça !

2. Cultivez de bonnes relations avec les autres

Et si le bonheur c'était l'altruisme ? Ne cherchez pas à vous sentir systématiquement aimée ou acceptée par votre entourage. Certes, appréciez l'approbation des autres, mais n'en faites pas un but absolu et soyez prête à donner, au lieu d'attendre des autres. Rendez service, multipliez les occasions festives en bichonnant vos amis, en invitant vos voisins à dîner ou en organisant des brunchs le dimanche.

3. Accordez-vous des petits plaisirs

Et si le bonheur de vivre n'était qu'une suite de petits bonheurs ? Une pause-café avec un collègue qu'on aime bien, un rayon de soleil au cœur de l'hiver... Le bonheur, c'est comme la santé : ça s'entretient tous les jours. Faites-vous du bien et, surtout, évitez de multiplier les corvées : *exit* les vitres, les comptes, les courses à Carrefour. Prenez le parti de la gaieté et de la joie : vous augmenterez ainsi votre taux d'endorphines, ces hormones relaxantes, molécules du bonheur.

4. Enterrez la hache de guerre

De vieilles rancunes au sujet d'un ex, une histoire familiale difficile... encombrant tout ça. Pour gagner en légèreté et donc en capital « bonheur », faire la paix avec son passé est souvent une nécessité ; il suffit parfois d'en parler. C'est souvent plus facile avec une amie, même si l'objet de la discorde est sensible. Dans le cadre du couple ou de la famille, c'est parfois plus délicat. Le travail de deuil ou de pardon ne se fait pas tout seul, mais l'accepter est déjà un pas vers la résolution du problème. Pourquoi ne pas consulter un psy ? C'est courant de nos jours. Pour comprendre, mettre à jour et se libérer, consulter un professionnel est parfois la bonne solution, surtout si vos angoisses ou un certain mal-être deviennent un obstacle à votre bonheur. Faire la paix avec son passé est un signe de maturité.

5. Développez votre créativité

Combattre la routine, s'ouvrir à l'inconnu... Et si vous essayiez la créativité, l'un des piliers du bonheur ? Pour explorer, exprimer votre personnalité et être heureuse, cette qualité est essentielle. Votre matière première : la curiosité ! Tâtonnez, amusez-vous et inventez, quitte à vous tromper dans de nombreux domaines : dans la cuisine, par exemple, à l'occasion d'un dîner en amoureux ou d'un goûter d'enfants. Essayez-vous à l'écriture, imaginez des personnages de roman en regardant les gens de votre entourage (façon *Le Fabuleux Destin d'Amélie Poulain*) ou préparez un voyage, sans forcément avoir recours à une agence.

L'ARGENT NE FAIT PAS LE BONHEUR

Ne l'oubliez pas !
Voici les choses inestimables que l'argent ne peut acheter : la santé, l'indépendance, des amis de qualité, la réputation, l'honorabilité, une attitude enjouée, la longévité, la créativité personnelle, une famille aimante, l'intégrité, la tranquillité d'esprit, le sens de l'humour, la patience, la compassion, la santé mentale, la cordialité, l'humilité, le charme, l'estime de soi, la gratitude, la communion d'idées, la générosité, la noblesse d'esprit, la forme physique, le temps, la sagesse !

Trucs de paresseuse pour être heureuse en un tour de main

1. Apprenez à faire une pause

Arrêtez-vous quatre fois par jour pendant 5 minutes. Petit truc qui peut faire baisser votre niveau de stress de 50 % selon une étude de l'université américaine d'Harvard.

2. Des faits, encore des faits !

Félicitez-vous de vos accomplissements, montrez que vous êtes qualifiée et efficace, que ce soit dans votre boulot ou en tant que personne.

3. Demandez-vous ce qui vous fait vraiment plaisir

Vadrouiller dans une librairie ? Construire des étagères ? Lire de la poésie ? Les plus petits plaisirs sont toujours bons à prendre et ne coûtent pas forcément cher.

VOUS AVEZ LE DROIT DE RÊVASSER !

Ah ! les femmes, elles sont à la fois mères, épouses, amantes, professionnelles, et l'on en passe… Et elles stressent de ne pas être au top sur tous les fronts. Bref pour vous relaxer, vous choisissez logiquement « des activités de détente » : yoga, sophrologie, relaxation… bien. Mais vous êtes encore et toujours dans l'action. Pourquoi ne pas être plus passive ? Faites-vous masser, attardez-vous à la terrasse d'un café… bref, accordez-vous le droit de ne rien faire. Retrouvez le droit de rêvasser, de prendre le temps et même de le « gaspiller » à ne rien faire du tout !

Vous avez le droit de déborder d'énergie

Rester jeune, certes, mais pas ramollo ! Si les exigences de la vie vous vident souvent de toute énergie et que vous n'avez ni le temps ni l'argent de recharger régulièrement vos « batteries » sur une plage des Caraïbes, il existe heureusement des solutions pratiques qui excluent le billet d'avion ou la semaine en thalasso.

Avoir la pêche, c'est pas trop fatigant !

12 trucs simples et pas trop exténuants pour restaurer votre vitalité et votre énergie naturelles :

1. Buvez un jus de citron

D'après certaines études, l'odeur du citron combattrait la dépression et les angoisses. Essayez donc de remplacer votre café par un jus de citron frais ; en plus, la vitamine C qu'il contient va vous donner un coup de fouet.

2. Connectez-vous

N'attendez pas d'être à plat et de ne plus avoir la force de décrocher votre téléphone. Dès que vous avez le blues, connectez-vous avec quelqu'un qui saura vous écouter. Toutes les études en la matière ont prouvé que les personnes qui ont une vie sociale active vivent en meilleure santé et plus longtemps.

3. Mouillez-vous

Nagez dès que vous pouvez, quand vous le pouvez, aussi souvent que vous le pouvez. Nager réduit incontestablement la tension nerveuse, détend tout le corps et redonne de l'énergie. La raison ? L'eau est notre premier élément : l'être humain vient de la mer, on baigne dans l'eau *in utero* et notre organisme en est composé à 70 %. Que ce soit une piscine, une mare ou la mer, l'eau a le pouvoir de calmer le corps et l'esprit.

4. Éliminez le désordre

Une maison où l'on ne peut pas mettre un pied devant l'autre, un bureau couvert de papiers ou des placards qui débordent de vieilles fringues, rien de tel pour pomper votre énergie et vous éparpiller au vrai sens du mot. Un bon coup de rangement vous fera le plus grand bien !

5. Éclairez votre vie

Ne pas avoir assez de lumière naturelle durant les mois d'hiver est une cause de coup de pompe et même de dépression pour les plus sensibles. Sortez donc dès qu'il y a un rayon de soleil et sentez sa caresse sur votre peau.

6. Réinventez l'ordinaire

Ce n'est pas forcément compliqué, mais pour une fois prenez un bain au lieu d'une douche, changez le parcours qui mène à votre boulot... bref, pour ne pas être trop plan-plan, sortez des sentiers battus.

7. Soyez « naturelle »

Pour combattre la fatigue et retrouver votre énergie, privilégiez l'alimentation « santé », c'est-à-dire les oméga-3 et les oméga-6 (voir chap. 4). Potiron et graines de tournesol sont champions en oméga-6, et maquereaux, harengs, sardines, saumon sauvage, thon en oméga-3, qui favorise l'activité de la sérotonine, le neurotransmetteur de l'énergie et de la bonne humeur.

8. Chantez

Selon le *British Journal of Medical Psychology*, chanter seule dans sa voiture ou avec des milliers de personnes à un concert accroît l'énergie et les sentiments positifs.

9. Voyez rouge

La couleur rouge stimule et revigore. Des études ont même montré que les fleurs de couleur vive calment l'anxiété. À défaut de bouquet ou de jardin, vous pouvez toujours essayer le vernis à ongles rouge !

10. Tenez-vous droite

Le simple fait de se tenir droite accroît l'oxygène dans vos poumons de 30 %. Et comme vos cellules demandent à être oxygénées pour vous procurer de l'énergie, « plus d'oxygène » signifie « plus d'énergie pour votre corps et votre cerveau ».

11. Mettez-vous au vert

Le thé vert est rafraîchissant et de plus il contient de la caféine, suffisamment pour donner un coup de fouet, mais pas assez pour provoquer les effets négatifs de la consommation de café, c'est-à-dire énervement et baisse d'énergie quand l'effet se dissipe.

12. Buvez sans modération

De l'eau bien sûr ! Ne pas boire suffisamment est gage de fatigue. Quand vous vous déshydratez, votre volume sanguin diminue littéralement – ce qui provoque une sensation de fatigue. Votre objectif : les incontournables 8 verres d'eau par jour pour rester au top et éliminer les toxines.

Dormir, quel boulot !

Encore un truc de paresseuse et un secret de jeunesse pas trop fatigant. Vous croyez que dormir permet de se reposer ? Vrai, mais le sommeil sert à beaucoup d'autres choses indispensables à votre équilibre et à votre santé. La nuit, l'organisme reconstitue ses forces pour le jour à venir. Le sommeil lui assure une récupération physique, psychologique et intellectuelle. Indispensable à l'équilibre neurologique, il intervient dans la consolidation de la mémoire. Le sommeil améliore aussi vos performances intellectuelles et permet de maintenir un certain niveau d'apprentissage. Un moyen pas cher et efficace pour les paresseuses qui veulent s'entretenir sans trop d'effort !

GROS PLAN

Vous voilà endormie… vos dépenses caloriques sont au plus bas, votre fréquence cardiaque a diminué de 10 % et votre tension artérielle a chuté de 20 %. Votre rythme respiratoire s'est aussi ralenti. Vous vous enfoncez de plus en plus pour atteindre ce que les spécialistes appellent « le sommeil lent profond », auquel fait suite « le sommeil paradoxal ». Au cours de la nuit se succèdent 4 à 6 cycles de 1 heure et 1/2 environ, dont 20 minutes pour le sommeil paradoxal. À ce moment-là, à l'exception des mouvements oculaires, les muscles sont totalement au repos. Même si vous courez en rêve, vous restez parfaitement immobile, à l'exception de petits mouvements de vos oreilles ! Pourtant l'activité électrique de votre cerveau indique un état proche de la veille !

Pourquoi la paresseuse a tout intérêt à s'abandonner aux bras de Morphée

○ Vous activez vos neurones

Pendant la nuit, votre cerveau cherche des solutions aux « casse-tête » rencontrés dans la journée. Des chercheurs de l'université de Lübeck (Allemagne) ont pu vérifier l'adage selon lequel « la nuit porte conseil ». Des volontaires, hommes et femmes, ayant dormi 8 heures, se sont montrés plus perspicaces que des personnes qui avaient veillé. Conclusion : le cerveau ne s'arrête jamais de travailler (rassurez-vous, ce n'est pas douloureux pour une paresseuse) et le sommeil améliore les capacités intellectuelles.

○ Vous entretenez votre mémoire

Il faut dormir pour que la mémoire puisse fonctionner correctement. Selon des scientifiques belges, les zones du cerveau activées pendant le sommeil correspondent pratiquement à celles qui nous servent à apprendre (type d'activité qui n'intervient que pendant le sommeil paradoxal). Le cerveau intègre les informations de la journée, par flash-back. Cependant, il n'en reste pas moins que les mécanismes de la mémoire ne sont pas encore parfaitement élucidés.

○ Vous restez de bonne humeur

Le sommeil agit sur votre comportement et augmente votre pouvoir de concentration. C'est un facteur d'équilibre qui permet à la fois de vous reposer et de vous détendre. Lorsque vous n'avez pas dormi suffisamment, votre humeur s'en trouve modifiée. Après quelques nuits blanches, l'irritabilité peut même évoluer vers des troubles psychiques plus importants.

○ Vous grandissez

C'est pendant le sommeil profond, dans la première partie du cycle, qu'est produite l'hormone de croissance – ce que l'on constate chez les enfants qui grandissent en dormant. Or, l'hormone de croissance est essentielle à tout âge, car, en stimulant la synthèse des protéines, elle permet le renouvellement des tissus de l'organisme. Ainsi, après avoir affronté la pollution, le froid, le vent ou le soleil durant la journée, votre peau profite (sans le moindre effort de votre part !) de la nuit pour se régénérer.

Vous sécrétez des hormones

Votre organisme produit des hormones en permanence. Mais certaines d'entre elles sont surtout sécrétées pendant la nuit. C'est le cas de la mélatonine, qui, fabriquée dans l'obscurité, vous aide notamment à lutter contre le décalage horaire. Même chose pour le cortisol, l'hormone du stress, dont le taux sanguin est au plus haut au petit matin.

APPRIVOISEZ-LE !

- **Essayez autant que possible de vous lever et vous coucher chaque jour à la même heure.**
- **Ne dormez pas dans une chambre trop froide ou trop surchauffée.**
- **Évitez les bains trop chauds le soir, ainsi que le café, le thé, trop de télé ou d'ordinateur.**
- **Dînez modérément : une digestion trop lente et laborieuse nuit au sommeil.**
- **Si vous n'arrivez pas à dormir, levez-vous et occupez-vous jusqu'au retour de votre prochain cycle de sommeil.**
- **Et surtout... relaxez-vous !**

Le sommeil est dans l'assiette

Changer vos habitudes alimentaires vous épargnera insomnies, angoisses nocturnes et stress. Bref, pour retrouver une nuit calme, commencez par une bonne assiette au dîner.

Fuyez vos ennemis

○ Évitez les aliments excitants

Consommés le soir, les fruits et les légumes riches en vitamines C peuvent vous empêcher de dormir. Supprimez les agrumes ainsi que le kiwi, la goyave, le chou, le potiron ou le poivron qui en regorgent.

Excluez aussi le thé, le café ou les sodas, car la caféine qu'ils contiennent stimule le système nerveux.

○ Oubliez les matières grasses

Un repas lourd et trop arrosé provoque une certaine somnolence, mais la digestion difficile, en revanche, aura raison de la sérénité de vos nuits. Sommeil haché, sensation de lourdeur, ballonnements, cauchemars risquent d'être votre lot jusqu'au petit matin.

Faites les bons choix

○ Soignez vos dîners

Préparez-vous un repas équilibré et léger : vous vous assurerez un bon endormissement et une bonne qualité de sommeil.

○ Misez sur les glucides

Le goût sucré favorise la sécrétion de sérotonine, connue pour apaiser l'anxiété. Les glucides provoquent aussi une sécrétion d'insuline qui libère du tryptophane, un précurseur de la sérotonine. Certains aliments riches en glucides complexes sont également capables de favoriser la transformation du tryptophane en sérotonine : le pain complet, le riz complet, les pommes de terre (cuites en robe des champs), les flocons d'avoine.

○ Optez pour les protéines

Viandes, poissons, œufs sont intéressants car ils calment l'appétit. Même à petite dose, les protéines sont rassasiantes, alors qu'en grosses quantités, elles augment la température du corps et retardent l'endormissement.

○ Dopez votre taux de mélatonine

À condition de circuler à un taux suffisant dans le corps, elle a le pouvoir d'accélérer la phase d'endormissement. Pour booster votre taux de mélatonine, choisissez des aliments qui interviennent dans sa synthèse, à savoir le riz, le maïs, la banane et les huiles végétales à pression à froid qui renferment à forte dose des acides gras oméga-6 (tournesol, pépins de raisin).

○ Pensez à la lécithine

La lécithine est un phospholipide riche en phosphore et en acides aminés qui agissent favorablement sur le système nerveux. La lécithine facilite l'élimination du cholestérol par le foie, possède des vertus apaisantes, aide à la concentration, à la mémoire et favorise le sommeil. Dans l'alimentation courante, vous la trouverez dans le soja, le jaune d'œuf, la noix et l'huile de tournesol. Achetez-la aussi en pharmacie ou dans les magasins diététiques, sous forme d'extrait de soja à consommer chaque jour, à raison de 1 cuillère à café midi et soir.

○ Mettez-vous à la tisane

La verveine facilite la digestion et favorise la détente. La camomille et le tilleul ont aussi des vertus sédatives. Vous pouvez également, au cas où vous auriez vraiment du mal à vous endormir, boire un lait chaud au miel : c'est un « somnifère » naturel efficace qui agit en 20 minutes.

○ Misez sur la levure de bière

Elle est riche en vitamines du groupe B et vous aidera à restaurer un équilibre nerveux favorable au sommeil. Vous la trouverez en pharmacie ou au rayon « diététique » des supermarchés. À consommer à raison de 1 dose trois fois par jour.

DORMIR, C'EST MAIGRIR UN PEU

D'après une étude publiée par *The Public Library of Science Medicine*, le temps de sommeil influence la sécrétion des hormones de l'appétit. Moins on dort, plus on sécrète de ghréline (l'hormone qui augmente la sensation de faim) et moins on sécrète de leptine (l'hormone responsable de la sensation de satiété). Le changement hormonal lié au manque de sommeil favorise ainsi la sensation de faim, donc la prise de poids. Ce qui expliquerait qu'il y ait plus de personnes en surpoids chez les petits dormeurs.

Vous avez « même » le droit d'être en colère

La colère n'est pas politiquement correcte et vous hésitez à fulminer sous peine de passer pour une hystérique ? Allez-y franco : réprimer ses émotions ou prendre sur soi s'avère minant, alors que s'enrager ou exploser de colère n'est pas forcément mauvais. D'ailleurs, la science est de votre côté : selon les études scientifiques les plus récentes, le coup de gueule serait même bon pour la santé !

Alors, cessez de réprimer vos sentiments et de ruminer le passé, réagissez et entrez dans l'ère de la libération. Selon les statistiques, les femmes ont tendance à ruminer leurs griefs et à zapper les relations plutôt que de les affronter. Peur d'être traitées de harpies ? Trop bien élevées ? Crainte que les accès de colère les mènent droit à l'infarctus ? Que nenni : le *British Medical Journal* rapporte que les femmes qui expriment leur hostilité voient leur risque de maladies cardio-vasculaires légèrement diminuer. En revanche, les hommes coléreux auraient un risque deux fois plus important que ceux qui restent zen !

Si la colère chronique conduit à la crise cardiaque ou à l'attaque cérébrale tous genres confondus, il n'en reste pas moins qu'exprimer sa colère est bon pour les femmes, tandis que la refréner se révèle particulièrement dangereux. Les chercheurs de l'université du Michigan ont également prouvé, par une étude à long terme, que les femmes qui enterrent leur colère d'une façon pathologique avaient trois fois plus de risques de mourir prématurément de maladies cardio-vasculaires ou de cancers que les femmes qui expriment leurs sentiments tout de go.

Conclusion : laissez libre cours au coup de sang – vous avez la caution de la communauté scientifique – et jurez de vous libérer de vos démons intérieurs.

Après tout, la colère est une bonne émotion : elle signale qu'un changement est nécessaire, que vos besoins ou vos désirs ne sont pas respectés. Tout garder à l'intérieur et ronger son frein sont de mauvaises habitudes. Pour rester jeune, écoutez votre colère : c'est un gage de vitalité !

La paresseuse réhabilite ses émotions

Le but est de développer vos capacités à exprimer plus souvent vos opinions pour établir un climat plus agréable autour de vous, sans confondre colère et agressivité. L'agressivité est couramment liée à un sentiment de menace : vous tenez pour responsable de votre détresse un événement ou une personne et cherchez un moyen de corriger la situation ou de soulager vos tensions. Méfiez-vous de l'effet destructeur et de l'ampleur excessive induits par cette émotion. Quelques trucs pour bien la gérer :

— Rappelez-vous de votre valeur en tant que personne.

— N'accordez pas d'importance à ce qui n'en a pas.

— Concentrez-vous sur les moyens de parvenir à votre but.

— Apprenez à reconnaître les signes avant d'exploser.

— Acceptez – en partie et provisoirement – la frustration.

— Apprenez à vous détendre.

— Apprenez à exprimer verbalement vos insatisfactions et vos désirs.

— Faites de votre mieux pour gérer votre propre comportement et renoncez à contrôler celui de l'autre.

Et si, malgré tout, la moutarde vous monte au nez ? Eh bien, pour régler vos problèmes et exprimer vos sentiments efficacement, piquez une bonne colère ! En revanche, mieux vaut respecter quelques précautions d'usage pour bien gérer votre adrénaline, être percutante et éviter de passer pour la mégère de service :

1. Adressez-vous à qui de droit

Exprimez votre colère quand on vous provoque, mais sans agressivité. Soyez franche et énoncez vos griefs au lieu de lancer des piques ou de parler par sous-entendus.

2. Parlez en votre propre nom

Si vous avez un problème avec quelqu'un, dites « je » ; ne cédez pas à la tentation de faire intervenir un tiers.

3. Gardez la mesure

Inutile de vous transformer en furie incontrôlable lorsque vous souhaitez simplement que votre conjoint fasse la vaisselle.

4. Exprimez votre mécontentement à bon escient

Pour que les choses changent, pas pour lutter contre des moulins à vent.

5. Ne stockez pas vos ressentiments...

... pour les décharger après coup. De la colère, vous passeriez rapidement à l'agressivité la plus nocive.

6. Analysez vos conflits

Avant d'envoyer un flot d'injures, réfléchissez au changement attendu ; faites le point sur vos griefs, cernez vos souhaits.

ÇA FAIT DU BIEN DE LE SAVOIR

Se mettre en colère libère des hormones, les catécholamines – semblables à l'adrénaline –, qui permettent d'être efficace et d'avoir l'esprit clair.

20 TRUCS DE PARESSEUSE POUR VOUS OCCUPER DE VOTRE PETITE PERSONNE SANS TROP D'EFFORTS

1. Soyez radicalement indulgente...

... avec vous-même d'abord, avec les autres ensuite.

2. Pensez à respirer...

... profondément par le nez le plus souvent possible pour bien vous oxygéner le sang : vous aurez ainsi plus d'énergie.

3. Ne vous comparez...

... à personne. Vous êtes unique, pleine de qualités, de possibilités et de talents sans aucun doute. Alors, que votre copine fasse une taille 36 ou que le voisin frime dans sa grosse voiture, grand bien leur fasse !

4. Dégustez lentement

Vous n'avez pas besoin de mâcher 35 fois chaque bouchée comme recommandé à chaque repas. Concentrez-vous plutôt sur le goût et la texture de chaque bouchée.

5. Redéfinissez...

... votre notion du succès. « Vous sentir bien avec vous-même » ne veut pas systématiquement dire que vous devez accomplir tout ce dont vous avez rêvé. Cela signifie juste que vous êtes généralement contente de la tournure et des aspects de votre vie, de votre carrière, de votre famille, de votre corps, de votre santé mentale.

6. Mettez-vous au vert

Sortez, allongez-vous simplement sur l'herbe et concentrez-vous sur vos sensations : c'est une bonne façon de vous recentrer sur vous-même, comme une méditation en quelque sorte.

7. Soyez pleinement présente

La qualité de toute relation réside dans une écoute de qualité. L'empathie, c'est être en phase : vous communiquez vraiment avec les autres sans porter aucun jugement de valeur.

8. Pratiquez l'altruisme

Oubliez un peu votre ego. Occupez-vous de votre grand-mère, de votre jardin, de votre animal domestique, bref : tournez-vous vers les autres.

9. Soyez zen

Avant d'avaler la première bouchée de nourriture, observez attentivement le contenu de votre assiette, la forme et la texture de ce qui est sur le point de devenir votre corps. Après tout, on est ce que l'on mange, non ?

10. Bullez !

Réapprenez à ne rien faire, *niente*, *nada*, rien de rien ! Vous avez la permission de vous laisser aller à votre nature de paresseuse plus souvent !

11. Faites preuve d'imagination

Rien de plus déprimant que la routine et rien de plus excitant que l'inconnu ! Bon, si ce n'est pas votre tasse de thé, essayez parfois de sortir des sentiers battus : qui sait ? vous pourriez y prendre goût !

12. Apprenez à résoudre vos problèmes...

... toute seule, comme une grande. C'est une preuve de maturité que de savoir faire face sans se sentir victime ou sans rejeter la faute sur son entourage.

13. Accordez-vous chaque jour une parenthèse de plaisir

Ne soyez pas parmi les 58 % de femmes qui, selon les statistiques, ne consacrent que 1 heure ou moins par jour à une activité détendante.

14. Dormez... raisonnablement

Une étude récente du journal *Sleep* rapporte que les personnes qui dorment 7 heures au lieu de 8 ou plus ont un taux de survie plus élevé.

15. Lancez-vous

Prenez des risques (pas les plus fous) sans avoir peur de l'échec : qu'avez-vous à perdre d'essayer ?

16. Canalisez...

... votre colère pour qu'elle ne soit pas destructrice. Extériorisez-vous et ne gardez rien à l'intérieur : vous diminuerez ainsi vos risques de maladies cardio-vasculaires, d'attaque cérébrale et d'hypertension.

17. Laissez tomber...

... l'idée d'avoir toujours raison : vous vous épargnerez bien des stress inutiles. Comprendre le point de vue des autres est souvent intéressant et parfois instructif.

18. Confiez-vous...

... à vos amies. Selon une étude de l'université de Californie UCLA, une des raisons qui explique que les femmes vivent en moyenne 7 ans et 1/2 de plus que les hommes réside dans leur habileté à se confier à des amies lorsqu'elles sont déprimées.

19. Acceptez vos limites...

... et vos (quelques) imperfections. Vous n'attendez pas des autres qu'ils soient parfaits : pourquoi espérez-vous l'être ?

20. Transformez...

... vos échecs en opportunités. Il s'agit de savoir mettre de côté vos idées de grandeur. En d'autres termes, reconnaissez que certaines choses ne sont pas possibles, à moins d'avoir des pouvoirs magiques.

chapitre 2

Comment rester jeune en respectant son corps

Et si vous vous rappropriez votre corps ?

Le sport, vous aurez toujours bien le temps de vous y mettre ! Les 2 ou 3 petits kilos en trop, vous aurez bien le temps de les perdre avant l'été ! Le café, l'alcool et la cigarette, un jour, peut-être, vous arrêterez. Bref, vous vivez dans l'instant sans penser au lendemain ? Et pourquoi pas ? Après tout, vous êtes encore jeune (tout est relatif cependant). Mais sachez que votre désinvolture vous prépare des moments de désenchantement. Un jour, dans un futur pas si lointain que ça, vous aurez beaucoup plus de boulot pour vous maintenir jeune et en forme. Mauvais plan pour une paresseuse !

Car n'oubliez pas qu'avec les années, le corps réagit plus rapidement aux excès. Et croyez-moi : ça fait mauvais effet sur le ventre et les hanches ! Heureusement, ça marche aussi dans le sens contraire : lorsque vous faites quelque chose de bien pour votre corps, vous en sentez les effets plus rapidement. Après tout, la vie est faite de réciprocité : c'est vrai pour tout, y compris votre corps. Vous devez en prendre soin, le faire travailler, le reposer. Si vous ne le faites pas, votre négligence se retournera contre vous – n'y voyez rien de personnel : c'est juste une loi de la nature. Certes, vous le comprenez intellectuellement tout en détestant faire du sport ou en occultant totalement la diététique, jusqu'au jour où vous apprenez que vous avez du cholestérol, ou de l'arthrose, ou 20 kilos de trop. Alors vous comprenez qu'il faut prendre soin de votre corps pour qu'il vous renvoie l'ascenseur.

Cessez de vous juger, de vous évaluer, de commenter, de planifier pour améliorer votre apparence, de vous concentrer sur vos pensées en laissant de côté ce que votre corps ressent. Quand vous faites l'amour, vous vous abandonnez à votre corps et à vos sensations, sans songer à un but à atteindre (ou vous ne devriez pas). Lorsque vous mangez, vous ne pensez pas que c'est pour nourrir votre organisme, vous appréciez d'abord le bon goût des aliments. Pour vous réapproprier votre corps, soyez dans le moment, faites une pause, tenez-vous tranquille et écoutez ce qui se passe à l'intérieur, sans vous sentir coupable de négligence. Rebranchez-vous simplement sur vos sensations : votre corps a des choses à vous apprendre.

La paresseuse se fait du bien de 7 h du matin à 10 h du soir (au moins !)

Toute la journée votre tête bosse ; mais le reste, vous en faites quoi ? Certes, il n'y a rien de sensuel à un jour de bureau ordinaire – des heures de sédentarité, un cerveau stressé, des écrans d'ordinateurs luminescents, de l'air recyclé, des machines à café – ; dans ces conditions, il est facile d'oublier que vous avez un corps et plus encore : un corps qui peut être merveilleusement alerte !

Quelques trucs pour être indulgente avec son corps et garder un côté actif et sexy du matin au soir :

7 h 00 : ne sautez pas du lit !

Laissez votre corps s'éveiller en douceur. Après vous être levée, faites quelques bons mouvements. Étirez-vous, bougez les doigts de pieds dans toutes les directions, roulez des épaules lentement, joignez vos mains derrière le dos en étirant vos bras.

7 h 30 à 8 h 00 : prenez soin de votre peau

Utilisez une bonne crème pour le corps chaque matin. Même si personne d'autre que vous ne le remarque, c'est une façon de prendre soin de vous. Et choisissez un soutien-gorge qui ne vous serre pas ou ne vous pince pas la peau, dans lequel vous vous sentez bien (en soie ?).

9 h 00 : pensez à votre prochaine pause

Dès que vous arrivez au travail, essayez de caser votre prochaine pause (même de 10 minutes) dans votre agenda : c'est un bon réflexe qui contribue à votre équilibre. Et si vous avez le temps de faire une activité physique (ne serait-ce que 1/2 heure), arrangez-vous pour qu'elle soit aussi intense que possible.

10 h 30 et 11 h 45 : passez à l'action

Il y a plein de choses à faire au bureau pour bouger vos muscles endormis. Par exemple, assise à votre chaise de bureau ou debout, vous pouvez :

- étirer les bras vers le plafond en vous penchant légèrement vers l'arrière ;
- étirer les bras dans le dos, les mains jointes ;
- passer une main par-dessus votre tête pour atteindre l'épaule opposée en étirant au maximum ;
- vous lever et bouger vos hanches de droite à gauche ;
- vous balancer en faisant passer votre poids d'un pied sur l'autre ;
- lever une jambe après l'autre en gardant les genoux parallèles et faire tourner votre pied dans le sens des aiguilles d'une montre, puis dans le sens inverse.

13 h 00 : reconnectez-vous avec vos sens

Mangez quelque chose de frais, de coloré, de juteux comme une salade, un sandwich, un plat de pâtes et, si possible, dans un endroit agréable – pas à votre bureau.

14 h 30 : respirez

Déposez une petite goutte d'un parfum que vous aimez (sur votre agenda en cuir, par exemple) : voilà une façon toute simple de vous faire plaisir.

16 h 00 : levez-vous

Plutôt que d'envoyer un mail ou de passer un coup de fil à un ou une collègue, allez lui parler, en prenant l'escalier de préférence.

Fin de la journée...

Quand vous sortez du bureau, ne vous précipitez pas chez vous, donnez-vous le temps de vous « regrouper ». Vous avez été enfermée toute la journée : faites donc une balade d'au moins 10 minutes, le long d'un parc si possible.

Votre langage corporel en dit long

Les mots sont souverains, mais il n'empêche que 90 % de toute communication est non verbale. Vous parlez avec vos cordes vocales, mais vous vous exprimez aussi *via* votre visage, votre ton de voix, vos gestes et votre posture. Votre langage corporel rappelle que vous êtes responsable de votre look et de la façon dont vous vous sentez.

— Essayez de cerner les messages que votre corps envoie à l'instant présent : comment êtes-vous assise ou comment vous tenez-vous ?

— Êtes-vous avachie, les épaules rentrées, le menton bas ? Ou bien vos épaules sont-elles vers l'arrière et le menton relevé ?

— Et votre ventre ? Est-il proéminent ou bien rentré ?

Des épaules rentrées, un menton tombant et un ventre qui pend suggèrent de la faiblesse et du défaitisme. Une posture droite, des épaules en arrière, un menton relevé et un ventre rentré suggèrent le contrôle et l'action. Pour tester la différence, essayez donc ces deux postures maintenant et voyez si vous pouvez garder la pose toute la journée.

RELAXEZ-VOUS EN VOUS MASSANT LA TÊTE

Savoir se détendre est un secret de jeunesse ; accordez-vous quelques minutes de bien-être par jour :

- **Asseyez-vous dans un endroit calme, courbez la tête et laissez reposer vos paumes sur vos orbites oculaires. Respirez par le nez, doucement et profondément, pendant 1 minute.**
- **Relevez la tête en gardant les yeux fermés. Placez vos paumes sur les tempes, les doigts posés sur le crâne. Appuyez fermement pendant 20 secondes.**
- **Repoussez légèrement vos mains vers l'arrière (plus haut sur le crâne). Pressez fermement vos paumes sur les tempes et faites des mouvements circulaires pendant 1 minute en sentant votre cuir chevelu bouger sous vos mains.**

Comment faire taire la sempiternelle autocritique qui est en vous ?

Vous connaissez cette petite voix intérieure, celle qui a la dent dure, qui critique votre poids, votre façon de manger et le nombre de calories que vous ingurgitez. Elle vous pousse, après des excès, à vous jeter sur le premier régime venu et vous reproche votre faiblesse, elle vous compare aux autres et vous dévalorise. Stop, changez tout ! Vous n'allez tout de même pas vivre *ad vitam aeternam* avec ce genre de pollution mentale !

Conseils pour aimer un peu plus votre corps… et vous-même par la même occasion

1. Mettez un terme à vos pensées néfastes

Malgré le culte ambiant de la minceur, sans parler de celui des gros seins, de la taille de guêpe, des jambes qui n'en finissent plus et des lèvres siliconées, mettez, une fois pour toutes, noir sur blanc toutes les pensées négatives que vous vous appliquez. Contribuent-elles à votre stress ? Essayez d'en trouver la source : votre père vous a fait une remarque désobligeante ? votre mère vous a toujours trouvée obèse ? Ce n'est toutefois pas une raison pour vous coller des étiquettes du genre « Je suis moche, dégoûtante, vieille, impossible à aimer ». Exigez-vous des autres qu'ils ne vieillissent pas, qu'ils soient parfaitement minces et charmants ? Avez-vous la dent aussi dure avec les autres qu'avec vous-même ? Parions que vous êtes bien plus tendre avec ceux que vous aimez ; alors traitez-vous de même.

2. Arrêtez de vouloir être « bonne » en tout

Diaboliser les aliments ou critiquer votre propre conduite vous conduira à l'échec et vous donnera le prétexte pour abandonner tout effort en matière de diététique et de santé. Il existe des moyens de court-circuiter cet état d'esprit :

— Ne vous interdisez aucun aliment et accordez-vous des plaisirs occasionnels : ça vous évitera de tricher ou de vous jeter sur la nourriture.

— Quand vous avez l'impression de déraper, concentrez-vous sur les bons côtés de votre comportement (« J'ai quand même bu 8 verres d'eau aujourd'hui »). Vous éviterez ainsi de battre votre coulpe (« J'ai tout raté, je mérite bien mes bourrelets »).

— Si vous faites des choix malencontreux (d'un point de vue « santé »), compensez en en faisant de plus sains au cours de la même journée (« Je vais faire 20 minutes de marche pour compenser la mayo dans le sandwich »).

3. Établissez de nouvelles règles

Pour vous respecter davantage, donnez-vous quelques lignes de conduite :

— « Je ne vais plus critiquer mon corps, ni mon poids (même aux moments de mes règles !). »

— « Je vais éviter de faire aux autres des remarques désobligeantes. »

— « Je vais mettre fin à toute relation avec ceux ou celles dont les commentaires sur mon apparence m'influencent trop. »

4. Ne jugez pas que sur les apparences

Quand vous admirez une femme ou une actrice, cessez de penser uniquement en termes d'apparence physique. Pensez « talent », pensez « réalisations personnelles ». (« Audrey Hepburn ? Elle faisait à peu près mon poids de naissance, mais quel charme ! »).

5. Cultivez votre propre style

Selon une étude, 58 % des femmes qui ont une piètre image d'elles-mêmes se comparent tout le temps aux autres. Alors que seulement 4 % de celles qui ont une bonne image d'elles-mêmes le font : tirez-en vous-même les conclusions.

6. Devenez une athlète

Expérimentez la joie absolue que procure la confiance en son corps. Savourez la sensation qu'il bouge magnifiquement, avec tous ses muscles si harmonieusement développés. Vous n'êtes pas convaincue d'y parvenir ? Si, c'est possible, car être une athlète, ce n'est pas avoir un corps parfait : c'est d'abord avoir confiance en soi.

Comment être une sylphide pour longtemps ?

Rides, poids, silhouette : le secret de jeunesse, c'est la prévention et encore la prévention. Car c'est « après » que les choses se compliquent. Rester mince à jamais, ce n'est pas seulement une affaire de kilos, c'est surtout une question de silhouette. Et il faut bien admettre que les kilos en trop ne se répartissent pas harmonieusement. Les responsables sont principalement les hormones qui décident de la distribution du gras dans votre corps et qui, aux moments critiques de votre vie, jouent au Yo-Yo. Commencez votre campagne de prévention en calculant votre indice de masse corporelle (IMC) et prenez ensuite le problème à bras-le-corps avant qu'il ne soit trop tard.

Le gras ne passera pas !

Calculez votre IMC

Pour savoir où vous en êtes vraiment, remettez-vous au calcul en mesurant votre indice de masse corporelle. Vous fantasmez sur un poids idéal ? Vous faites au contraire l'autruche ? Confrontez-vous à la réalité, car, si le poids idéal est une notion fort subjective, en revanche le surpoids est bien réel.

Pour connaître votre IMC, divisez votre poids (en kilogrammes) par le carré de votre taille (en mètres). Exemple : vous mesurez 1,65 m et pesez 55 kg. Votre indice de masse corporelle est de :

$55 / (1{,}65 \times 1{,}65) = 20{,}20$

L'IMC en chiffres :

De 18,5 à 25 : poids idéal

De 25 à 30 : surcharge pondérale

De 30 à 40 : obésité

+ de 40 : obésité massive

Mesurez votre tour de taille

Pour vous assurer des lendemains qui chantent, préoccupez-vous aussi de votre tour de taille, car la répartition abdominale de la graisse a des conséquences sur la santé. En effet, il se peut que, même sans prendre de poids, vous voyiez au fil des ans s'installer insidieusement une bouée autour de votre ventre. Et votre masse grasse peut être supérieure à la moyenne sans que vous soyez pour autant obèse. Si vous ne pratiquez aucune activité physique, votre masse grasse sera élevée et votre masse musculaire très faible. Les modifications corporelles sont nettes à la ménopause, mais l'histoire commence beaucoup plus tôt. C'est à partir de 25-30 ans que la masse grasse augmente au détriment de la masse maigre ! De quoi s'occuper de son corps avant la cinquantaine !

Il conviendrait précisément de mesurer votre tour de taille pour voir si vous avez trop de graisse autour du ventre et si vous courez le risque de développer une maladie liée à cette répartition graisseuse de type androïde (en forme de pomme) : diabète, maladie cardiaque ou hypertension artérielle. Vous pouvez mesurer votre tour de taille avec un simple mètre ruban, en veillant à le placer à la hauteur du nombril. Un tour de taille normal se situe entre 81 et 89 cm ; au-delà, il faut agir (voir la suite du chapitre).

Pas la peine d'en rajouter !

Vous n'êtes pas forcément trop ronde, mais vous êtes complexée ? Normal : comme 8 femmes sur 10, vous avez de la cellulite et elle vous empoisonne la vie. Comment vous en débarrasser ? C'est difficile : elle résiste à presque tout. Comment, plus raisonnablement, éviter qu'elle ne prolifère ? C'est tout à fait possible. Lorsque la peau d'orange n'est pas trop ancienne, quelques règles d'hygiène suffisent – parfois – à limiter les dégâts. Adopter de bons principes, comme manger équilibré (éviter le gras) et pratiquer une activité physique (régulièrement) pour remodeler et affermir les zones sinistrées avant que les reliefs indésirables ne s'incrustent pour toujours, voilà un bon début. Votre rythme de vie vous pousse loin des salles de gym et les mauvaises habitudes alimentaires sont déjà prises ? En bonne paresseuse, ne vous astreignez surtout pas à la diète la plus stricte ou à courir le marathon : ce serait tout à fait inutile et ne ferait qu'aggraver votre cas. Il persisterait toujours un petit amas adipeux et votre culotte de cheval s'accentuerait de plus belle au moindre relâchement !

Reconnaissons que la graisse est un tissu intelligent. À force d'être envisagée uniquement sous l'angle esthétique, on finit par oublier qu'elle remplit aussi des fonctions essentielles. D'abord elle nous protège du froid, ensuite elle arrondit les chocs, fournit du carburant à nos muscles et constitue des réserves d'énergie pour que nous ne soyons pas obligées de manger tout le temps (en principe). Et elle a aussi deux fonctions essentielles : protéger la grossesse et fournir au foie de quoi fabriquer du sucre pour nourrir le cerveau.

La nature est bien faite : nous avons des milliards d'adipocytes ! Ces cellules se remplissent de graisses, à partir des sucres et des triglycérides issus de l'alimentation, et se vident en fonction des besoins énergétiques de l'organisme. Selon les besoins, les graisses sont brûlées, grâce à une enzyme (la lipase) stimulée lors de l'effort physique (eh oui !). Lorsque les apports énergétiques sont supérieurs aux dépenses, les triglycérides s'accumulent et on grossit en accumulant lesdites cellules de la taille aux genoux. Les tissus deviennent fibreux, emprisonnent la graisse, et la cellulite s'installe.

Malgré ce tableau noir, il ne faut pas baisser les bras ! Votre meilleure stratégie ? Composez en douceur votre cocktail « fermeté » personnel à base d'une alimentation saine (voir chap. 3), de quelques activités sportives bien ciblées (voir plus loin), de massages (si vous souffrez d'une mauvaise circulation) ou encore d'une liposuccion (si la cellulite vous obsède à ce point !).

MASSAGE : MODE D'EMPLOI

Le massage, quelle que soit la crème anti-capitons (et sa texture) que vous utilisez, est un moment privilégié pour vous et votre corps. Certes, le geste en soi ne vide pas la cellule graisseuse, mais un bon massage améliore le drainage des tissus.
Veillez à suivre le trajet de la circulation sanguine et remontez des chevilles vers le cœur. Sans appuyer sauvagement, mais en répétant au moins trois fois le geste pour avoir un impact sur la circulation et bien stimuler les tissus. Vous pouvez vous masser avant ou après une séance de gym pour améliorer la remise en circulation des acides gras libérés pendant l'exercice et leur combustion. Sinon, massez-vous le soir avant de vous coucher pour vous accorder à votre biorythme naturel. En effet, la nuit, la circulation sanguine dans le tissu adipeux augmente jusqu'à 200 %. Du coup, le drainage s'accélère – ce serait dommage de ne pas en profiter !

10 bonnes raisons de garder votre poids idéal

Il se peut que vous vous sentiez bien, que vous soyez à votre poids idéal, que vos vêtements ne vous serrent pas... eh bien, c'est précisément la raison pour laquelle il faut continuer à rester en forme et en bonne santé. Voici pourquoi vous ne devez pas vous endormir sur vos lauriers (ou bien réagir si besoin est), en vous rappelant l'importance de rester à un poids raisonnable :

1. Vous vivrez plus longtemps

Si vous gardez votre indice de masse corporelle en dessous de 24,9 ou moins, vous pourriez bien, selon une étude du *Journal of the American Medi-*

cal Association, ajouter 8 ans à votre espérance de vie. Pourquoi ? Parce que plus votre IMC est élevé (30 ou plus), plus vous avez de risques d'avoir du diabète, un taux de cholestérol élevé, une tension importante, des maladies cardiaques, des maladies de la vésicule biliaire ou de l'arthrose. De fait, 80 % des adultes obèses souffrent de l'une ou l'autre de ces maladies (40 % en ont deux ou plus) – raison pour laquelle, d'après les experts, les obèses ont une espérance de vie réduite.

2. Vous éviterez le diabète de type 2

Le risque de diabète de type 2 est lié au surpoids ; c'est une maladie grave susceptible d'endommager le cœur et les reins. Elle est parfois mortelle. Perdre juste de 5 à 7 % de votre poids fera diminuer de 58 % vos risques d'avoir un diabète de type 2 !

3. Vous diminuerez votre risque de maladies cardio-vasculaires

Des études ont montré que les obèses, même ceux qui n'ont pas d'autres facteurs de risque, ont quatre fois plus de probabilités d'être hospitalisés ou de mourir de maladies cardio-vasculaires dans leurs vieux jours que les personnes qui ont un poids normal.

4. Vous diminuerez votre taux de tension

Si vous perdez 10 % du poids que vous avez pris depuis l'âge de 18 ans, vous réduirez votre taux de tension de manière significative (de 7 mm Hg pour le chiffre bas et 4 mm Hg pour le chiffre haut du taux de tension). C'est-à-dire que, si vous avez pris 10 kg depuis le lycée, il vous suffira de perdre 1 kg pour profiter de cette réduction.

5. Vous augmenterez votre fertilité

Avoir un surpoids (avec un IMC entre 25 et 29,9) fait baisser vos chances de concevoir un bébé. En effet, avoir des kilos en trop fait grimper le taux d'œstrogènes – ce qui peut entraîner une ovulation irrégulière ou pas d'ovulation du tout. Perdre seulement 5 à 10 % de son surpoids réduit ce risque.

6. Vous diminuerez votre risque d'avoir un cancer du sein

Une étude américaine a révélé que les femmes en surpoids au moment d'un diagnostic de cancer du sein avaient une fois et demie plus de probabilités de mourir de leur cancer que les autres. Et que celles qui prennent en moyenne 8 kg après le diagnostic ont deux fois plus de risques de récidive ou d'issue fatale. Cela serait dû au fait que les femmes qui ont une surcharge pondérale ont moins d'activités physiques, une alimentation plus grasse et des taux d'œstrogènes plus élevés que les autres.

7. Vous aurez plus de relations sexuelles

Une étude de Duke University a montré que la moitié des personnes obèses ont une libido plutôt faible, alors que c'est le cas de seulement 2 % des personnes de poids normal. Les obèses, hommes et femmes, ont plus de problèmes sexuels et font l'amour 25 fois moins que les personnes de poids normal.

8. Vous garderez de bons genoux pour longtemps

Par tranche de 5 kg (de perdus), une femme âgée voit ses risques d'avoir des douleurs d'arthrose des genoux diminuer de moitié. Plus impressionnant encore : 5 malheureux kg augmentent la force de pression sur les genoux de 15 à 30 kg !

9. Vous dormirez mieux

5 kg en moins réduisent l'apnée du sommeil de 30 %. L'apnée du sommeil est une maladie courante chez les obèses ou les personnes en surpoids ; elle se traduit par des arrêts respiratoires et un manque d'oxygène qui provoque de la fatigue et divers autres troubles sérieux, comme des endormissements au cours de la journée (même au volant d'une voiture !).

10. Et puis… vous resterez mince !

Dès l'âge de 30 ans, on commence à perdre sa masse musculaire et à accumuler de la graisse ! Si vous êtes une paresseuse – peu active comme il se doit –, vous auriez tout intérêt à changer vos habitudes. Bonne nouvelle au cas où vous l'ignoreriez : faire du sport entretient la masse musculaire et fait fondre la graisse !

Objectif « ventre plat »

Il faut bien avouer qu'il est rarement plat ! Tout comme la cellulite, le ventre a ses raisons de devenir mou, de se relâcher et de se parer de petits bourrelets. D'abord il supporte tous les moments de stress et d'angoisse, donc il gonfle et, comme il est plutôt paresseux question muscles, il se relâche. Or, avoir un ventre plat, c'est avant tout avoir un ventre musclé et des abdominaux dessinés. Le vôtre a perdu sa tonicité ? Il n'est jamais trop tard pour bien faire !

De cause à effet

Pas de pitié : mettez-vous de profil, bien droite, devant la glace. Si des plis apparaissent au niveau de votre ventre, c'est qu'il manque de tonicité. Autre détecteur : debout, pincez-vous le ventre en dessous du nombril. Si vous attrapez un pli de plus de 10 mm, pas de doute : il faut vous mettre au sport pour faire disparaître ce petit bourrelet. Avoir un ventre plat n'est pas une mission impossible. Examinez de près ce qui joue en votre faveur et en votre défaveur : vous verrez qu'il est possible de trouver un équilibre et vous corrigerez plein de défauts sans vous tuer à la tâche.

Contre vous

- **La grossesse.** Vous n'auriez pas dû prendre plus de 13 kg (plus vite dit que fait). Ne cédez pas à tous vos instincts et pratiquez une activité physique régulière comme la marche, le yoga ou la natation. Massez-vous aussi le ventre et prenez 1 cuillère à soupe d'huile d'olive par jour pour la souplesse de la peau.

- **Les régimes Yo-Yo.** Vous n'auriez jamais dû en faire ! Ils font fondre votre masse musculaire et engendrent cellulite, vergetures et graisse ! Jurez sur le champ que l'on ne vous y reprendra plus !

- **Les troubles digestifs.** Fréquents chez les paresseuses. Leur ventre a tendance à gonfler car l'intestin, qui fait un gros travail de destruction des aliments, a une fâcheuse tendance à produire des gaz intestinaux. Pour éviter la sensation de ballonnement, évitez de manger vite, de prendre vos repas en état de stress, de vous nourrir de charcuteries, de sucreries, de boissons gazeuses et de glaces car le froid bloque la digestion. Et, bien sûr, proscrivez tout excès.

- **L'aérophagie.** Avaler ses aliments trop vite peut provoquer une douleur à la cage thoracique, un hoquet ou des ballonnements. L'aérophagie se soigne comme les troubles digestifs, en adoptant des habitudes alimentaires indispensables à l'équilibre du ventre.

- **La constipation.** Elle est cause de bien des calvaires comme la cellulite et le ventre rond. Que faire ? Bannissez les aliments gras, les excitants et l'alcool, choisissez une alimentation riche en légumes, fruits frais et secs. Évitez les laxatifs, sauf quand la situation est désespérée.

De votre côté

- **L'alimentation, encore et toujours.** Vous mangez souvent sur le pouce, entre deux courses à faire ? Prenez votre temps ! Faites au moins trois repas par jour, c'est-à-dire les classiques petit-déjeuner, déjeuner, dîner, et privilégiez une alimentation consistante à midi, tout en mangeant moins le soir pour mieux digérer. Mangez plus de fibres, moins de graisses animales, laissez-vous tenter par le pain complet, les céréales, les fruits et les légumes. Ces aliments facilitent le transit et permettent d'éliminer plus facilement. À la place des viandes grasses (viandes rouges, porc, agneau...), préférez les viandes maigres, les volailles et les poissons et cuisez-les avec de l'huile d'olive ou de paraffine plutôt qu'avec de l'huile d'arachide.

- **L'eau, l'eau et encore l'eau.** La meilleure des boissons, c'est l'eau plate, sans hésitation. L'eau gazeuse, contrairement à une idée reçue, ne facilite pas la digestion, même si c'est chic de commander une bouteille d'Appolinaris ou de San Pellegrino au restaurant. Remplie de bulles, l'eau gazeuse ne fait que rajouter des gaz déjà produits naturellement par la destruction des aliments dans le tube digestif. Si vous êtes accro au café ou au thé, sachez qu'ils facilitent la digestion et ont une action diurétique, mais tout est question de modération. Quant aux sodas et aux jus de fruits, ils sont à éviter : trop caloriques, ils créent une sensation de faim car ils sont sucrés et gonflent l'estomac. Préférez un fruit nature ou un jus de fruit pressé.

- **La respiration.** Quel rapport avec le ventre plat ? Une bonne respiration oxygène le corps, détend les organes digestifs et le système nerveux. Concentrez-vous sur votre respiration et apprenez à la réguler en respirant régulièrement et profondément. Le stress provoque une respiration saccadée et a des répercutions sur l'esthétique du ventre. Votre ventre ressent le stress et se contracte – ce qui entraîne des troubles digestifs et un relâchement de la ceinture abdominale.

10 secrets de jeunesse pour « dégonfler »

Si le « petit bedon » est le point faible des hommes, c'est aussi celui des femmes qui vivent et se nourrissent comme eux ! Excès de viande, d'alcool, de stress, etc., et les voilà qui s'enrobent du haut ! Votre ventre joue les montgolfières et vous expédie séance tenante du 38 au 42 ? Banal : l'appareil digestif, avec ses 100 millions de neurones, pilote les mêmes neurotransmetteurs que le cerveau et réagit donc à la moindre contrariété. Ajoutez à cela un aliment un peu agressif et votre jean ne ferme plus.

Plan d'attaque des paresseuses :

1. Augmentez votre ration de protéines

À condition également de réduire les sucres et les graisses, et de faire attention aux viandes et poissons gras (bœuf, agneau, saumon d'élevage) ainsi qu'aux fromages trop riches. Un déficit en protéines favorise la fuite aqueuse en dehors des vaisseaux sanguins et encourage l'œdème. D'une manière générale, la rétention d'eau est souvent liée à une carence protidique (voir chap. 3).

2. Oubliez un peu l'alcool

Le vin et les apéritifs contiennent des calories « vides » (qui n'apportent aucun élément nutritif) et ouvrent l'appétit. Buvez des eaux minérales en alternant les marques pour bénéficier de leur richesse en minéraux.

3. Prenez le temps de manger

La graisse située sur le haut du corps est souvent liée au stress. Donc, calmez-vous, apprenez à vous relaxer, et profitez du temps des repas, sans télévision, ni conflit si possible. De surcroît, mâchez bien vos aliments : vous deviendrez plus sensible aux signaux de rassasiement et éviterez la gonflette.

4. Ne fumez pas

En général – et encore moins en fin de repas. La cigarette bloque les mécanismes de sécrétions digestives.

5. Cuisez « futé »

L'amidon des sucres lents développe moins de gaz quand ils sont suffisamment cuits. Même chose pour les végétaux, les brocolis ou le chou qui, peu cuits, irritent les parois de l'intestin.

6. Traquez les coupables

Éliminez les pépins des concombres, la peau des tomates, limitez les crucifères, le poivron, les lentilles ainsi que les polyols, édulcorants utilisés dans les bonbons et les chewing-gums.

7. Ayez la fibre

Consommez jusqu'à 30 g de fibres par jour pour rendre son entrain à votre transit. Les fibres sont de longues chaînes glucidiques (et non des fils), qui traversent l'intestin sans être absorbées. Elles retiennent l'eau et tapissent les intestins. Résultat : les contractions intestinales sont stimulées, le transit repart et vous « dégonflez ». Triple bonus : ce sont des piégeurs de graisse et de sucre qui vous rassasient (voir chap. 3).

8. Faites le plein de magnésium et vitamine B6

Leur déficit favorise la rétention d'eau, en pénalisant la production de dopamine. Or, cette dernière s'oppose précisément à une autre hormone, l'aldostérone, dont la mission est de fixer l'eau et le sodium dans l'organisme.

9. Traquez les excès de sel

Le sel retient l'eau et aiguise l'appétit en augmentant la salivation et l'acidité gastrique. Ne resalez pas vos plats avant de les avoir goûtés et, si vous cuisinez des légumes en conserve, rincez-les à l'eau avant de les réchauffer.

10. Ne vous prenez plus pour un lapin

Vous n'êtes, contrairement au lapin, ni frugivore, ni herbivore. Arrêtez votre salade-mania qui fait « gonfler » et misez sur les protéines.

Trucs de paresseuse pour « le » camoufler

En attendant de vous mettre aux abdos (car on suppose que vous allez vous y mettre !), apprenez à dissimuler votre petit ventre rond :

1. Évitez les tissus comme le Lycra, le Spandex ou les tricots côtelés. Préférez le coton, le lin, la soie – c'est plus classe de toute façon !

2. Optez pour les tons foncés. Attention aux couleurs claires, aux gros motifs et aux rayures horizontales qui attirent le regard vers le centre du corps.

3. Oubliez les pantalons à pinces ou les jupes froncées. Faites en sorte que vos chemises ou vos pulls tombent juste sous la taille.

4. Ne faites pas de superpositions et gardez chemises et tops à l'extérieur. Cassez plutôt la ligne de la taille avec une grosse ceinture.

AUX GRANDS MAUX, LES GRANDS REMÈDES

D'après des études américaines et australiennes :

1. Certains suppléments feraient fondre la graisse. Les marcheurs qui prennent des suppléments d'huile de poisson brûlent plus de graisse, particulièrement sur le ventre. Les oméga-3 sont en effet des acides gras qui sont « inflammables » pendant le sport, un peu comme des enzymes brûle-graisse auxquels la graisse du ventre est particulièrement sensible.

2. Écouter de la musique en marchant pourrait faire perdre deux fois plus de poids. On aurait ainsi 30 % de chances en plus de marcher plus vite et d'avoir une activité physique régulière. Le cerveau se concentre sur la musique plutôt que sur la fatigue ?

3. Ceux ou celles qui marchent le plus – en moyenne 41 minutes par jour – perdent plus de poids que les autres, indépendamment de l'intensité de l'exercice. Il faut croire que la persistance et la régularité paient.

Comment vous concocter une silhouette qui tient la route ?

Pas de secret : pour conserver une silhouette jeune, une allure tonique et le galbe qui va avec, il faut se bouger ! Car, si les capitons frappent de manière injuste, ils ne frappent pas au hasard. Installés sur les hanches, les jambes, le ventre, les bras, etc., ils dépendent de votre capital héréditaire (le surpoids est déterminé à près de 70 % par le patrimoine génétique), comme de vos variations hormonales, mais ils dépendent également de votre hygiène de vie. En fonction de leur ancienneté, de votre âge et de l'état de votre système veineux, les capitons seront plus ou moins faciles à éliminer. Pour fondre sans virer au mou et vous maintenir à peu près au cours des ans, surveillez votre alimentation. Raffermissez simultanément vos formes avec une crème ou à l'aide d'un appareil, faites du sport, des exercices ciblés, ou encore offrez-vous une cure de thalasso. Bref, tout est bon à prendre et... vous avez du pain sur la planche !

Du muscle en plus, des années en moins

Même les moins paresseuses (ça existe) voient, lorsqu'elles avancent en âge, leurs fonctions ralentir et leur organisme s'user. Avouez qu'en plus, vous passez davantage de temps vissée à votre siège de bureau ou de voiture que sur les bancs d'un club de gym. Vous ne ratez ainsi aucune occasion de vous tasser, de diminuer votre mobilité articulaire, de perdre vos muscles (donc de prendre du poids !), et d'emmagasiner du stress au lieu de l'évacuer. La solution ? Pratiquer deux ou trois fois par semaine des activités complémentaires, c'est-à-dire une activité d'endurance et une discipline qui tonifie les muscles et préserve la coordination. Par exemple, une ou deux séances de yoga combinées à 1 ou 2 heures de marche rapide. Allez-y progressivement si vous n'avez rien fait depuis des lustres (on peut le supposer) et surtout faites-vous plaisir (si, si, c'est possible).

Travaux pratiques en deux temps, trois mouvements

1. De l'endurance pour le cœur et la minceur

Les activités d'endurance (jogging, vélo, marche rapide…) vous permettront de préserver vos capacités cardio-vasculaires et de brûler du gras, car votre organisme piochera dans ses réserves pour faire face à l'exercice de longue durée. La bonne dose : au moins 30 minutes (40 seraient parfaites), deux à trois fois par semaine. Notez que le terme *cardio* signifie que le rythme respiratoire augmente pendant au moins 20 minutes mais que vous n'êtes pas à bout de souffle puisque vous pouvez toujours parler.

2. De la muscu pour le galbe

C'est physiologique : la masse musculaire diminue avec les années, et comme ce sont les muscles qui consomment le plus d'énergie, plus ils fondent, plus votre dépense énergétique au repos (calories dépensées par votre organisme pour maintenir vos fonctions vitales) ou métabolisme de base baisse. Mais, en paresseuse insouciante que vous êtes (et que nous sommes toutes), vous continuez à manger de bon appétit, votre pourcentage de masse grasse s'arrondit et vous aussi ! La parade ? Il n'y en a qu'une seule : préserver votre masse musculaire, *via* des exercices ciblés, en salle sur des machines, avec des cours cuisses-abdos-fessiers, du step ou de la barre au sol. Tous les sports sont bons et nous avons un petit faible pour l'aquagym qui galbe joliment tout en procurant un effet massant. Quand on sait en outre qu'en remplaçant 5 kg de graisse par 5 kg de muscle, vous semblerez beaucoup plus mince car vous aurez perdu du volume, il n'y a plus qu'à… Bref, vous avez l'embarras du choix : à vous de varier les plaisirs !

3. Des jeux de balle pour la coordination

Rassurez-vous, les bénéfices de l'activité physique ne se résument pas à améliorer vos capacités musculaires et cardiaques. De nombreuses disciplines favorisent le maintien de la souplesse, la coordination et l'équilibre (sports de raquette, de balle, de ballon, danse, golf...). En outre, tous ces sports aident à évacuer le stress, grand pourvoyeur de contractures, de blocages, aussi bien physiques que psychologiques. Sachez également que le stress élève le taux de cortisol, une hormone qui elle-même favorise le stockage des graisses ! Une dernière précision : en musculation, au moins 20 minutes d'affilée sont nécessaires pour un vrai résultat !

SPORT D'ÉQUILIBRE

Un déséquilibre de 1 % entre l'énergie absorbée et celle dépensée fait prendre 1,3 kg par an ! Pour compenser, au lieu de manger de moins en moins, un peu de sport ou d'exercice physique régulier devrait faire facilement l'affaire.

Motivation *versus paresse*

Vous êtes capable de vous affamer pour perdre 2 ou 3 kg, mais vous voilà prise de flémingite aiguë dès qu'il s'agit de changer votre mode de vie ? Pourtant, pour rester vraiment jolie et en forme, le sport est vivement recommandé. À court terme, il optimise les efforts que vous faites (ou allez faire) sur le plan nutritionnel. À moyen terme, il tonifie votre silhouette. À long terme, il a une action préventive.

Avouez-le : vous trouvez toujours de bonnes raisons pour zapper votre séance de gym ou de natation. Sus aux faux prétextes !

« Après tout, je n'ai pas envie de ressembler à un top model ! »

Ce n'est pas de but de toutes les façons ! Mais quelle que soit votre morphologie, vous pouvez la rendre plus harmonieuse et plus déliée avec deux ou trois séances d'activités physiques hebdomadaires. Après six à huit semaines, le corps s'affine significativement et les mouvements deviennent plus souples et plus aisés.

Quelles activités ? Si votre embonpoint est localisé sur le bas du corps, faites deux à trois séances de step par semaine pour muscler les cuisses, les mollets, les fesses et les abdos. Bonus : ce genre d'activité vous permet de brûler 300 kcal en 30 minutes. Si vos kilos sont répartis sur tout le corps, pratiquez une activité cardio-vasculaire comme le jogging, la natation ou la musculation sur machines avec faible résistance.

« Je n'ai pas besoin de faire du sport : je ne grossis pas »

Vous avez bien de la chance ! Mais ça ne veut pas dire que ça va durer éternellement et ça ne signifie pas non plus que vous ayez un bon tonus musculaire. On peut être mince et molle. Pour développer votre masse musculaire, une seule solution : pratiquer une activité physique qui sollicite les muscles « profonds », situés autour de la colonne vertébrale, car ils gainent harmonieusement l'ensemble du corps. Les meilleures activités sont celles effectuées en équilibre instable.

Optez, par exemple, pour le « Swiss Ball », ce gros ballon en plastique souple et ergonomique qui permet de fortifier avec précision toute la musculature. Pensez aussi au « Pilates », une méthode qui privilégie les mouvements lents et contrôlés, tout en faisant travailler la respiration et la souplesse.

« Je n'ai pas trop le moral en ce moment, en tout cas pas assez pour faire du sport »

Une excellente raison pour vous y mettre ! C'est prouvé : le sport libère l'agressivité et réduit l'anxiété tout en procurant une sensation de bien-être liée à la libération par le cerveau des hormones du plaisir, les endorphines. Des études ont prouvé que 20 minutes de sport atténuent sensiblement les pensées négatives.

Privilégiez une activité qui se pratique en groupe, pour l'émulation. Au début, choisissez plutôt un sport de relaxation, du type yoga ou tai-chi. Ensuite, essayez des sports d'équipe comme le volley, qui demande une vraie participation collective.

« À mon âge, ça ne sert plus à rien »

Grossière erreur ! À 40 ans, en recommençant à marcher rapidement 1/2 heure par jour, vous retrouverez au bout de six semaines le potentiel cardiaque de vos 20 ans ! Ne vous en privez surtout pas ! En outre, le sport stimule la concentration, la mémoire et la vélocité au fur et à mesure des années tout en évitant l'ostéoporose. Il augmente aussi la capacité du corps à absorber de l'oxygène, notamment avec la pratique régulière d'une activité d'endurance qui peut aller jusqu'à la doubler. Et plus on absorbe d'oxygène, plus on brûle de graisses !

(Re)débutez par des activités qui sollicitent peu le cœur, comme la gymnastique douce, la marche ou le golf. Ensuite, essayez-vous aux sports plus intenses comme la course à pied, le vélo ou la natation. Organisez ensuite votre semaine en pratiquant deux activités complémentaires de 1 heure chacune.

Joignez l'utile à l'agréable

L'été, faites vos exercices cardio en courant sur la plage ! Vous brûlerez deux fois plus de calories et ferez travailler d'autres muscles. Échauffez-vous pendant 10 minutes en marchant, puis piquez un sprint de 100 mètres, et faites ensuite un break avec un jogging en doublant la distance. Répétez le tout quatre ou cinq fois. Finissez enfin par une marche rapide sur sable sec (plus difficile que sur sable mouillé), pour renforcer vos chevilles et vos mollets. Pas de plage à proximité ? Qu'à cela ne tienne : courir sur l'herbe, c'est bien aussi et en plus vous aurez l'impression de retomber en enfance !

En faveur du sport

L'exerce physique permet de réguler la sensation de faim et de satiété. Lorsque vous faites régulièrement du sport, la graisse parvient directement aux mitochondries, les chaudières des cellules, où elle est brûlée. Quand les muscles ne sont pas assez entraînés, au contraire, la graisse se dépose au niveau de la membrane cellulaire. Non seulement elle n'est plus brûlée, mais elle empêche l'absorption du sucre dans la cellule. Le sucre reste dans le sang – ce qui augmente la production d'insuline. Avec le temps, les cellules deviennent insulinorésistantes et l'insuline est libérée en quantités toujours plus grandes – ce qui favorise les dépôts de graisse dans les cellules !

C'EST LE NIRVANA !

Qu'est-ce qui détend, combat la déprime, rend créatif, booste le système immunitaire, revigore la vie sexuelle et donne du plaisir à tout votre corps ? Croyez-le ou non, c'est un peu, un tout petit peu d'activité physique régulière. Sincèrement, c'est un vrai miracle !

Trucs de paresseuse pour se REMETTRE au sport

1. Laissez passer 2 heures entre la fin d'un repas et le début de votre entraînement.

2. Adaptez vos exercices à votre condition physique du moment.

3. N'oubliez pas de faire 5 minutes d'étirements au début et à la fin de votre séance.

4. Buvez pour vous réhydrater, avant, pendant et après l'effort (même à la piscine).

5. Si vous avez un coup de pompe pendant la séance de sport, grignotez quelques fruits secs ou une barre de céréales.

6. N'attendez pas d'être épuisée pour arrêter.

7. Prenez une douche chaude juste après l'effort pour détendre vos muscles.

Pas de doute, elle fond !

À votre avis, quand on arrête le sport, en combien de temps la masse musculaire diminue-t-elle ? Eh bien, pour une « petite » sportive (c'est-à-dire toute paresseuse qui se respecte), soit deux fois 20 minutes d'exercice par semaine, les muscles commencent à fondre après un mois d'inactivité.

Il faudra six mois pour vous retonifier significativement en suivant l'entraînement initial et trois mois en l'intensifiant (trois fois 45 minutes par semaine).

JOGGEUSES ET MARCHEUSES, UNISSEZ-VOUS !

On a toujours mille excuses pour ne pas faire son jogging quand on est seule. Avec un groupe, c'est différent, on se motive mutuellement. Associez-vous avec des amis, des collègues et fixez-vous un rendez-vous. Ou encore connectez-vous sur Internet à un forum de discussions consacré au jogging : vous y trouverez des partenaires de votre

niveau ou vous pourrez rejoindre une association de joggers. Si vous choisissez cette option, soyez bien entraînée car la plupart des adhérents sont d'un très bon niveau. Si le jogging ne vous tente qu'à moitié, rejoignez la majorité des Français en pratiquant la marche à pied. 1 Français sur 2 déclare pratiquer cette activité régulièrement.

À tout crin

Pour les ambitieuses qui désirent vraiment remodeler leur silhouette (si, il y en a !), il existe des sports plus adaptés que d'autres :

- La musculation redessine rapidement... la musculature, et permet surtout de tonifier une partie précise du corps plutôt que la silhouette globale.
- Les sports d'endurance font perdre du poids. Le remodelage obtenu est plus doux, plus harmonieux et plus durable, car plus facile à entretenir qu'une zone précise.
- Les sports qui facilitent le retour veineux (marche, roller, natation, vélo, ski…) sont particulièrement recommandés pour perdre de la cellulite. En revanche, les sports qui donnent des à-coups dans les jambes, comme le tennis, auraient plutôt tendance à aggraver la situation.
- En règle générale, le résultat final dépendra de la durée et de la régularité de vos exercices. Lorsque vous pratiquez un sport d'endurance, votre corps va d'abord chercher son énergie dans ses réserves de sucre. C'est seulement après les 40 premières minutes que vous puisez dans votre stock de graisse. Ce qui ne signifie pas qu'en pratiquant 1/2 heure de natation tous les matins (on peut toujours rêver), vous n'en tirerez pas de bénéfices. L'amincissement de votre silhouette par le sport se mesure davantage aux changements qu'aux kilos perdus sur la balance. Et cette dernière est parfois trompeuse, puisque le muscle pèse plus

lourd que la graisse. Peu importe car, de toutes les façons, les muscles en se galbant retendent la peau et redonnent une nouvelle harmonie au corps.

- Rien n'est éternel ! Si vous arrêtez tout exercice physique, attendez-vous au retour de bâton : des muscles non entretenus fondent !

Trucs de paresseuse pour y arriver bon gré, mal gré

1. Vous n'avez pas à faire vos exercices en une fois, mais vous devez bouger au moins 30 minutes par jour.

2. Combattez la cellulite en lisant les étiquettes sur le contenu en graisses, sel et fibres, et n'achetez pas de produits contenant des graisses transformées.

3. Envisagez votre activité physique comme une dose quotidienne de santé et de forme que vous allez faire toute votre vie, pas seulement pour perdre du poids ponctuellement.

Atout « muscles »

Vous voulez mincir des cuisses et des fesses ? Évidemment. Prenez donc en compte sérieusement les deux éléments suivants : l'activité physique et l'hygiène alimentaire.

Attention ! on ne parle pas de régime, trop souvent synonyme de « restriction », mais plutôt d'hygiène alimentaire. Mangez à heures régulières et pas entre les repas. Faites au minimum trois repas par jour, voire plus, et évitez les charcuteries, les sucreries, les plats en sauce. Préférez les aliments riches en protéines et pauvres en graisses et buvez au moins 1,5 litre d'eau par jour, si possible en dehors des repas.

Côté activité physique, c'est clair : il est temps de vous bouger, mais pas n'importe comment et n'importe quand ! Débutez par des exercices cardio (vélo, rameur, stepper...) de courte durée (environ 15 minutes). Petit à petit vous en augmenterez la durée et l'intensité pour vous orienter vers des cours plus sophistiqués (taille-abdos-fessiers-cuisses). N'ayez pas peur de franchir la porte d'une salle de musculation : des circuits d'entraînement bien adaptés feront votre affaire. Allez-y très progressivement et, si vous vous astreignez à trois séances par semaine et que vous surveillez votre alimentation, pas de doute : vous finirez avec des cuisses et des fesses fermes à souhait.

La paresseuse tient la forme ET se muscle

Vous fatiguez-vous facilement ou avez-vous une bonne récupération physique ? Pour maximiser vos efforts, il y a des trucs à faire et des trucs à ne pas faire. Mode d'emploi :

À faire

- **Au repos, bien relâcher vos muscles.** Prenez conscience de toutes vos crispations : mains, tête, épaules, cou. Détendez-vous et... constatez la différence.
- **Respirez profondément avec le ventre.** Inspirez en gonflant, expirez en creusant le ventre (en posant vos mains dessus pour bien le sentir). À répéter autant de fois que possible.
- **Offrez-vous un superbe maillot.** Une pièce, pour être une vraie naïade à la piscine. Craquez aussi pour une vraie paire de chaussures de sport et une tenue de gym dans lesquelles vous vous sentirez bien (pour ne plus avoir de raison de ne pas vous y mettre !).

- **Imposez-vous auprès d'une copine.** Si vous en avez une qui est moins paresseuse que vous pour vous obliger à l'accompagner à la piscine ou pour ne plus oser sécher le cours de gym.

SOIGNEZ VOTRE ÉQUIPEMENT

Comme on dit, « les bons outils font les bons ouvriers » !

- Chaussures : lors des cours en salle, portez toujours des chaussures de sport adaptées, munies d'un bon amorti à l'arrière et à l'avant.
- Chaussettes : certains modèles présentent l'avantage d'être renforcés au niveau de la cheville apportant un effet « jambière » qui garde les muscles bien au chaud.
- Tenue : peu importe la marque et la coupe. Veillez toutefois à ne pas choisir des vêtements trop serrés, susceptibles de perturber le retour veineux.
- Serviette : qu'elle soit personnelle ou fournie par le club, ne l'oubliez pas, car elle préserve la propreté des tapis et des appareils. Elle permet aussi de vous éponger le visage et le corps durant l'effort.
- Bouteille d'eau : toujours à portée de la main, c'est votre alliée de tous les instants.

À ne pas faire

- **Passer votre journée en voiture.** Prenez le bus, marchez davantage, et d'un pas rapide s'il vous plaît !
- **Forcer la dose.** Puis tout arrêter sous prétexte que vous avez des courbatures. Commencez doucement, puis augmentez la durée de vos séances et leur fréquence. Quant aux courbatures, elles prouvent que vous avez besoin de faire du sport : un peu d'aspirine et elles passeront !
- **Rester dans la même position.** Mieux vaut gigoter ! Au bureau, étirez-vous comme un chat ou faites un break en arpentant quelques couloirs.
- **Vous faire livrer votre déjeuner.** Forcez-vous à sortir, même un petit moment.

À vos marques !

Deux petits tests pour faire le point sur votre condition physique :

Comment se porte votre cœur ?

Prenez votre pouls, au réveil, avant de poser les pieds par terre. Placez deux doigts sur votre carotide (l'artère du cou) pendant 1 minute.

Votre pouls est :

- Inférieur à 55 battements/mn : vous avez un vrai cœur de sportive. Ou vous n'êtes pas paresseuse du tout ou bien vous êtes une sportive qui s'ignore : vite à vos baskets !
- Entre 55 et 65 battements/mn : votre cœur est bien entraîné. Vous n'êtes pas si paresseuse que ça après tout !
- Aux environs de 70 battements/mn : vous êtes dans une bonne moyenne, mais, pas de doute, vous pouvez mieux faire.
- Supérieur à 75-80 battements/mn : votre rythme cardiaque est bien trop élevé. Soit vous abusez des excitants (café ou/et cigarettes), soit vous êtes vraiment une paresseuse trop sédentaire.
- Supérieur à 90-100 battements/mn : vous faites de la tachycardie ; consultez votre médecin sans plus attendre.

Récupérez-vous bien physiquement ?

Une bonne récupération physique permet non seulement de faire du sport (c'est votre but, non ?), mais également d'accomplir les gestes de la vie quotidienne en étant beaucoup moins fatiguée.

Calculez votre indice de récupération :

- Prenez votre pouls pendant 15 secondes. Multipliez le chiffre obtenu par 4 : vous obtenez P 1 (pouls au repos).
- Effectuez 30 flexions, à un rythme bien soutenu, durant 45 secondes.

- Reprenez votre pouls pendant 10 secondes. Multipliez le résultat par 6 : vous obtenez P 2, qui correspond à l'adaptabilité de votre cœur à l'effort.
- 1 minute après la fin de votre exercice, reprenez votre pouls pendant 15 secondes. Multipliez le chiffre obtenu par 4, pour obtenir P 3, qui correspond à la capacité de récupération de votre cœur.
- Calculez : (P 1 + P 2 + P 3 – 200) divisé par 10. Vous obtenez un chiffre situé entre 0 et 15. C'est un indice de récupération.

Résultats :

— Entre 10 et 15 : vous êtes trop sédentaire ! Votre cœur se fatigue, et vous aussi ! Vous devez impérativement réapprendre à bouger.

— Entre 5 et 10 : 5 est un résultat correct, 10 est juste passable. Vous pouvez progresser en pratiquant des sports d'endurance.

— Entre 0 et 5 : bravo, vous êtes en bonne forme physique. Continuez sur votre lancée !

La paresseuse fait de la gym sans en avoir l'air

L'air de rien, la vie de tous les jours vous donne l'occasion de bouger. En promenant Bébé ou le chien, en montant les escaliers... sachez saisir les opportunités pour vous dépenser sans y penser !

- **Montez les escaliers**. Évitez de prendre l'ascenseur et les escalators. Si possible, grimpez sur la pointe des pieds, en courant, quatre à quatre, etc., selon l'humeur !

- **Faites des moulinets.** En marchant, faites de petits mouvements avec votre sac à main, au lieu de le laisser pendre à bout de bras, comme si vous souleviez un haltère, vers l'avant pour muscler vos biceps, puis vers l'arrière pour les triceps.

- **Rentrez le ventre et serrez les fesses**. Marchez d'un bon pas, ventre et fesses serrés, en respirant de façon ample et régulière. N'oubliez pas non plus de contracter les abdos : discrétion assurée, mais musculature garantie... si vous faites des séries de 5 secondes de fortes contractions.

- **Dressez-vous sur la pointe des pieds**. En attendant le bus, par exemple. Puis posez les pieds à plat, avant de basculer sur les talons : idéal pour muscler les mollets et dérouiller les chevilles.

- **Serrez les genoux**. L'un contre l'autre, pendant une vingtaine de secondes, quand vous êtes assise. Lâchez, puis recommencez plusieurs fois : excellent pour faire travailler les muscles abducteurs (intérieur des cuisses), qui en ont rarement l'occasion.

- **Soulevez le genou**. En position assise, une dizaine de fois le droit puis le gauche. Enfin les deux ensemble. Vos abdominaux souffrent ? C'est ce qu'il faut !

- **Devenez une vraie fleur de pavé**. Slalomez sur le trottoir pour les fessiers et les chevilles ; appuyez sur le dos d'un banc public pour faire travailler la poitrine, les triceps, les épaules et le ventre ; poussez la barrière du parc pour les bras et le ventre.

ATTENTION AUX BRAS

Insidieusement, ils s'enrobent et deviennent ramollos !
Pour les muscler : assise, un haltère (ou une boîte de conserve !) de 500 g dans chaque main, tendez les bras vers l'arrière, en gardant les coudes le long du corps. Faites 2 séries de 20 tous les matins.

La paresseuse fait de la gym entre midi et deux

Avant le boulot, c'est trop tôt ? Après, vous n'avez plus vraiment l'énergie ? Il ne vous reste plus qu'à bouger entre midi et deux. Et pour éviter de piquer du nez sur votre ordinateur l'après-midi, optez pour des exercices dynamisants, du style step, *body attack*... Ou, dans une moindre mesure, pour des séances de gym traditionnelles, abdos-fessiers ou Pilates. C'est préférable aux stretching, hatha-yoga ou natation qui risquent de vous lessiver pour le reste de la journée.

Guide pratique de la gym bien pensée

- **Pensez à vous échauffer**. En club, les cours débutent par un échauffement. Si ce n'est pas le cas ou si vous remplacez la gym par les appareils de musculation, commencez par 10 minutes de mini-vélo ou de tapis de course.

- **Pensez aussi aux étirements**. Avec l'âge (c'est-à-dire passé 20 ans...) on a tendance à se raidir. Donc, pour ne pas perdre en souplesse, restez jusqu'à la fin du cours pour le stretching. Si vous avez travaillé en salle de musculation, prenez 1/4 d'heure pour vous étirer en position debout : dos (en touchant le sol avec les mains), jambes (en tendant une jambe devant soi, pointe de pied flexe) et bras (en attrapant derrière soi un barreau de l'espalier).

- **Pensez à bien manger**. Pour éviter de tourner de l'œil en pleine séance cardio, grignotez 1 heure avant quelques fruits secs ou une banane. Après le cours, restaurez-vous d'une salade, d'un plat à base de poisson (plus digeste que la viande) accompagné de légumes à la vapeur, ou encore d'un sandwich crudités-poulet. Vous éviterez le coup de pompe de 16 h en vous accordant un goûter (fruit ou pain complet et fromage).

- **Pensez à vous hydrater**. Régulièrement et par petites quantités : 1 verre d'eau avant et 1 autre en milieu de cours. Avoir une bouteille d'eau à portée de la main, ça ne sert à rien et ça casse le rythme.

La paresseuse occupe l'espace avec grâce

Vous rêvez d'un corps de liane ? Pas besoin d'être un top model pour savoir occuper l'espace avec grâce. Il suffit de vous tenir droite, d'assouplir votre corps et d'étirer vos muscles en douceur :

- Debout, jambes jointes et tendues, fléchissez la jambe gauche, talon sur la fesse. Saisissez la cheville de la main gauche et étirez le genou vers l'arrière au maximum en tendant le bras droit vers le haut. Gardez la position 5 secondes (à faire 5 fois).

- Accroupie, mains au sol, jambes écartées de la largeur des hanches. Tendez les jambes au maximum et reculez progressivement les pieds en enfonçant chaque fois les talons dans le sol (à faire 5 fois).

- Placez-vous dans l'embrasure d'une porte ouverte. Bras tendus, mains posées de chaque côté du mur, jambes jointes et tendues. Avancez le pied gauche, jambe fléchie au niveau de l'embrasure, déportez le poids du corps en avant (4 fois, puis changez de jambe).

À LA FOIS *FIT* ET *FAT*

Les résultats de certaines études suggèrent que les sujets corpulents (*fat*), avec une bonne capacité physique (*fit*), ont un risque de mortalité globale et cardio-vasculaire plus faible que les sujets de corpulence normale, mais dont la capacité physique est la plus faible. Morale de l'histoire : mieux vaut encore être gros mais sportif, que mince et non sportif.

20 TRUCS DE PARESSEUSE POUR RESPECTER SON CORPS EN TOUTES CIRCONSTANCES

1. Ne confondez pas...

... activités physiques et sportives. Votre objectif est d'adopter un nouveau comportement au quotidien en profitant de chaque occasion pour bouger : allez chercher votre pain à pied ou à vélo, préférez l'escalier à l'ascenseur, descendez du métro ou du bus une station plus tôt.

2. Faites une liste...

... des raisons qui vous poussent à vouloir rester en bonne santé : « Je veux être en bonne santé pour mes enfants, pour rentrer dans mon jean, etc. » Relisez votre liste tous les matins pour conserver une motivation d'enfer.

3. Palpez-roulez...

... vos cuisses pour décoller les masses denses et étirer les tissus. Si vous pratiquez régulièrement le fameux palpé-roulé, vous verrez votre peau changer d'aspect et votre cellulite diminuer.

4. Pensez...

... aux collants drainants. Ils associent un tricotage massant à des actifs encapsulés dans la fibre. Ils raffermissent la peau, activent la circulation et délassent. À porter en cure de trois semaines. Beaucoup de marques en proposent.

5. Forcez-vous !

Pas d'humeur à faire du sport ? Forcez-vous à faire un exercice quelconque pendant un tout petit 1/4 d'heure. Parions que, grâce aux bénéfiques endorphines, vous vous sentirez si bien que vous continuerez un peu plus longtemps.

6. Ne vous cachez pas...

... dans des vêtements amples. Même si vous avez des kilos en trop, choisissez toujours des vêtements dans lesquels vous vous sentez bien et sexy à souhait.

7. Demandez-vous...

... (au cas où votre motivation fléchirait) si vous préférez finir vos vieux jours dans la salle d'attente du médecin (angoisse, attente interminable et germes assurés) ou bien dans votre jardin.

8. Portez...

... un podomètre et visez les 10 000 pas par jour.

9. Ne soyez pas trop ambitieuse

Si vos objectifs « santé » sont irréalistes, vous risquez de ne pas les tenir. Pensez 10 % de retour d'investissement. Par exemple, si vous faites 30 minutes de sport aujourd'hui, ajoutez-en 3 minutes demain.

10. Trouvez-vous...

... des partenaires. L'union fait la force : comptez sur un mentor, des fans, quelqu'un qui partage vos buts et votre mode de vie – sain et sportif, cela va sans dire.

11. Prenez le temps...

... de vous trouver un nouveau hobby ou faites des voyages (pourquoi pas aller marcher dans le désert ? – il existe des agences spécialisées). Essayez de mettre plus d'originalité dans votre vie, au lieu de mollement décompresser sur votre canapé.

12. Ne soyez pas trop stricte

Conservez une certaine spontanéité : inutile de vous mettre la pression pour aller à la gym. Si le sport ne vous dit vraiment rien ce jour-là, réfugiez-vous sous votre couette et repartez de plus belle le lendemain.

13. Ne soyez pas « tout ou rien »

Un peu de sport, c'est toujours mieux que pas de sport du tout. Ne serait-ce que 10 minutes par jour, car le plus petit effort physique sollicite le corps le plus paresseux et aide à brûler plus de calories.

14. Dormez

Dormir est un facteur amincissant car, la nuit, l'organisme augmente la production de l'hormone de croissance qui elle-même active la combustion des graisses. Au minimum, vous pouvez espérer gommer les petits écarts de la veille !

15. Osez...

... être féminine. Au besoin, renseignez-vous auprès d'une conseillère en mode vestimentaire (dans un grand magasin, par exemple), pour apprendre à avoir une belle allure par des trucs simples. Adopter un nouveau look vous consolera des petits défauts de votre silhouette.

16. Optez pour...

... la marche sportive au lieu du jogging si vous redémarrez le sport. C'est une progression rapide, un pied toujours en contact avec le sol, aussi bonne que la course pour la santé et moins traumatisante pour les articulations. Si vous n'êtes pas entraînée, vous perdrez plus rapidement du poids par la marche sportive que par le jogging.

17. Sautez...

... à la corde. C'est le moyen idéal pour activer votre métabolisme et brûler des graisses. En plus, vous pouvez sauter à la corde n'importe où et même l'emporter dans votre sac de voyage.

18. Sortez...

... faire une balade dès qu'il y a un rayon de soleil. Mieux vaut prendre l'air que du chocolat ! En effet, une bonne luminosité atténue l'envie de sucre. La lumière du soleil fait circuler des neurotransmetteurs qui donnent au cerveau la même sensation agréable que le sucré.

19. Apprenez...

... des techniques de relaxation et de respiration, pour aborder avec philosophie les situations stressantes de la vie. D'une part, le stress fait grossir et, d'autre part, votre organisme a besoin d'oxygène pour brûler les graisses (le sucre, lui, peut être brûlé avec ou sans oxygène).

20. Riez

... 10 minutes de rire ont le même effet que 400 coups d'aviron. Qui dit mieux pour les paresseuses ?

chapitre 3

Comment rester jeune en gardant la ligne

Comment ne pas (trop) abuser des bonnes choses ?

Soyons réaliste : à raison de 300 g environ par an entre 20 et 50 ans, on risque fort de prendre des kilos sans même s'en apercevoir ! La paresseuse rétorquera : « La belle affaire ! » – quelques kilos en plus peuvent être seyants. On est d'accord, mais il ne faudrait tout de même pas abuser des bonnes choses ! Croquez la vie à belles dents, certes, mais corrigez aussi presto vos écarts pour ne pas finir avec un « pneu » autour du ventre et des cuisses d'odalisque. Et puis, d'une façon plus générale, n'est-il pas valorisant de penser qu'une alimentation saine préserve la bonne forme de vos cellules, la souplesse de votre peau et vous accorde en prime une silhouette qui tient la route ?

Le poids des ans

« Pourquoi moi ? » Rassurez-vous, ça n'a rien de personnel, c'est de la gent féminine dans son ensemble qu'il s'agit. Commençons par un constat : grossir, c'est normal, ça arrive à tout le monde. Mais ce n'est pas parce que c'est normal que vous devez vous laisser faire. À vous de lutter contre la nature, qui fait que l'on grossit à partir de l'âge de 20 ans, à raison de 1 g par jour – c'est statistique. Pas de quoi s'affoler, direz-vous ? Pourtant, au bout du compte, ça fait 3 kg en 10 ans. Le poids est sournois : vous n'allez quand même pas baisser les bras !

Tour d'horizon des facteurs qui entrent en ligne de compte

- **Le sexe et l'hérédité** : là, il n'y a pas grand-chose à faire !
- **L'âge**, en particulier chez les femmes après la ménopause : on peut agir !

- **Les excès de graisse et d'alcool** qui favorisent la graisse abdominale : l'action est aussi dans vos cordes !
- **Certains traitements médicamenteux** (les corticoïdes, par exemple) : soyez méfiante.
- **Certaines pilules contraceptives** : celles à dominantes d'œstrogènes favorisent la formation de graisse au niveau des hanches. Facile à éviter : de nos jours, les associations œstrogènes/progestérone sont faiblement dosées et ont très peu d'impact sur la prise de poids.

Et encore :

- **Parce que c'est une question de balance**... énergétique. Vous prenez du poids lorsque les apports énergétiques alimentaires sont supérieurs aux dépenses métaboliques de l'organisme – c'est logique et mathématique ! Traduction : vous grossissez quand vous mangez au-delà de vos besoins – ce qui ne signifie pas forcément que vous mangez beaucoup ! Si vous vous « bougez » très peu, vos besoins caloriques sont modestes. Le grand responsable de la prise de poids est le métabolisme dit « de base », qui règle ce que votre organisme dépense obligatoirement chaque jour. Il fonctionne même pendant le sommeil, pour que votre température reste à 37 °C, pour que vos glandes sécrètent des hormones, pour que votre cœur batte, etc.
- **70 % de la dépense énergétique** de l'organisme est liée à ce métabolisme de base (voir détails plus loin dans le chapitre). C'est essentiellement la masse maigre qui dépense de l'énergie : donc, plus vous avez de muscles, plus votre métabolisme de base est élevé. Si vous avez moins de muscles, la consommation d'énergie est moindre ; à vous d'en tirer les conclusions !
- **Parce que l'évolution du poids et de la silhouette** est rythmée par les grandes transformations hormonales qui surviennent au cours de l'ado-

lescence, de la grossesse, de la ménopause. Cette dernière est particulièrement critique car, lorsque le taux des hormones sexuelles féminines chute, la silhouette se modifie et la graisse se répartit différemment. Elle s'installe au niveau de la ceinture, sur le haut des bras, alors qu'elle diminue sur les cuisses. Comme la masse musculaire diminue elle aussi, vous pouvez garder le même poids tout en prenant de la graisse au détriment des muscles. Et ne croyez pas que le phénomène arrive seulement à la cinquantaine. Certaines femmes entrent en périménopause dès l'âge de 40 ans. Il est donc important de ne pas prendre de poids dans les années qui précèdent pour ne pas arriver à l'âge critique avec un excédant de « bagages ».

- **Parce qu'en dehors des hormones**, il existe d'autres facteurs susceptibles d'influencer la répartition des graisses. Cause majeure : le stress ! Le poids du stress existe bel et bien. En effet, le stress peut provoquer des altérations du fonctionnement de certains systèmes de régulation hormonale (hypothalamus, hypophyse, corticosurrénales). Il en résulte une accumulation de graisse dans la région abdominale. Cette répartition est dite « androïde » et nuit à la santé. En effet, cette graisse est en bonne partie localisée en profondeur, près des organes digestifs – ce qui perturbe le fonctionnement de l'insuline et augmente les risques de diabète et de maladies cardio-vasculaires. Bonne nouvelle : ce type de graisse est la première à partir lorsque l'on maigrit.

SOYEZ RÉALISTE

Ne visez pas les 55 kg de vos 20 ans ! Si vous avez dépassé la trentaine, quelques petits kilos en plus ne sont pas dramatiques. En tout cas, ne vous lancez pas dans le cercle vicieux des régimes Yo-Yo : la restriction chronique est source de carences et aussi de kilos supplémentaires au bout du compte ! En plus, ça ne s'arrange pas avec l'âge : une femme perd en moyenne 50 % de sa masse musculaire entre 20 et 80 ans et prend en moyenne 7,5 kg entre 20 et 50 ans ! Raison de plus pour être raisonnable.

Le poids des hormones

Sommes-nous donc toutes « condamnées » à nous arrondir ? Quelles hormones nous font le plus de misères ?

Les coupables sont principalement les œstrogènes, hormones féminines par excellence. Lorsqu'elles sont trop abondantes, elles augmentent le volume graisseux, notamment au niveau des cuisses, et provoquent une rétention d'eau et de sel. En règle générale, les quantités d'hormones sécrétées sont assez comparables d'une femme à l'autre, mais les récepteurs hormonaux ne sont pas identiques. La faculté de fabriquer la graisse, de retenir l'eau et le sel dépend d'un programme génétique, transmis à chacune par ses ancêtres depuis la nuit des temps.

Il faut donc faire la différence entre les « kilos d'eau » et les « kilos de graisse ». Les premiers viennent en quelques jours, voire quelques heures, et font surtout « gonfler », en particulier lors de la seconde partie du cycle menstruel. Ils repartent rapidement après les règles quand le cycle redémarre. Puis ils reviennent quinze jours après et ainsi de suite. Le sport et les mesures alimentaires n'ont aucune action sur eux. Les kilos de graisse, eux, s'installent plus lentement, plus sournoisement, et ne sont l'objet d'aucune tension douloureuse. Et ils ne partent jamais tout seuls !

Les situations de déséquilibre hormonal ne manquent pas : à la puberté, lorsque les ovaires encore immatures fabriquent trop d'œstrogènes ou d'hormones mâles ; lorsqu'on prend une pilule trop dosée (ce qui est de plus en plus rare) ou mal adaptée (plus fréquent) ; pendant la grossesse, où les œstrogènes sont au zénith ; avant les règles, lorsque l'on se met à « gonfler » sans raison apparente (c'est le fameux syndrome prémenstruel) ; ou encore en périménopause ou en ménopause, soit du fait de carences hormonales naturelles, soit à cause d'un traitement hormonal qui ne convient pas. Notre sort n'est heureusement pas désespéré : si vos hormones jouent les Yo-Yo, parlez-en sans tarder à votre gynécologue ; il existe une solution thérapeutique précise pour chaque situation.

Le seul cas cependant où aucune action sur le plan hormonal n'est possible *via* un traitement, c'est la grossesse. Les kilos de la grossesse sont en grande partie dus aux hormones et ce sont les kilos les plus embêtants (certaines femmes prennent à peine 10 kg et d'autres au moins 25 !). Pour retrouver sa ligne après Bébé, on ne peut donc compter que sur l'hygiène de vie. Les paresseuses devront se surveiller quand on sait que – cerise sur le gâteau – les œstrogènes produits en grandes quantités augmentent aussi l'appétit et l'envie de sucré !

Régime de croisière pour éviter de vous empâter au fil du temps

Le secret de la jeunesse est dans votre assiette et non dans de coûteuses potions magiques ! La vraie recette est beaucoup plus prosaïque : une alimentation variée, équilibrée et saine permet de vieillir plus lentement. À l'instar des métaux, notre organisme s'oxyde et génère ce que l'on appelle « des radicaux libres », des molécules qui provoquent une dégénérescence des cellules. Un des moyens de freiner ce phénomène d'oxydation est de réduire son apport calorique et de bien choisir le contenu de son assiette ; les études chez l'animal sont sans appel. Un chercheur en gérontologie à l'université de Californie a récemment montré chez le rat qu'un régime pauvre en calories, mais riche en sels minéraux et oligoéléments, faisait grimper l'espérance de vie de 30 % ! Il ne s'agit pas pour autant de virer anorexique, mais de diminuer votre apport calorique, en freinant sur les graisses animales et le sucre. Pour être sûre de faire de vieux os, l'autre astuce consiste à forcer sur les fruits et les légumes, riches en antioxydants, des molécules qui piègent les radicaux libres (voir chap. 4).

Bref, c'est le paradoxe des règles simples. On cherche un peu partout l'élixir de jouvence alors que la solution est entre nos mains.

En pratique

À 20 ans, on peut avaler ce qu'on veut sans prendre 1 g (ou presque), mais à partir de 30 ans, les petits écarts accumulés commencent à peser sur la balance. C'est, hélas ! normal. Le métabolisme du corps change au fil des ans, il est plus lent à transformer les aliments, et les muscles, qui ont perdu de leur tonicité, dépensent moins de calories. Si on brûle 2 400 calories par jour entre 20 et 30 ans, on en dépense moins de 2 000 à 50 ans en ayant le même rythme d'activité. Avec le temps, le phénomène s'installe, et si vous ne surveillez pas votre alimentation, vous prendrez du poids chaque année. En revanche, si vous avez une activité physique régulière, votre poids se stabilisera car vous maintiendrez votre masse musculaire qui brûlera davantage de calories que la masse grasse. Au minimum, il vous faudra 45 minutes de marche, de vélo ou de natation par semaine pour garder un poids stable, sinon idéal.

Autre aspect de la question : avouez que vous sous-estimez souvent la valeur énergétique de votre assiette, que vous oubliez que le sucre en excès est illico converti en graisse, ou bien que vous mangez trop ou trop peu. Soit vous êtes abonnée aux mets hypocaloriques et alors votre organisme en quasi-diète tourne à l'économie pour capitaliser le peu que vous lui donnez. Soit vous êtes gourmande et, dès que vous vous attablez, les adipocytes se réjouissent déjà d'être à la noce !

Dans l'un ou l'autre cas, votre objectif sera d'empêcher votre organisme de stocker sauvagement le gras, de le pousser à délester les adipocytes et de faire tourner à plein régime votre métabolisme de base pour augmenter votre dépense énergétique. Le tout au naturel et en prenant au passage une dose anti-fatigue.

Misez sur le thé...

... vert de préférence. 1 g de thé vert par jour booste le déstockage des graisses et en outre limite l'absorption des glucides et des lipides par l'intestin, en inhibant l'action des enzymes digestifs. Par ailleurs, une étude américaine a montré que 1 g de thé vert par jour, soit 4 à 5 tasses, prévient l'accumulation de graisse abdominale, fait baisser la glycémie et réduit le stress oxydatif.

Croquez du céleri

Le stress réduit de 25 % la combustion des calories. En effet, la libération de l'adrénaline générée par le stress joue un rôle de modulateur sur le tissu adipeux. Cela peut déclencher la fonte des graisses, mais aussi ordonner leur stockage. Si vous traversez une zone de haute tension, croquez une branche de céleri. Sa vitamine PP renferme des propriétés calmantes et il contient des éléments qui abaissent les concentrations d'hormones du stress.

Comptez sur les protéines

Elles coupent véritablement la faim. Des chercheurs du CNRS, de l'INSERM et de l'INRA ont découvert les mécanismes qui expliquent cet effet « coupe-faim ». L'ingestion des protéines stimule la synthèse du glucose par l'intestin (une fonction que l'on croyait réservée au foie et aux reins) – ce qui génère un signal de satiété au niveau du cerveau.

Buvez copieusement

Surtout si vous faites des repas protéinés. En se consumant, les protéines produisent des déchets aisément éliminables, tel l'acide urique, à condition de boire beaucoup. Si ces déchets et ceux inhérents à la dégradation des graisses ne sont pas drainés par les reins, la combustion s'éteindra comme un feu sous un tas de cendres.

Avalez du calcium

Des études réalisées sur des personnes obèses montrent que 1 g de calcium par jour (soit 200 mg de plus que les apports recommandés), pris sous forme de laitage, peut faire perdre jusqu'à 5 kg. Le calcium freinerait la lipogenèse (le stockage des graisses) et stimulerait la lipolyse.

Empêchez le sucré de faire du gras

C'est en convertissant le glucose non utilisé par l'organisme que ce dernier remplit ses réserves de graisse. Rappelez-vous que 100 g de biscuits égalent 5 kg d'endives !

Calories, calories, calories !

Sans vous en rendre compte, vous faites des repas qui frisent allègrement les 1 000 calories ? Pas vous ? Vraiment ? C'est si vite fait : un petit apéritif, un ou deux verres de vin, une salade niçoise, une entrecôte-frites, deux boules de glace au chocolat et le tour est joué ! En fait, quoique vous fassiez, prendre ou perdre du poids, tout est une question de chiffres : vous devez brûler plus de calories que vous n'en consommez. Et même si vous le savez déjà, mieux vaut vous replonger dans les maths et vous servir des calories pour vous fixer des limites.

Sachez d'abord combien vous « devriez » consommer de calories. Chacune a son chiffre. Une paresseuse très sédentaire n'aura probablement pas besoin de beaucoup plus de 1 600 à 1 800 calories par jour (surtout à plus de 40 ans). Alors, pour perdre des kilos, faut-il descendre en dessous ? C'est le bagne ! Pour garder son poids ou en perdre un peu, mieux vaut ajouter de l'activité physique à son quotidien et changer quelques petits trucs à son alimentation (voir ci-après). De plus, connaître les calories des aliments et des plats, c'est tout simplement une question de culture générale. Il n'est pas nécessaire de s'obséder, de les compter et de les recompter : il suffit juste de les connaître, d'avoir une idée de leur répartition en nutriments (glucides, lipides, protides) et de faire un bilan honnête de votre consommation.

Les besoins varient selon l'âge, mais sont en moyenne, au quotidien, de :

- 1 800 calories si vous êtes sédentaire ;
- 2 000 calories si vous avez des activités physiques moyennes ;
- 2 200 calories si vous avez des activités physiques intenses.

À quoi correspondent exactement les dépenses énergétiques ?

- **Les dépenses liées à l'activité physique.** Oui, vous y pouvez quelque chose ! Même si votre masse grasse est plus importante que celle d'un homme (c'est comme ça), vous pouvez cependant augmenter vos dépenses énergétiques en augmentant votre masse maigre. En effet, la masse maigre (masse active ou masse musculaire) entraîne une dépense énergétique d'entretien huit à dix fois supérieure à celle engendrée par la masse grasse ! Et l'accroissement de la masse musculaire provoque une augmentation du métabolisme de base de 5 à 10 %. Qu'elles entraînent un mouvement ou non, les contractions musculaires sont responsables d'une forte dépense énergétique.

- **Les dépenses liées au métabolisme de base.** Oui, vous y pouvez aussi quelque chose, dans une certaine mesure. Le métabolisme de base comprend deux facteurs : le métabolisme de repos, soit « la dépense d'énergie au repos », et la thermogenèse – respectivement 60 à 65 % et 10 à 15 % du métabolisme quotidien d'une paresseuse exerçant, comme on peut le supposer, une activité peu exigeante.

Comment booster votre métabolisme ?

Le métabolisme de repos est lié au sexe, à l'âge, à la masse corporelle et à la taille, ainsi qu'à des facteurs génétiques, tout en étant aussi sujet à certaines variations :

- Il varie en fonction de l'état physiologique

— Chez la femme enceinte, il inclut la dépense énergétique liée à la gestation. Cette dépense énergétique supplémentaire peut augmenter le métabolisme de base jusqu'à 20 %. Pour la femme qui allaite, il comprend la dépense liée à la lactation.

— La fièvre augmente le métabolisme de base de 7 % par degré.

— Une anomalie de la fonction thyroïdienne se traduit par une élévation ou une diminution anormales du métabolisme basal. Lorsque l'écart constaté dépasse + 10 % ou – 10 % par rapport à la valeur moyenne, il s'agit d'une hyperthyroïdie dans le premier cas et d'une hypothyroïdie dans le second. C'est la thyroxine, hormone thyroïdienne, qui en est responsable : si vous produisez trop de thyroxine, vous maigrissez ; si vous n'en produisez pas assez, vous grossissez.

— Une autre substance, l'adrénaline, hormone de la peur et du stress, augmente le métabolisme basal. Vos émotions peuvent donc accroître votre dépense énergétique dans des proportions importantes (jusqu'à 50 % !) et doubler votre consommation d'oxygène. Les dépenses liées à l'émotion ne sont pas chiffrables. Il est important d'en tenir compte cependant, puisqu'elles peuvent, par exemple, provoquer une hypoglycémie chez le sportif en proie au trac lors d'une compétition, même si sa glycémie est habituellement bien équilibrée.

○ Il varie en fonction du régime alimentaire

Notre organisme adapte ses dépenses énergétiques en fonction des apports. En cas de sous-alimentation prolongée, le métabolisme de base diminue de façon à survivre « à l'économie ». C'est le cas lors d'un régime trop restrictif. Ce phénomène d'adaptation fonctionne tout autant dans le cas contraire : une suralimentation habituelle entraîne une augmentation du métabolisme basal.

○ Il varie en fonction de la digestion

Lors de la digestion, deux types de dépenses énergétiques sont cumulées : le travail digestif lui-même et l'assimilation des nutriments. La digestion, dont le but est de nous apporter de l'énergie (sinon du plaisir !), a un coût énergétique variable selon ce que nous mangeons, qualitativement et quantitativement.

Ainsi, lorsque vous mangez, vous dépensez pas mal d'énergie : votre dépense énergétique s'accroît de 3 % pour l'utilisation d'une ration glucidique, de 10 % pour une ration lipidique et enfin de 30 % pour une ration protéique ! Pour un repas, cette dépense correspond à une élévation de 20 à 30 % du métabolisme de base qui commence dès le début du repas et se poursuit pendant 3 à 5 heures.

Puisque la digestion induit des dépenses énergétiques, cela veut-il dire que, si l'on fractionne sa ration énergétique en 5 petits repas au lieu de 3 gros, vous dépenserez plus d'énergie pour les digérer ? La réponse est « oui ».

Mais attention ! *fractionnement de la ration alimentaire* ne signifie pas « grignotage désordonné et ininterrompu »...

Mettez la pédale douce

Consommez moins ! Ne sous-estimez pas vos apports énergétiques et, pour ne pas vous alourdir en calories, jouez les paresseuses malignes au quotidien :

- **Décodez les matières grasses :** par exemple, un yaourt qui se targue d'être « seulement » à 3,5 % de MG est un yaourt... au lait entier ! En effet, pour les yaourts, la réglementation veut que le pourcentage de matières grasses indiqué soit calculé sur le poids total, alors que, pour les fromages blancs et les fromages en général, il est mesuré sur extrait sec – ce qui représente beaucoup moins rapporté au poids total. Ainsi un yaourt à 5 % est plus gras qu'un fromage blanc à 20 %. Méfiez-vous aussi des mentions « *light* » et « 0 % » souvent trompeuses. Un dessert affichant en gros « 0 % » peut être dépourvu de graisse et imbibé de sucre... ou l'inverse ! Retenez que seule la mention « allégé » est réglementée.
- **Troquez le jus de fruits contre les fruits frais :** à quantité équivalente, ils apportent moins de calories et contiennent plus de fibres qui calent davantage. Un verre de jus d'orange de 200 ml totalise 100 calories, une orange 60 calories. Un verre de jus de pomme affiche 120 kcal, une grosse pomme en compte 90.
- **Optez pour les mini-portions :** une envie de bonnes choses, ça ne se contrôle pas. Et ce n'est pas forcément catastrophique si vous limitez la casse en vous jetant sur des portions mini, plutôt que sur les *king size* des paquets de chips ou autres.
- **Faites le tri entre les alcools :** avec 7 kcal par gramme, l'alcool pèse lourd sur la balance. En diminuant de 30 % l'oxydation des graisses, il favorise

leur stockage et les kilos. Mais tous les alcools ne se valent pas. Un verre de vin blanc à 10° fait 108 kcal, alors que la même quantité de vin rouge n'en compte que 87 car il contient moins de sucre. En prenant un verre de cidre brut, plutôt qu'un verre de cidre doux, vous économisez 20 kcal. De même, une flûte de champagne brut vous coûtera 70 kcal, contre 120 pour du champagne doux.

- **Prenez l'apéro à la légère :** avant même d'avoir commencé à dîner, le compteur explose ! Une poignée de chips (300 kcal), une autre de cacahouètes (230 kcal), quelques olives (80 kcal les six), un verre de Martini apportent autant qu'un dîner complet. Remplacez ces trouble-fête par une poignée de tomates cerises (20 kcal) ou de radis (15 kcal), des bâtonnets de surimi, de concombres et de carottes trempés dans du fromage blanc (entre 40 et 70 kcal aux 100 g) aux herbes (ajoutez sel, poivre, ciboulette ou herbes de Provence).
- **Révisez vos sauces :** au restaurant, mieux vaut demander la sauce à part.
- **Fractionnez vos repas :** 4 ou 5 repas au lieu de 3 élèvent votre métabolisme de base de 20 à 30 %, pendant 1 à 3 heures après les repas. Ce qui signifie davantage de calories brûlées à quantité égale.
- **Privilégiez les morceaux maigres :** l'important n'est pas de préférer la viande blanche à la viande rouge, mais de choisir vos morceaux (150 g de faux-filet grillé apportent 249 kcal, soit seulement 9 de plus que le même poids de veau rôti). Dans le bœuf, consommez les parties maigres, comme le filet et le faux-filet, la bavette ou le rumsteck qui ne contiennent pas plus de 8 % de MG, et limitez la côte de bœuf, l'entrecôte et le plat de côtes, trop riches en lipides (plus de 20 %). Évitez les ailes de poulet qui en contiennent 18 % contre 5 % pour le blanc. En saison, pensez au gibier : lièvre, sanglier ou chevreuil, ultra-maigres avec seulement 2 % de MG !
- **Choisissez les bons fromages :** les pâtes molles, comme le camembert ou le brie, contiennent plus d'eau que les pâtes pressées, comme l'em-

mental ou le comté – donc, à poids égal, moins de gras. Ainsi, 40 g de gruyère affichent 157 kcal et 40 g de brie seulement 105. Évitez le chèvre mi-sec qui, avec ses 131 kcal pour 40 g, apporte dix fois moins de calcium qu'un morceau de gruyère. Optez pour les fromages allégés dont le goût est correct.

- **Passez à l'écrémé :** le lait écrémé contient autant de calcium que le lait entier – soit 120 mg pour 100 ml – et moitié moins de calories.
- **Mangez du pain noir :** grâce à sa teneur en fibres non digestibles et à son taux d'hydratation plus élevé, le pain complet apporte – à poids égal – entre 10 et 20 % de calories en moins que le pain blanc. Bonus : il est trois ou quatre fois plus riche en vitamines et minéraux.
- **Troquez la glace contre le sorbet :** deux boules de glace (125 ml) équivalent à 182 kcal et un Esquimau à 140 kcal, contre 104 pour deux boules de sorbet.

Rappel pratique

1 g de lipides = 9 kcal

1 g de protéines = 4 kcal

1 g de glucides = 4 kcal

QUESTION DE DOSE

Ces aliments apportent chacun 200 calories – à vous de faire la part des choses :
100 g de viande
50 g de charcuterie ou de chair à saucisse
350 ml de lait entier
500 ml de lait écrémé
200 g (poids cuit) de pâtes, riz, semoule ou couscous
60 g (poids cru) de légumes secs
80 g de baguette ou 6 à 7 biscottes
2 c. à soupe d'huile

25 g de beurre
2 œufs cuits au beurre
2 c. à soupe de sauce
1 pot de dessert lacté (type Danette)

La bonne « croque »

Vous ne manquez pas de bonne volonté et puis... en paresseuse maligne, vous réalisez qu'il n'est pas si difficile de se composer une assiette équilibrée et variée et qu'il est précieux de prendre de bonnes habitudes pour la vie. Car, vous le savez : « On est VRAIMENT ce que l'on mange ! »

En pratique

Pour avoir tout bon, il faudrait ne pas consommer plus de 1 800 à 2 000 calories par jour, réparties en 55 % de glucides, 30 % de lipides et 15 % de protéines, soit :

- **De la viande**

Deux ou trois fois par semaine. Les viandes rouges sont une excellente source de fer, mais elles renferment beaucoup de graisses cachées qui augmentent le mauvais cholestérol et menacent le système cardio-vasculaire. Les viandes blanches contiennent moins de fer, mais en contrepartie elles sont beaucoup moins grasses. Le secret est dans l'équilibre des deux, car, qu'elle soit rouge ou blanche, la viande vous apporte des protéines de bonne qualité, faciles à assimiler par l'organisme.

- **Du poisson**

Trois à cinq fois par semaine. Comme la viande, le poisson maigre ou gras vous apporte des protéines d'excellente qualité. Il permet de faire le plein en phosphore, en oligoéléments précieux pour la mémoire et la concentration. Plus maigres que les viandes grasses, les poissons gras sont riches en substances bénéfiques pour les artères (voir chap. 4). Méfiez-vous quand même des poissons d'élevage, particulièrement le saumon, dont les graisses ressemblent de plus en plus à celles des viandes.

Des laitages

Au moins deux fois par jour. Les laitages, à raison d'un à chaque repas, couvrent vos besoins quotidiens en calcium et sont très riches en protéines. Les yaourts et les laits fermentés assainissent la flore intestinale et augmentent la résistance aux infections. Choisissez-les allégés pour garder la ligne et méfiez-vous des spécialités sucrées et des fromages à pâte dure, qui, s'ils sont concentrés en calcium, sont aussi beaucoup plus gras que les fromages à pâte molle.

Des légumes frais

Au moins trois portions par jour. Gorgés de sels minéraux, de vitamines, d'eau et de fibres, ils sont incontournables ! L'idéal est de les manger crus et cuits à chaque repas en variant le plus possible. Les légumes jaunes et rouges, comme les tomates, les carottes et le potiron, sont très riches en bêta-carotène, un excellent anti-âge à consommer sans modération. Par contre, mieux vaut éviter les oignons et les choux si vous voulez retrouver un ventre plat pour l'été. Enfin, pour bénéficier des bienfaits de vos légumes, ne les laissez pas traîner trop longtemps dans le réfrigérateur, sinon ils risquent de perdre leurs vitamines.

Des fruits

Au moins deux fois par jour. Tout comme les légumes, ils regorgent de fibres, de vitamines et de sels minéraux. En revanche, ils contiennent davantage de sucre. Les agrumes, les kiwis et le cassis sont une excellente source de vitamine C pour la forme, simultanément anti-fatigue et anti-infectieuse. Les melons, les abricots, les cerises et les fraises sont bourrés de vitamine A, précieuse pour l'hydratation de la peau et pour prévenir le vieillissement induit par le soleil. Si vous avez les intestins sensibles, préparez vos fruits en compote sans ajouter de sucre.

Des féculents

Au moins deux fois par jour. Les féculents sont des sucres lents, qui apportent l'énergie indispensable aux muscles et aux neurones, en vous évitant les coups de pompe et l'envie de grignoter. Plutôt que de manger du riz ou du pain blanc, préférez le riz et le pain complets. Plus riches en fibres, ils renferment aussi du magnésium, à la fois anti-stress et anti-fatigue. Les légumes secs, comme les lentilles, les haricots blancs ou les graines de soja, sont une bonne source de protéines maigres. Si vous souffrez de ballonnements, pensez à bien les cuire : l'amidon qu'ils recèlent deviendra alors beaucoup plus digeste.

Des matières grasses

Pour être en forme, vous avez besoin d'environ 30 g de matières grasses par jour, apportées pour un quart par le beurre ou bien les viandes et pour trois quarts par les huiles végétales. Les graisses figées ou graisses saturées sont présentes dans le beurre, les charcuteries, les œufs, la viande. Consommées en excès, elles augmentent le taux de mauvais cholestérol et mettent le système cardio-vasculaire en danger. Les graisses insaturées, les bonnes, se trouvent dans les huiles végétales, les oléagineux, le poisson. Elles abaissent le taux de mauvais cholestérol et fluidifient le sang. Pour optimiser les bienfaits de ces matières grasses, évitez de les utiliser dans la cuisson. Seule exception : l'huile d'olive qui résiste bien à la chaleur. Sinon, une petite noisette de beurre frais sur vos légumes fera l'affaire.

RAPPEL DES FAITS

Les glucides sont des sucres que l'organisme utilise comme carburant pour faire travailler les muscles et les neurones et dont le surplus est stocké sous forme de graisse.
Les lipides sont des matières grasses qui entrent dans la composition des membranes cellulaires du cerveau et du système nerveux. Si l'on en manque, la peau se dessèche et les vaisseaux perdent de leur souplesse. En excès, le corps les stocke sur les hanches et les fesses, et ils produisent du mauvais cholestérol.
Les protéines participent au développement de l'organisme et des muscles. Si vous faites un régime trop restrictif, l'organisme les utilise en priorité : vous perdez vos muscles et stockez des graisses.

Trucs de paresseuse pour ne plus avoir une faim de loup

1. Allongez la durée de vos repas en mangeant lentement et en mastiquant bien. Il faut, en effet, 20 minutes pour que votre cerveau enregistre les signaux de satiété.

2. Pour être plus vite calée, prenez une plus grosse entrée de crudités (tout en conservant la même quantité d'assaisonnement) ou consommez-en plus en début de repas et, selon la saison, choisissez un bol de soupe ou un fruit frais.

3. Augmentez votre portion de viande ou de poisson. Les protéines qu'ils contiennent ont un effet rassasiant archiprouvé.

Rides et gras, même combat !

Ne songez pas à faire un sort aux graisses avant d'avoir d'abord fait la part des choses. Explication : stockés dans le tissu adipeux, les lipides constituent un nutriment très calorique (9 calories par gramme de lipide), mais ils constituent la principale source d'énergie du corps. À la différence des glucides et des protéines, il est possible de les soustraire momentanément de l'alimentation, mais sachez que les carences prolongées sont déconseillées. En effet, les lipides ont bien des qualités : ce sont les constituants essentiels des membranes cellulaires, notamment neuronales, et ils interviennent dans la synthèse des hormones corticosurrénales et sexuelles. Ils sont aussi le vecteur des vitamines liposolubles : A, D, E et K (pour les produits non écrémés) et apportent des acides gras importants pour l'organisme.

La digestion des graisses ne variant pas avec l'âge, il n'est pas nécessaire de diminuer leur consommation (elles doivent représenter 35 à 40 % de l'apport calorique total) : il faut seulement bien les choisir et ne pas dépasser la dose. Attention ! il est facile de dépasser les bornes car les lipides de l'alimentation ne sont pas toujours visibles. Une bonne quantité de graisses se cache dans les viandes, les charcuteries, les fromages, les plats préparés riches en sauce, la crème, le beurre et... le chocolat. Sans parler des fast-foods, frites, chips et autres poissons panés.

Examinons la situation de plus près

Les lipides simples sont constitués de composés organiques appelés « acides gras », parmi lesquels il existe plusieurs groupes dont les effets sur l'organisme sont différents :

- **Les acides gras saturés**, que l'on trouve essentiellement dans les corps gras animaux (beurre, crème fraîche) et qui, consommés en grande quantité, augmentent les risques cardio-vasculaires. Plus ils sont présents dans un corps gras, plus celui-ci est de consistance solide.

- **Les acides gras mono-insaturés**, présents dans les huiles d'olive, d'arachide, de colza ; ils ont un rôle dans la protection des artères.
- **Les acides gras poly-insaturés**, majoritairement présents dans les huiles de tournesol, pépins de raisin, noix, maïs, soja, dans les oléagineux (cacahouètes, noix, noisettes, amandes, pistaches) ainsi que dans les graisses de poisson. Ces acides gras ont également des effets protecteurs : ils abaissent le taux de cholestérol et le taux de triglycérides.

VOUS AVEZ DIT : « TRANS » ?

Une catégorie d'acides gras est montrée du doigt : les acides gras « trans ». Présents notamment dans les produits industriels et dans les plats préparés, ils augmenteraient le mauvais cholestérol et les risques cardio-vasculaires. Que signifie *acide gras trans* ? Il s'agit en fait d'une sombre histoire de liaisons chimiques. Pour faire simple, disons que les graisses insaturées peuvent revêtir deux formes différentes : les unes seront appelées **cis** les autres **trans**. Dans la nature, les graisses sont en majorité sous forme « cis », mais elles peuvent être transformées en acides gras « trans » dans plusieurs cas :

- **Dans l'estomac des ruminants** – ce qui explique qu'on les retrouve dans de nombreux produits laitiers ou dans la viande.
- **Lors de la fabrication industrielle** de graisses sous forme solide à partir d'huiles. Ce procédé appelé « hydrogénation » est notamment utilisé pour produire de la margarine, des pâtes à tartiner ou des biscuits.
- **Lors du raffinage des huiles végétales** riches en acides gras poly-insaturés.
- **Lors de la friture des huiles**.

Que reproche-t-on aux acides gras trans ? D'abord, ils ont les mêmes effets que les « mauvaises graisses », c'est-à-dire les acides gras saturés. En effet, ils ont tendance à faire augmenter le taux de LDL (le mauvais cholestérol) et semblent faire baisser le bon cholestérol (HDL).

De nombreux aliments contiennent des trans, mais la proportion varie fortement selon les cas. Ainsi, les produits laitiers ou la viande de bœuf en contiennent entre 3 et 6 % (par rapport aux acides gras totaux), mais les margarines et les pâtes à tartiner

jusqu'à 17 %. De manière générale, les pâtisseries, les cookies et autres biscuits, biscottes, frites, plats préparés, bonbons et potages ont une proportion d'acides gras trans qui varie entre 10 et 30 %. Conclusion : il est préférable d'éviter cette dernière catégorie autant que faire se peut.

La part des choses

Vous faites de louables efforts pour surveiller votre alimentation ; mais savez-vous que parfois des calories invisibles se trouvent dans les plats les plus inattendus ? Ce sont les fameuses graisses cachées. Comment les dénicher ? Peut-on réellement manger un peu plus léger ? Quelques conseils pour ne plus vous faire surprendre par le contenu de votre assiette :

8 secrets de jeunesse anti-graisses

1. Méfiez-vous des entrées froides...

Vous vous dites, à juste tire, qu'un repas équilibré comporte une entrée. Et fidèle à ce précepte, vous prenez souvent des crudités ou d'autres légumes : c'est parfait. Mais attention aux faux amis, car certaines préparations, si elles contiennent des légumes, sont également riches en lipides. C'est le cas du céleri rémoulade, de la macédoine, des betteraves (avec la vinaigrette), du caviar d'aubergines (et autres entrées à l'huile d'olive). Préférez les tomates, les concombres, les carottes râpées et même le taboulé !

2. ... et des entrées chaudes !

Si vous préférez les entrées chaudes, limitez-en la quantité. Une part de quiche en entrée vous apportera 40 g de lipides, un friand au fromage ou même à la viande vous apportera 30 g de graisse. De manière générale, préférez les entrées froides... ou optez pour une soupe !

3. Déjouez les pièges des amuse-bouches

Vous vous doutez bien que l'apéro n'est pas franchement un modèle d'équilibre. Il est même truffé de pièges : les olives noires qui sont riches en lipides, les petites saucisses cocktail qui sont de vrais traîtres (près de 30 g de lipides pour 100 g), les cacahouètes et autres pistaches qui sont bourrées de graisses. Seule option si vous vous sentez un appétit d'écureuil : les amandes qui contiennent des graisses insaturées, bonnes pour le cholestérol (mais pas plus d'une poignée !).

4. Soyez pingre avec les charcuteries

Si vous êtes amatrice de charcuteries, il vous sera difficile, voire impossible, d'éviter les graisses, cachées ou non. L'astuce : limitez drastiquement les pâtés et rillettes en tout genre et ne vous accordez que quelques tranches de salami ou saucisson (5 au maximum). Le jambon fumé ou le jambon blanc sont des choix plus judicieux pour éviter les graisses et vous faire tout de même plaisir.

5. Discriminez les viandes

En matière de viande, il y a du gras et du moins gras. Un rosbif, un bifteck ou un steak haché de bœuf (5 % de MG) ne vous apporteront pas trop de graisses. L'entrecôte ou le rôti de veau sont déjà plus gras. *Idem* pour le rôti ou la côtelette de porc. Quant à l'agneau, c'est l'une des viandes les plus grasses. Et si vous optez pour la volaille, sachez que la dinde est un peu moins riche en graisses que le poulet (sans la peau).

6. « Empapillotez » les poissons

Les poissons sont toujours un excellent choix nutritionnel. Seule précaution : éviter les fritures et préférer les cuissons à la vapeur, au court-bouillon ou au four. Parmi les poissons, le saumon fait partie des plus gras, mais il s'agit de graisses insaturées, donc bonnes pour le cœur (achetez du saumon sauvage en priorité).

7. Limitez les fromages

En ce qui concerne les fromages, tout est souvent une question de quantité. Une petite portion de 30 g ne vous apportera pas trop de graisses. Consommez plutôt des fromages du type chèvre frais, brie, coulommiers ou camembert.

8. Sélectionnez les desserts

Les desserts vous apporteront plus de sucre que de graisse ! Dans tous les cas, le meilleur moyen d'éviter les calories et de terminer sur une note équilibrée est de prendre un fruit. Compotes, yaourts, flans en pot, crèmes sont également des choix peu dosés en graisses. Par contre, certains desserts vous apporteront une quantité non négligeable de lipides : tartes, beignets, tiramisu, pâtisseries, etc.

TENEUR EN GRAISSES DE QUELQUES ALIMENTS

Aliments (100 g)	Teneur en graisses (en g)
Huiles, saindoux, beurre, margarines	100
Lard, rillettes, beurre « allégé »	70
Crème fraîche, gruyère, camembert	35
Saucisse de Francfort, gigot de mouton, œuf, maquereau, filet de porc	20
Rumsteck, petit-suisse à 40 % de MG, poulet	10
Fromage blanc à 20 % de MG	4

Champions toutes catégories

1. L'avocat

Bien que dense en calories, il contient la meilleure des graisses, des acides mono-insaturés (16 % de son poids) et de l'acide linoléique qui aide à contrôler le taux de cholestérol.

2. L'huile d'olive

Elle contient également en majorité des acides gras mono-insaturés. L'huile d'olive de première pression à froid est la seule huile qui ait conservé entièrement ses vitamines liposolubles car c'est la seule huile qui n'est pas chauffée durant sa fabrication : c'est donc la meilleure.

3. Le saumon

Moins calorique que la viande rouge, riche en oméga-3, il est meilleur pour la santé quand il est sauvage.

4. Les noix

Riches en oméga-3 et en calories ; à déguster toutefois en petites quantités.

Quelques chiffres pour maintenir votre vigilance

Il y a autant de lipides, soit 10 g, dans :

1 grosse madeleine, 1 macaron, 4 carrés de chocolat, 12 frites, 6 rondelles de saucisson, 1 croissant ordinaire (pas pur beurre), 1 part de pizza, 1 portion de camembert, 8 yaourts nature, 300 g de poulet (sans la peau), 100 g de viande rouge, 2 noisettes de beurre, 1 c. à soupe d'huile ou 2,5 c. à soupe de vinaigrette allégée.

Quelques suggestions de remplacement

	Remplacez par :
L'entrée : pâté ou œuf-mayo	Une salade de tomates ou de champignons
Le pain qui va avec le fromage	Une salade verte avec des grains de raisin ou des cubes de pomme
Les biscuits apéritifs	Des tomates cerises et des bâtons de carotte à tremper dans du fromage blanc
Une moitié des pâtes et des pommes de terre	L'équivalent en courgettes, épinards ou haricots verts
Le dessert ou la pâtisserie	2 clémentines ou 1 banane cuite
1 verre de soda ou d'alcool	1 verre de jus de légumes ou de fruits

Manger pour brûler de la graisse

Il y a quelques années, rien ne vous résistait : à vous les jeans serrés et la taille de guêpe. Mais aujourd'hui, tout ce que vous mangez va se loger sur vos hanches ! Quel est le problème ? Un tour d'horizon des aliments qui vont vous aider à garder la ligne de vos rêves :

Atouts « protéines »

1. Elles permettent de garder le tonus

Une quantité suffisante de protéines est indispensable pour éviter la perte de tissus nobles (c'est-à-dire les muscles). Si vous n'en nourrissez pas vos muscles, ils seront brûlés à la place des graisses !

2. Elles aident à maigrir

Comme leur assimilation par l'organisme nécessite une dépense non négligeable (environ 30 % des 4 calories par gramme qu'elles apportent), elles permettent de perdre plus de poids, à apport calorique égal avec les lipides ou les glucides.

3. Elles calment bien la faim

Les protéines possèdent par elles-mêmes un effet « coupe-faim » (dont une équipe de chercheurs français vient de découvrir le mécanisme). De plus, quand elles sont absorbées en grandes quantités, elles entraînent l'apparition dans l'organisme de corps cétoniques, substances qui ont aussi la propriété de réduire la sensation de faim.

Le dosage conseillé est de 1 g de protéines par kilo affiché – soit 60 g de protéines par jour si vous pesez 60 kg. Le bonus ? Comme vous brûlez six fois plus de calories pour les assimiler que pour les sucres et les graisses, pour transformer 100 kcal de protéines, votre corps en dépense déjà 30.

Où les trouver en priorité ?

- **La viande maigre** : 20 à 24 % de protéines, 110 à 140 kcal aux 100 g.

Rouge ou blanche, de boucherie ou de volaille, la viande maigre fournit des protéines de qualité en abondance et du fer bien assimilé, du zinc et toutes les vitamines B. À cuisiner au micro-ondes, au four ou dans une poêle anti-adhésive.

Les meilleurs choix : le blanc de volaille, la noix de veau, le steak haché à moins de 5 % de MG, le râble de lapin, le filet mignon de porc dégraissé, le jambon dégraissé.

- **Le poisson** : 18 à 25 % de protéines, 90 à 130 kcal aux 100 g.

Très digeste, le poisson possède des protéines d'aussi bonne qualité que celles de la viande. Il est riche en phosphore, en zinc, en vitamines B et apporte des acides gras poly-insaturés bénéfiques pour le cœur. À cuisiner au micro-ondes ou en papillotes.

Les meilleurs choix : tous les poissons blancs, plus le saumon et le thon, le poisson surgelé au naturel (filets, darnes), le thon en conserve au naturel (25 % de protéines, moins de 2 % de lipides).

- **Les crustacés et les fruits de mer :** 12 à 20 % de protéines, 100 à 140 kcal aux 100 g (poids net).

Outre leurs protéines, ils contiennent de nombreux minéraux et oligoéléments (sélénium, iode, magnésium, manganèse...) et sont naturellement très maigres et donc peu caloriques (à condition de faire l'impasse sur la mayonnaise).

Les meilleurs choix : tous, à condition d'être consommés nature (huîtres, crabe...) ou cuits au naturel (moules...).

- **Les œufs :** 6,5 à 7 g de protéines et 75 kcal pour 1 œuf.

Leurs protéines sont bien équilibrées : elles sont réparties entre le blanc et le jaune (où se trouvent les matières grasses). Les œufs sont une bonne source de vitamine A (dans le jaune), de vitamines B, de phosphore et de fer.

- **Les produits laitiers :** les yaourts maigres (5,5 g de protéines et 55 kcal pour 1 yaourt), le fromage blanc maigre (8 % de protéines, 40 kcal pour 100 g).

Voici des aliments qui apportent un complément non négligeable de protéines et qui représentent un apport précieux en calcium : 1 yaourt ou 150 g de fromage blanc couvrent 20 % des ANC (apports nutritionnels conseillés) pour la journée.

Trucs de paresseuse pour être une championne de la diététique

1. Incluez deux ou trois des aliments suivants à vos principaux repas ou au moins à chaque en-cas : des amandes ou des fruits secs, des haricots secs ou d'autres légumes secs, des épinards ou d'autres légumes verts, des laitages, des céréales, des œufs, de la dinde ou d'autres volailles maigres, de l'huile d'olive, des fruits rouges.

2. Variez votre alimentation pour vous assurer un équilibre en protéines, sucres et graisses à chaque repas.

3. Assurez-vous d'avoir un tout petit peu de protéines dans vos en-cas au cours de la journée : un yaourt, un œuf dur, une tranche de jambon maigre.

Attention : cellules rusées !

Les cellules graisseuses envoient de faux signaux de faim ! En effet, les neurotransmetteurs du cerveau luttent pour la conservation du poids en soumettant l'organisme à une manœuvre psychologique : plus la période durant laquelle le corps reçoit trop peu d'énergie est longue, plus les signaux de faim sont nets. Des hormones et des neurotransmetteurs agissent sur le système nerveux et suscitent, par le biais de réactions chimiques, une envie croissante de manger. Résultat : en fournissant au corps une énergie supplémentaire, on grossit et on remplit ses cellules graisseuses ; lorsqu'elles sont saturées, elles se multiplient allègrement ! Conclusion : ne sautez pas de repas (sauf si vous n'avez pas faim du tout) et ne faites jamais de régime draconien.

Sachez également que la graisse corporelle est constituée de grosses cellules nommées « adipocytes », remplies de microscopiques gouttelettes de lipides, tassées les unes contre les autres. Lorsque vous grossissez, les adipocytes commencent par augmenter de volume, avant de se multiplier si nécessaire. Mais quand vous maigrissez ensuite, même si leur taille diminue, leur nombre reste stable. D'où la difficulté à ne pas regrossir après avoir perdu du poids : les adipocytes sont là, prêts à stocker les graisses !

NOURRISSEZ VOS MUSCLES

Essayer de conserver ses muscles est bien plus facile que d'essayer de les reconstruire. Une étude de l'université du Texas a montré, par une biopsie musculaire pratiquée sur 19 adultes, que les muscles des 11 adultes plus âgés (moyenne d'âge : 68 ans) assimilaient 68 % d'acides aminés (provenant des protéines de l'alimentation) de moins que les muscles des sujets plus jeunes (moyenne d'âge : 31 ans). Conclusion : plus on vieillit, plus on a besoin de protéines pour maintenir sa masse musculaire.

Atouts « fibres »

Les fibres sont importantes pour plusieurs raisons :

1. Côté ligne

Que les paresseuses se réjouissent ! Que ce soit la cellulose, les pectines, les gommes, les mucilages ou la lignine, les fibres ne sont que très peu digérées et, en conséquence, n'apportent aucune calorie.

2. Côté santé

Des études ont montré l'effet préventif des fibres sur l'athérosclérose par l'élimination accrue du cholestérol, ainsi que par un effet protecteur sur l'apparition du cancer du côlon.

3. Côté « pratique »

Certaines fibres alimentaires présentes dans le son des céréales complètes, dans certaines légumineuses (comme les haricots et certains fruits : baies rouges, pommes) améliorent le transit intestinal et préviennent la constipation. Le rôle des fibres dans le transit intestinal est double. Il est fonction de leur solubilité.

- **Les fibres insolubles :** elles ont la particularité d'absorber l'eau comme une éponge et de former ainsi une masse volumineuse qui descend plus facilement le long de l'intestin. L'activité de ces fibres est donc totalement dépendante de l'hydratation de l'alimentation. Les fibres insolubles font généralement partie de l'enveloppe des végétaux. Elles sont moins facilement attaquées par les bactéries et fermentent donc moins bien, présentent la particularité de fixer l'eau et ont un pouvoir de gonflement très élevé. Elles augmentent ainsi le volume des selles et accélèrent le transit intestinal en stimulant les mouvements du tube digestif.
- Vous trouverez des fibres insolubles dans le son de blé, de nombreux fruits et légumes tels que les choux, sans oublier les pains et les céréales.
- **Les fibres solubles :** elles augmentent l'activité bactérienne du côlon. Sans vouloir être trop triviale, peut-être serez-vous intéressée de savoir que leur dégradation par les bactéries produit des substances capables de stimuler les contractions de l'intestin – ce qui permet ainsi l'évacuation des selles. Dans l'intestin grêle, les résidus alimentaires s'agglutinent sur les fibres solubles pour être ensuite évacués hors de l'organisme. Dans le côlon, ces mêmes fibres solubles sont attaquées par les bactéries et, au contact des liquides, elles deviennent visqueuses et favorisent ainsi le glissement des résidus.
- Vous les trouverez, pour votre plus grand bénéfice, dans le son d'avoine, les légumineuses et les agrumes.

Des fibres, oui, mais combien ?

Pour préserver un bon équilibre physiologique, il est recommandé de consommer 30 à 35 g de fibres dans l'alimentation par jour, soit : 150 à 200 g de légumes verts cuits, ou 150 à 200 g de légumes crus, ou 150 à 200 g de fruits, le reste étant apporté par les céréales complètes ou enrichies en son et par les légumineuses.

Les fibres contenues dans les légumineuses peuvent entraîner des ballonnements abdominaux et des flatulences chez certaines. Choisissez alors de consommer principalement des légumes verts cuits dont les fibres sont plus digestes (poireau, céleri) et de cuire longtemps les légumes secs.

Trucs de paresseuse pour augmenter la quantité de fibres dans son assiette

1. Incorporez de temps en temps à vos repas des céréales au son ou aux graines entières, en particulier le matin au petit-déjeuner. Ajoutez des fruits frais, des raisins secs ou des noix pour augmenter davantage la teneur en fibres.

2. Au cours des repas principaux, consommez un fruit frais en dessert ou en garniture avec un laitage (par exemple, du fromage blanc avec des morceaux de fraises).

3. Ne pelez les légumes ou les fruits que lorsque cela s'avère vraiment nécessaire : c'est la peau qui contient le plus de fibres et de vitamines.

4. Introduisez plus souvent des légumineuses dans votre alimentation : des pois secs, des haricots et des lentilles. Mais, pour prévenir l'apparition de gaz intestinaux indésirables, consommez-les en petites quantités, après les avoir fait bien cuire.

LA BONNE DOSE

Dans les céréales complètes (pâtes, riz, pain : 7,5 g de fibres pour 100 g) ; dans le son ou, en version plus *soft* pour les côlons sensibles, dans la pectine et la cellulose des végétaux (noix de coco, poireau, abricot, figue...).

Mangez-les au naturel ou prenez-les en complément, que vous trouverez en pharmacie ou dans les magasins spécialisés en diététique.
Un apport de 30 g de fibres par jour est facilement atteint en consommant notamment :

- 150 à 200 g de légumes verts cuits (une portion avec le plat principal) ;
- 150 à 200 g de légumes crus (2 crudités) ;
- 150 à 200 g de fruits (2 petits fruits ou 1 gros).

Et complétez le tout avec des céréales et des légumineuses (lentilles, pois...).

Tous les moyens sont bons pour garder la ligne

Une belle ligne et une silhouette mince, ça se cultive ! Et il n'est jamais trop tôt pour s'y mettre. Plan d'action :

De 30 à 40 ans, recherchez l'équilibre

Repas familiaux, vie sociale intense, grossesses... les occasions de grossir ne manquent pas pendant cette décennie. Stabilisez votre poids en traquant vos mauvaises habitudes.

À limiter

- **Les produits transformés :** plats cuisinés, crèmes dessert et friandises cumulent les apports en graisses et en sucres.
- **Les grignotages devant la télé :** ils deviennent vite un réflexe – prise par le film, vous oubliez que vous consommez des tonnes de calories.
- **La monotonie alimentaire :** en évitant de faire toujours le même type de repas pendant la semaine.

À privilégier

- **La variété :** pour un bon équilibre alimentaire, il faudrait manger 80 aliments différents au cours de la semaine. Choisissez parmi les moins caloriques : poissons, coquillages, volailles, viandes, céréales, végétaux, produits laitiers allégés, féculents et différentes huiles.
- **Les fruits et légumes :** ils apportent une multitude de micro-nutriments essentiels à la santé. Intégrez-les à votre quotidien, en les consommant frais, surgelés, en conserve ou en barquette, déjà prédécoupés.

À 40 ans et plus, allégez votre alimentation

Songez à restreindre vos apports caloriques : votre corps plus ou moins soumis aux fluctuations hormonales a effectivement tendance à s'arrondir.

Quelques petits conseils pour réagir avant qu'il ne soit trop tard :

À limiter

- **Les matières grasses :** évitez les aliments frits et allégez vos assaisonnements.
- **Les écarts :** accordez-vous une sucrerie une fois par semaine ou un véritable repas gastronomique une à deux fois par mois.
- **L'alcool :** 1 verre de vin apporte 100 kcal, valeur non négligeable car elle s'additionne à celle de votre alimentation et vous risquez d'atteindre rapidement les fatidiques 1 800 à 2 000 kcal.

À privilégier

- **Le troc :** remplacez un aliment gras par un plus maigre de la même catégorie (la viande par le poisson, par exemple). Bannissez les associations hypercaloriques comme pâtes + crème + fromage râpé.

- **Le calcium :** passé un certain âge, les besoins en calcium augmentent. Consommez des produits laitiers maigres, comme des yaourts à 0 %, des fromages allégés, du lait écrémé. Pensez aussi aux fruits riches en calcium comme l'orange ou la figue (60 mg de calcium pour 100 g).

À tout âge, jouez les index bas

De quoi s'agit-il ? Il s'agit de la vitesse de pénétration des sucres dans le sang et par conséquent de votre habileté à choisir les glucides que vous consommez. En effet, dès que vous consommez des aliments contenant des glucides, le taux de sucre dans le sang, c'est-à-dire la glycémie, augmente. Cette élévation est traduite par un indice : l'index glycémique (IG). Ainsi, plus le taux de sucre augmente, plus l'IG est élevé. Vous n'auriez même pas à vous préoccuper de la question si l'index de glycémie n'avait pas de répercussion sur le poids. Or, il va vous falloir faire un petit effort, car l'index de glycémie des aliments agit bel et bien sur votre ligne.

Il a une action directe

Plus le taux de sucre dans le sang est élevé, plus le pancréas sécrète d'insuline, l'hormone qui favorise l'assimilation des sucres. Or, celle-ci encourage la transformation des sucres excédentaires en graisses et inhibe l'utilisation des lipides du tissu adipeux par l'organisme. C'est pourquoi un fort index de glycémie aide le stockage des graisses et la prise de poids.

Il a des effets métaboliques indirects

À la suite d'un pic de sucre dans le sang (lié à un IG élevé), par un effet « rebond », le taux d'insuline diminue brutalement et produit un état d'hypoglycémie. Ce dernier provoque des fringales ou une sensation de faim, qui vous poussent à manger au-delà de vos besoins, voire de façon compulsive.

Carte d'identité de l'index

Les index de glycémie sont cotés de 0 à 110 (en fait, seuls les aliments qui ne contiennent pas de glucides ont un IG égal à 0). Un aliment supérieur à 50 est considéré comme hyperglycémiant, c'est-à-dire favorisant le stockage des graisses.

L'index dépend de la nature des sucres contenus dans les aliments : le fructose, par exemple, a un IG de 20, plus faible que celui du saccharose (le sucre blanc), s'élevant à 70. Par exemple, la prune, riche en fructose, a un IG de 22, plus faible que celui de la banane (IG de 60), riche en saccharose. En outre, la consistance de l'aliment, son mode de fabrication et sa taille influent sur sa digestion et sont des facteurs qui modifient la rapidité à laquelle les sucres arrivent dans le sang – ce qui fait varier l'IG. Par exemple, les pâtes très cuites ont un IG plus élevé que les pâtes *al dente*, car elles sont en quelque sorte « prédigérées » par la cuisson.

Il existe aussi une autre notion (plus récente) intéressante à connaître. Il s'agit de la charge glycémique des aliments. À la différence de l'index de glycémie, le concept de charge glycémique considère l'aliment dans son ensemble. Il prend en compte non seulement les sucres qu'il contient, mais aussi leur « emballage », c'est-à-dire les autres nutriments qui le constituent : lipides, protéines et fibres. Or, ceux-ci ont tendance à ralentir la digestion et ont, de ce fait, un effet « anti-glycémiant ».

De la même manière, le contexte de consommation des aliments (la nature des aliments consommés au cours du même repas), ainsi que leur température influent sur la charge glycémique. Cette notion est importante car elle montre que finalement deux aliments contenant des sucres de même nature, et en quantité identique, peuvent avoir des charges glycémiques différentes.

Conclusion : l'index d'un aliment ou, mieux, sa charge glycémique dépend d'un ensemble de facteurs, dont celui de son contexte de consommation. C'est pourquoi – qui s'en plaindrait ? – des pâtes (IG élevé) avec une sauce de tomates fraîches (IG bas) est une bonne association dans tous les sens du terme.

Dans la jungle des sucres

Ne rayez pas de votre vie certains glucides complexes parce qu'ils ont un indice de glycémie élevé (ils possèdent d'autres vertus !). En revanche, limitez-en la quantité.

Quelques points de repère pour vous y retrouver :

Les aliments à index de glycémie élevé

Le sucre blanc sous toutes ses formes (confiseries, gâteaux, boissons sucrées, etc.), le miel, le pain blanc, les pâtes blanches, les biscottes, les cornflakes, la purée de pommes de terre, les pommes de terre frites, la bière, le riz blanc, les betteraves, les carottes, les chips, les pizzas, les croissants, les pâtisseries, les crèmes glacées, le chocolat au lait, la pastèque, la banane, la mangue, l'ananas, les raisins secs.

Les aliments à index de glycémie bas

Les légumes et fruits frais, les champignons, les pousses de soja, les pois cassés et pois chiches, les petits pois, les lentilles, les haricots secs, les haricots verts et rouges, les pâtes et le riz complets, le pain aux céréales, le raisin, l'orange, la cerise, le pamplemousse, la pêche, les yaourts édulcorés, le lait écrémé, le chocolat noir.

CERTIFICAT DE BONNE CONDUITE

- Mangez plus souvent.
- Rassasiez-vous avec des céréales complètes.
- Gardez votre bouteille d'eau sous la main.
- Faites un bon petit-déjeuner.
- Sirotez du thé vert.
- Ne vous affamez pas.
- Faites vos repas les plus importants tôt dans la journée.
- Faites contrôler votre thyroïde.
- Riez un peu !

Trucs de paresseuse pour mieux résister aux tentations

Un petit effort… changez quelques petits trucs et vous mènerez une vie beaucoup plus saine :

1. **Gardez vos mixers à portée de la main.** Pour avoir envie de vous en servir plus souvent et vous concocter des recettes diététiques.

2. **Rangez !** Organisez vos placards et vos tiroirs, et bannissez tous les gadgets inutiles. Pour avoir une cuisine fonctionnelle qui donne envie de cuisiner sainement et ne pas perdre votre temps (vous l'utiliserez à bon escient pour une activité physique !).

3. **Faites reluire votre frigo.** Pour avoir la place d'y stocker tous les produits frais.

4. **Gardez vos fruits à portée de la main.** Ayez un bol de fruits disposé en permanence au centre de la table, pour penser à piocher dedans !

5. **Prenez des notes**... À chaque fois que vous trouvez une recette facile et savoureuse, notez-la sur une fiche. On ne sait jamais : peut-être qu'un jour vous aurez envie d'écrire votre propre livre de recettes.

6. **Jetez !** Les restes d'agapes, morceaux de gâteaux et autres douceurs des lendemains de fêtes. Gardez-en juste la quantité voulue pour les enfants.

À la découverte de votre style neurologique

Vous êtes plutôt cerveau droit ou cerveau gauche ? Car, bien que les deux hémisphères soient simultanément impliqués dans toute action, la recherche a prouvé que certaines tâches engageaient plutôt l'un des deux hémisphères cérébraux. Le gauche joue un rôle légèrement plus important dans la pensée analytique et logique. Le droit tend à être impliqué dans la pensée faisant appel à la subjectivité, à l'intuition et à la création. Donc, pour être et rester mince, il faut faire appel à la fois au droit et au gauche, pour nourrir votre cerveau de faits, mais aussi mettre en jeu votre créativité et votre imagination.

1. Donnez du boulot à votre côté analytique

Notez tout ce que vous mangez (juste quelques jours pour vous faire la main), y compris les calories, les protéines, les glucides et les lipides que les aliments contiennent. Vous mémoriserez ces informations en un rien de temps et elles vous serviront toute votre vie.

2. Laissez ensuite parler votre imagination

Imaginez-vous dans votre prochain jean, voyez avec quel aisance vous vous y glissez et avec quelle prestance vous le retirez : on dirait qu'il est fait pour vous !

But du jeu ? Apprendre à utiliser vos deux hémisphères cérébraux pour faire de meilleurs choix (alimentaires) !

MANGER MOINS POUR RESTER JEUNE

Des chercheurs américains ont soumis souris, rats et singes à un régime de restriction calorique associé à un exercice physique régulier. Globalement, ces expérimentations ont montré que les mammifères au régime et actifs vivent plus vieux et en meilleure forme que ceux qui font bombance et sieste. Leur espérance de vie augmente et ils développent moins de cancers, d'artériosclérose, de diabète et de maladies auto-immunes. Ils ont aussi gardé l'esprit jeune, comme en témoignent leurs facultés cognitives, évaluées par leurs capacités d'évolution dans des labyrinthes.

Et si vous amélioriez l'ordinaire ?

1. Investissez...

... dans des livres de recettes et dans du matériel capable de vous épargner bien des graisses de cuisson (gril, wok, pierrade...). Ouvrez-vous de nouveaux horizons culinaires (Japon, Vietnam, Thaïlande...), réputés pour exalter le goût nature des aliments.

2. Pimentez le quotidien

Pour donner du goût à tous vos plats – que l'on suppose cuits sans graisse –, utilisez des herbes aromatiques comme la menthe fraîche, l'estragon, la sarriette, le cerfeuil, l'origan et des épices telles que la coriandre, le cumin, le curry, la noix de muscade, le paprika... Pour changer un peu, placez des gousses d'ail entières ou des oignons épluchés, simplement coupés en deux, dans le plat de cuisson du poulet au four. Enfin, ajoutez du liant avec du bouillon, de la moutarde ou 1 petite cuillère de crème fraîche allégée.

Trucs de paresseuse pour éviter de dévorer

1. Utilisez des assiettes de petite taille. Comme on dit, « on mange d'abord des yeux ». Piégez vos yeux : la portion paraîtra plus grosse qu'en réalité.

2. Commencez par une soupe. Il est prouvé qu'une soupe en début de repas permet de manger moins et d'obtenir un total calorique plus faible sur la journée.

3. Ne remplissez pas votre assiette. Plus vous avez de nourriture devant vous, plus vous mangerez. Servez-vous une quantité raisonnable et ne vous resservez qu'après avoir attendu 10 minutes.

20 TRUCS POUR RESTER SVELTE AU FIL DU TEMPS

1. Avalez...

... un grand verre d'eau glacée au moment des repas pour dilater votre estomac et manger moins.

2. Optez...

... pour la mesure « jean » : c'est une manière d'oublier la balance. Choisissez dans votre garde-robe un pantalon en toile non extensible, un peu juste, et tentez de le mettre au bout d'un mois. Rien de mieux pour surveiller son poids !

3. Supprimez...

... les aliments salés avant vos règles. Ils retiennent l'eau dans le corps et font « gonfler ». Pendant une semaine, bannissez les eaux minérales trop riches en sodium, ainsi que les plats et les sauces prêts à l'emploi.

4. Ne mangez jamais...

... à même le pot ou le plat. Forcez-vous à toujours mettre la nourriture dans votre assiette, pour mieux la déguster, mais aussi pour vous rendre compte de la quantité que vous avalez.

5. Commencez vos repas...

... par une salade ou une soupe pour vous remplir l'estomac de bons nutriments et de peu de graisses.

6. Consultez votre emploi du temps...

... de la semaine à venir et faites une provision de dîners surgelés allégés et d'en-cas légers pour les soirées studieuses.

7. Évaluez...

... votre faim sur une échelle de 1 à 5 (1 : vous êtes affamée ; 5 : vous êtes rassasiée). Si, lorsque vous pénétrez dans la cuisine, vous êtes à 3 ou plus, demandez-vous ce que vous faites là.

8. Tamponnez...

... l'excès gras des aliments avec une serviette en papier : vous serez étonnée de la quantité de graisse ainsi économisée.

9. Goûtez...

... vos plats une seule fois pour en vérifier l'assaisonnement, et non toutes les 5 minutes lorsque vous préparez le dîner. Les calories de ce genre de bouchées ne comptent pas pour du beurre !

10. Surfez...

... sur Internet pour trouver des recettes légères et des menus sympas.

11. Essayez...

... de planifier vos dîners à l'avance. Si vous attendez la dernière minute, vous finirez par vous jeter sur le bout de fromage en attendant que le dîner soit prêt.

12. Mangez...

... avant d'être affamée. Mourir de faim, c'est s'assurer de craquer sur le pire !

13. Pesez...

... une fois par semaine les portions de tout ce que vous mangez pour exercer votre œil à reconnaître le volume de vos plats. Cela vous permettra de maintenir le cap sur la ration calorique journalière dont vous avez besoin, ni plus ni moins.

14. Évitez...

... l'alcool autant que faire se peut. Boire de l'alcool en mangeant abaisse la vigilance et accroît de ce fait la consommation calorique de 40 % !

15. Observez...

... tout le buffet avant de vous laisser aller à tous vos instincts. Servez-vous ensuite uniquement de ce que vous « devez » absolument goûter.

16. Choisissez...

... des variétés de fromages forts comme du bleu ou du parmesan. Ils parfument les plats et les salades ; leur pouvoir vous permet d'en parsemer en moindres quantités.

17. Ne blâmez pas...

... vos enfants pour toute la *funk food* qui traîne dans vos placards. Débarrassez-vous-en et n'en rachetez plus – après tout, c'est vous qui faites les courses, pas eux !

18. Stockez...

... des bouteilles d'eau partout : dans votre voiture, près de votre ordinateur, dans votre sac, etc., pour ne pas oublier de vous hydrater en toutes circonstances.

19. Rebellez-vous !

Libérez-vous du système qui vous pousse à consommer de la nourriture en portions standard et dans un ordre immuable. Fractionnez les portions des produits industriels (steak, yaourt...), mangez-les dans l'ordre qui vous plaît et, si possible, quand vous le voulez !

20. Apprenez...

... à cesser de manger dès que le plaisir que vous éprouvez à mastiquer disparaît. Les calories que vous consommez au-delà de cet instant crucial sont mises en réserve dans vos cellules graisseuses.

chapitre 4

Comment rester jeune en soignant votre corps de l'intérieur

Où se trouve la fontaine de jouvence ?

Il faut se rendre à l'évidence : plus l'espérance de vie augmente, moins les vieux ont la cote ! Soyons magnanime : vous n'êtes pas vieille, vous êtes même plutôt jeune et bien conservée. Mais alors, pourquoi passez-vous votre temps à vous observer ? à vous scruter, à traquer votre premier cheveu blanc (d'ailleurs vous l'arrachez *illico presto* !) ? à guetter vos petites rides et vos pattes-d'oies naissantes ? Avouez-le : le moindre détail vous rend nerveuse et vous pensez déjà que l'idéal serait d'avoir toujours entre 20 et 30 ans. Vœu pieux de paresseuse type ! Le temps passe, inexorablement : faites-vous une raison ; il s'agit de bien vieillir plutôt que de rester éternellement jeune. Et comme, dans la vie, mieux vaut avoir des remords que des regrets, il est l'heure de vous prendre sérieusement en main !

Au dernier top de l'horloge biologique, il sera...

Tout est dans l'apparence ? Non bien sûr, mais avoir un physique bien conservé, c'est un peu comme avoir de l'argent : si ça ne fait pas le bonheur, ça ne fait pas le malheur non plus ! Le problème, surtout pour une paresseuse, c'est qu'il ne suffit pas d'un coup de Botox ou de bistouri ! Il faut lutter un peu, se donner du mal, c'est-à-dire bien se nourrir et s'occuper de ses biscoteaux. N'attendez pas d'avoir l'âge de Mathusalem pour contrebalancer la fonte musculaire, qui débute – que vous le vouliez ou non – dès l'âge de 25 ans. Et ne reportez pas non plus aux calendes grecques les bonnes habitudes alimentaires. Car – soyez-en bien persuadée – c'est en fonction de vos habitudes de vie (selon que vous fumez deux paquets de cigarettes ou non, que vous êtes plutôt « pantoufles » ou « baskets », que vous êtes stressée ou incroyablement zen, que vous préférez les frites aux légumes verts) qu'à n'en pas douter, vous ferez ou non votre âge, dès aujourd'hui et surtout dans l'avenir.

Petite revue de détails des accélérateurs de vieillissement :

- **La cigarette**

Écrasez-la purement et simplement. La liste des problèmes liés au tabagisme est considérable et son influence sur la mortalité est notoire, puisque pas moins de 1 personne sur 9 décède à cause de la cigarette. En plus de rider votre peau (le tabagisme, comme les ultraviolets, entraîne un vieillissement accéléré de la peau, en particulier au niveau du visage), elle provoque bronchites et cancers et contribue à vous mettre le moral à zéro.

- **Le stress**

Pour plus d'une raison, le stress fait vieillir. Selon différentes études, le stress serait un facteur de risque de développement de l'artériosclérose et donc d'infarctus du myocarde. Il peut altérer le métabolisme des cellules, les fragiliser, les dérégler et même tuer les neurones ! Et puis, n'oubliez pas non plus que le stress produit des radicaux libres et fait grossir en augmentant la production de cortisol, une hormone qui favorise le stockage des graisses.

- **L'alcool**

À peine absorbé, l'alcool passe directement dans le sang et touche les principaux organes vitaux : cœur, estomac et appareil digestif, foie et cerveau. Le foie prend en charge l'essentiel de l'élimination de l'alcool en en transformant plus de 90 %, le reste étant éliminé par les poumons, les reins et la peau. Mais le foie a une capacité limitée à éliminer l'alcool dans le sang, capacité variable selon les personnes, leur sexe (les femmes ne sont pas bien loties), leur poids et leur âge. Consommé régulièrement et en excès, l'alcool est alors un poison lent responsable de cirrhoses, de cancers des voies aérodigestives, de pancréatites et d'une atteinte du muscle cardiaque.

- **La sédentarité**

Le sport réduit la tension artérielle et les problèmes cardiaques. En revanche, il augmente la capacité pulmonaire et renforce votre squelette contre l'ostéoporose. Et bien sûr il permet d'accroître la masse musculaire et de réduire la masse grasse.

- **L'abstinence sexuelle**

Selon plusieurs études, les câlins sous la couette seraient bénéfiques pour la santé. Faire l'amour augmenterait l'espérance de vie, préviendrait l'apparition de problèmes cardiaques et même de certains cancers. En outre, ses conséquences sur le fait de faire son âge ou pas ne seraient pas non plus négligeables. Ainsi, un chercheur écossais a recruté environ 3 500 personnes, âgées de 18 à 102 ans, ayant toutes la particularité de paraître plusieurs années de moins que ce qu'annonçait leur état civil. Leur point commun ? Leur activité sexuelle : 3 relations sexuelles minimum par semaine (à 102 ans, on demande à voir !). Faire l'amour serait-il un exercice physique comme un autre ou l'alchimie de l'amour posséderait-elle des vertus insoupçonnées ?

10 conseils pour une longue vie

Quand il s'agit d'espérance de vie, les gènes entrent en ligne de compte. Mais même en admettant que vous ayez tiré le gros lot, il n'y a pas de quoi vous reposer sur vos lauriers. Car rester en bonne santé, retarder l'œuvre du temps et vivre centenaire n'est pas uniquement le fruit du hasard ou de la génétique.

Mettez toutes les chances de votre côté

1. Soyez optimiste

Prenez la vie du bon côté. Les études prouvent que les optimistes font de vieux os. Bonheur et optimisme semblent augmenter le nombre et l'efficacité des cellules immunitaires, les meilleures armes de l'organisme contre les maladies.

2. Ne vous faites pas de cheveux blancs

Et encore moins de « bile ». Une étude du comportement de centenaires américains a révélé qu'en grande majorité, ils ont une aptitude naturelle à ne pas se faire du mouron inutilement. Inquiétude, stress, soucis, préoccupations et anxiété ne les ont guère affectés durant leur vie. Conclusion : détendez-vous !

3. Faites plus souvent l'amour

Les personnes qui font l'amour moins d'une fois par mois voient leur taux de mortalité doubler par rapport à ceux qui le font au moins deux fois par semaine. Vous n'avez pas de partenaire ? Ne vous en faites pas : c'est seulement le nombre d'orgasmes qui compte !

4. Cultivez l'amitié

Les activités sociales et relationnelles améliorent la qualité et l'espérance de vie. En effet, les plus actifs socialement sont aussi globalement ceux qui fument le moins, mangent le mieux, font un exercice physique régulier, et savent parler de leurs problèmes.

5. Prenez soin de vos dents

Caries, gingivites, infections dentaires et buccales, mal ou non soignées, peuvent être responsables de problèmes cardio-vasculaires sérieux, bien souvent à l'origine d'une mortalité précoce.

6. Faites fonctionner vos méninges

Comme votre corps, votre cerveau a besoin d'exercice. La longévité est aussi corrélée aux performances et activités intellectuelles. Apprendre constamment de nouvelles choses permet d'entretenir sa mémoire et d'éviter de perdre la tête précocement. La gymnastique du cerveau est donc aussi importante que celle du corps.

7. Consultez régulièrement votre médecin traitant

Mieux vaut prévenir que guérir. La majorité des pathologies liées au vieillissement peuvent être traitées si elles sont prises en charge précocement. Faites donc pratiquer un bilan de santé régulier par votre médecin traitant.

8. Convolez en justes noces

Les personnes qui vivent en couple, après 50 ans, ont une espérance de vie supérieure aux célibataires. Repas équilibrés et horaires réguliers, atmosphère chaleureuse et familiale, conjoint aux petits soins (?), moins grande dépendance à l'alcool et au tabac contribuent à leur meilleure hygiène de vie.

9. Fuyez le soleil

Stigmate le plus apparent de l'âge, les rides, liées à deux phénomènes : le vieillissement naturel, plus ou moins rapide selon les caractéristiques génétiques de chaque individu, et le vieillissement induit par le soleil, responsable du développement de rides profondes.

10. Mangez juste

Des rats ou des souris soumis à des régimes à basses calories vivent 30 ou 40 % plus longtemps que leurs congénères ! Attention cependant aux extrapolations hâtives : nous ne sommes pas des rongeurs ! Pour être en bonne santé, il faut manger de tout avec plaisir, en quantité raisonnable, en privilégiant les fruits, les légumes et les produits laitiers. Comme disait le professeur Creff, un célèbre nutritionniste : « Il faut manger de tout un peu et de peu pas beaucoup. »

10 ans de moins, ça vous tente ?

On en parle, on les fustige et les désigne comme les ennemis publiques numéro 1. Qui ? Les radicaux libres ! C'est vrai qu'ils sont responsables de bien des maux, tels que le vieillissement cellulaire, la maladie d'Alzheimer, certains cancers, et qu'ils sont impliqués dans les réactions allergiques. Il faut cependant faire la part des choses. Les radicaux libres, en soi, ne sont pas si nocifs, ils sont produits naturellement par l'organisme et participent à la production d'énergie. Ils interviennent également dans les mécanismes immunitaires en permettant de lutter contre des invasions bactériennes ou virales. Cependant, lorsqu'ils sont produits en excès, sous certaines conditions, ils se mettent à dégrader les parois des cellules, les protéines ou l'ADN – phénomène que l'on nomme « stress oxydatif ».

Vos ennemis sont identifiés

Notre organisme utilise l'oxygène qu'il respire pour transformer les aliments en calories utilisables par nos cellules. Dans le cytoplasme de ces cellules, de petits organites appelés « mitochondries » font office de centrales énergétiques et absorbent glucose et acides gras en utilisant pour ce faire l'oxygène. Or, ces mitochondries ont des fuites et laissent échapper des molécules chimiques rendues célèbres sous le nom de « radicaux libres », qui possèdent un électron non accaparé, c'est-à-dire « célibataire ».

Or, si, dans la vie, le célibat peut avoir quelques avantages, il semblerait que, pour les radicaux libres, ce soit bien différent. Ces derniers possèdent sur leur orbite extérieure un électron libre, qui, comme chaque célibataire, va se mettre en chasse pour trouver l'âme sœur. Pour y parvenir, il va prendre ou donner un électron à une autre molécule, qui va à son tour acquérir une grande instabilité et deviendra ainsi très réactive aux nuisances et agressions internes ou externes. Cela confère aux radicaux libres une vie très courte, au cours de laquelle les réactions qu'ils induisent occasionnent des dégâts plus ou moins importants : ils détruisent les lipides de la cellule, disloquent les acides gras, désactivent les enzymes et s'attaquent enfin très violemment à la chaîne ADN qui subit quotidiennement près de 100 000 attaques radicalaires !

Paradoxalement, tout commence avec l'oxygène, pourtant indispensable à la vie, mais également cause de dommages dans l'organisme. C'est la principale source des radicaux libres, car le simple fait de respirer entraîne une décomposition de l'oxygène et engendre des corps chimiques qui s'avèrent être de véritables destructeurs de cellules. Dès leur naissance, les radicaux libres commencent leur travail de sabotage en s'attaquant aux membranes des cellules, qui, sous l'effet de cette attaque, sécrètent des corps chimiques eux aussi radicalaires. La réaction en chaîne est ainsi déclenchée.

Et les dégâts ne se limitent pas uniquement au niveau de la membrane cellulaire. À un stade ultérieur, ils envahissent aussi l'intérieur de la cellule, peuvent participer à la formation de cellules anormales et favoriser l'apparition de cancers. De plus, en s'attaquant aussi aux tissus de soutien des cellules, les radicaux libres activent fortement le processus de vieillissement.

D'où proviennent donc ces oiseaux de malheur ?

Les sources de production des radicaux libres sont dues à des facteurs internes et externes :

1. La pollution

La pollution automobile ou atmosphérique diminue les capacités respiratoires, réduit les possibilités d'utilisation de l'oxygène et altère les fibres élastiques (élastine) et donc la souplesse des tissus.

2. Les radiations solaires

Super-processus de vieillissement ! Les rayons solaires sont grands pourvoyeurs de radicaux libres.

3. Les régimes alimentaires déséquilibrés

Ils sont pauvres en vitamines E et C qui luttent contre les radicaux libres, alors qu'ils sont riches en graisses qui, au contraire, en génèrent.

4. Certains médicaments

En particulier la cortisone, ainsi que le fer, s'il est prescrit en grandes quantités. Ne prenez pas de supplément de fer sans vérifier auparavant avec un dosage sanguin que vous avez une carence.

5. Les infections

Lors d'une infection, certains macrophages, des cellules spécialisées qui détruisent les microbes en les digérant, représentent un moyen de défense de l'organisme mais occasionnent une production accrue de radicaux libres. Des électrons solitaires se lient à d'autres molécules et produisent ainsi un corps chimique qui, en réagissant avec le chlore de nos cellules, forme un formidable bactéricide, comparable à de l'eau de Javel ! Efficace, certes, mais décapant !

6. Le tabac

Il encourage la formation de radicaux libres, donne à la peau un teint jaunâtre et terne et accélère le processus de vieillissement.

7. Le sport

Il faut le pratiquer de façon modérée (ce n'est pas une paresseuse qui dira le contraire) et régulière, afin d'éviter des périodes d'hyper ou d'hypo-oxygénation, qui là encore favorisent les radicaux libres.

8. L'eau du robinet

Elle contient trop souvent des métaux lourds générateurs de radicaux libres.

9. Le stress

Le stress au sens large du terme inclut les facteurs émotionnels, les problèmes infectieux et les traumatismes, tout ce qui favorise la production de radicaux libres.

Diagnostic express

Rouillée ou pas ? Si vous avez un ou plusieurs symptômes suivants, vous êtes en train de vous rouiller ! Agissez en supprimant les causes de votre oxydation :

— Vous êtes épuisée.

— Vous avez du mal à vous concentrer.

— Vous avez tendance aux infections (rhumes et sinusites).

— Vous avez des faiblesses musculaires.

— Vous êtes anxieuse, déprimée, irritable.

— Vous avez divers problèmes digestifs (reflux gastrique, ulcère, intestins irrités).

— Vous avez des maux de tête, des vertiges.

— Vous avez des allergies.

LES DEUX ENNEMIS DE LA JEUNESSE ET DE LA FORME

Le premier, c'est bien sûr le tabac. Non seulement il produit des radicaux libres, mais consomme aussi votre stock de vitamines antioxydantes. Les seconds sont les sodas et les jus de fruits qui contiennent du sucre ajouté : ce sont de vraies machines à produire des radicaux libres.

Luttez contre l'usure

L'« antidote » aux radicaux libres, ce sont les fameux antioxydants, qui vont rendre les radicaux libres inoffensifs et en éliminer les excès. Sous le nom d'« antioxydants » se cachent plusieurs molécules, essentiellement des vitamines et des oligoéléments (les vitamines C et E et aussi le bêta-carotène ou provitamine A, capable à lui seul de piéger de nombreuses molécules d'oxygène et d'interrompre le processus de dégradation), des polyphénols, mais aussi des enzymes (le 1 % d'enzymes dont le rôle est de lutter contre ces radicaux, mais qui chute dangereusement avec l'âge). Bref, les antioxydants sont de vrais éboueurs qui ont un rôle de nettoyeurs de l'organisme.

Pas forcément

Au moindre petit coup de pompe, vous prenez des compléments alimentaires ? Halte ! avant d'acheter des antioxydants ou des vitamines en comprimés, sachez qu'ils ne sont pas toujours indispensables...

Vous n'en avez pas forcément besoin...

... si vous mangez de tout et consommez chaque jour des aliments des cinq familles suivantes : produits laitiers, viandes/poissons/œufs, fruits et légumes, corps gras. *Idem* si vous mettez régulièrement à votre menu des fruits de mer, des fruits et légumes secs, riches en vitamines et oligoéléments.

... si vous êtes enceinte ou si vous allaitez. La grossesse et l'allaitement entraînent des besoins spécifiques. Selon le résultat des prises de sang, le médecin vous indiquera les aliments que vous devez manger en priorité et ceux qu'il vous faut éviter. Au cours de la grossesse, l'organisme assimile mieux le fer et le calcium. Pendant le premier trimestre, ne prenez pas de compléments vitaminés, même si vous manquez de tonus. Vous risquez d'arriver à des doses toxiques pour le fœtus. Quant aux compléments à base de plantes, ils peuvent contenir les principes actifs de certains médicaments et donc agir comme tels.

Vous en avez vraiment besoin...

... si vous suivez un régime à moins de 1 500 kcal par jour. Vous ne devriez pas de toutes les façons ! Les régimes très restrictifs sont carencés en vitamines et en minéraux. Mais si vous tenez vraiment à votre régime, alors compensez avec un mélange à base de magnésium et de vitamines B et C.

… si vous faites beaucoup de sport (vraiment ?) ou si vous fumez. Ces facteurs augmentent les besoins en antioxydants. Prenez un complément alimentaire si vos apports sont faibles ou si vous êtes une grande sportive (qui en douterait ?) car la sudation entraîne une perte importante en sels minéraux.

Sachez ce que vous mangez

Selon le *Journal officiel*, un complément alimentaire est « un produit destiné à être intégré en complément de l'alimentation courante afin de pallier l'insuffisance réelle ou supposée des apports journaliers ».

Entrent dans cette catégorie les vitamines, les sels minéraux, les plantes riches en nutriments (céréales, légumineuses, algues, champignons), certains produits animaux (huile de poissons), ainsi que certains acides aminés comme les flavonoïdes ou les phytohormones, etc. Attention ! tous les compléments alimentaires sur le marché ne sont pas conformes aux recommandations nutritionnelles de l'Organisation mondiale de la santé. Il est donc prudent de toujours consulter un médecin nutritionniste avant de prendre des compléments.

Une fois que vous avez le feu vert de votre médecin, prenez en compte les recommandations suivantes pour acheter un supplément de qualité :

— Assurez-vous du titrage précis des ingrédients : les indications « extrait de » ou « riche en » ne sont pas suffisantes. Il est important de connaître la nature et la qualité des principes actifs.

— Achetez de préférence un produit fabriqué en France car il répond aux normes de notre législation. Les compléments alimentaires provenant d'un autre pays d'Europe ne sont pas garantis conformes à nos critères.

— N'achetez pas de formule à base de fer : il accélère les réactions oxydatives. Le fer en complément n'est bénéfique que chez les femmes présentant une carence.

— Préférez les vitamines naturelles aux vitamines de synthèse.

— Lisez bien la composition du produit : la quantité de vitamines et de minéraux absorbée dans une journée doit se rapprocher des apports journaliers recommandés (AJR).

BEL EXEMPLE

Dans les années 1950, un épidémiologiste américain, Ancel Keys, a été frappé par la faible mortalité cardio-vasculaire et la forte espérance de vie des Crétois. Il a démontré, grâce à une étude englobant six autres pays (États-Unis, Finlande, Hollande, Italie, Espagne, Yougoslavie), que l'alimentation des pays méditerranéens offrait le plus de bénéfices « santé ». Or, l'une des caractéristiques principales de ces menus ensoleillés, c'est leur richesse en antioxydants. Cependant, outre leur alimentation, le mode de vie des Crétois présente également de sérieux avantages en termes de santé : une activité physique importante, une faible exposition à la pollution, une consommation modérée d'alcool... C'est sans doute la conjonction de ces nombreux facteurs qui préserve la santé des Crétois.

À croquer !

Que les paresseuses se réjouissent : leur drogue préférée, le chocolat, est bonne pour la santé ! Il contient une quantité importante de polyphénols aux vertus antioxydantes (surtout le chocolat noir), qui protègent l'organisme du vieillissement cellulaire et des risques de maladies cardio-vasculaires. À consommer avec modération si vous ne souhaitez pas finir en vieille dame obèse.

Un lifting dans votre assiette !

D'accord, vous ne pouvez peut-être pas gommer complètement les ravages du temps, mais vous pouvez cependant vous en protéger en vous nourrissant correctement. En effet, pour paraître 10 ans de moins, nul besoin de faire appel aux chirurgiens esthétiques, ni de vous ruiner en produits miracles ; un bon coup de fourchette suffit ! Ce que vous mangez retentit directement sur votre beauté : avec un bon équilibre alimentaire et une bonne hygiène de vie, vous soignerez votre peau et garderez une chevelure de lionne. Mettez les bons aliments au menu et découvrez ceux dont les propriétés vous permettront de lutter contre le vieillissement, de fortifier vos muscles et d'améliorer votre silhouette. Voici quelques conseils pour savourer la vie à pleines dents :

Idées « vertes »

L'effet des fruits et légumes sur la santé n'est plus à démontrer ; ils doivent être à la base de votre alimentation car ils sont un concentré « vitalité-santé ».

— Ils contiennent, sous un apport calorique faible (ce qui ne gâche rien), les trois vitamines (A, C, E) et les deux oligoéléments (sélénium, zinc) antioxydants. Ils sont également riches en minéraux (calcium, fer, potassium, phosphore).

— Ils garantissent l'équilibre interne du corps (acido-basique).

— Ils sont hydratants, frais et renferment 80 à 96 % d'eau.

— Ils sont rassasiants. Ils occupent un maximum de place dans l'assiette et dans l'estomac. En outre, ils sont satisfaisants « psychologiquement » et « mécaniquement » pour un apport calorique mini (ce qui ne gâche rien !).

— Ils apportent des sucres naturels de bonne qualité.

— Ils sont quasiment dépourvus de graisses !

Parions que vous n'abuserez jamais des fruits et des légumes et que vous atteindrez facilement la limite inférieure de votre consommation. Aux États-Unis, la célèbre campagne *Five a day*, qui recommande de consommer au moins 5 fruits et légumes par jour, raisonne en termes de portions : un jus de fruits le matin, un plat de légumes et un fruit à midi, une soupe et une salade verte le soir... Cela paraît raisonnable et à la portée de n'importe quelle paresseuse !

Votre ligne de défense

Si la quantité d'antioxydants présents dans votre organisme n'est pas suffisante, vos cellules ne seront pas protégées contre les radicaux libres qui attaqueront le collagène de votre peau. Elle perdra progressivement son élasticité et vous finirez ridée comme une vieille prune. Donc, pour éviter le « coup de vieux », mettez vitamines et minéraux au menu !

La bande des trois

Face à des « assaillants » aussi organisés et dangereux que les radicaux libres, mobilisez vos ressources pour neutraliser leurs effets :

- **La vitamine A (ou rétinol)**

C'est la véritable vitamine de l'œil ; sa carence est la première cause de cécité au monde chez l'enfant. Elle intervient aussi dans la croissance, le développement et la protection de la peau. Elle fait partie des trois vitamines douées de propriétés antioxydantes, elle joue un rôle préventif en matière de cancers et de maladies cardio-vasculaires. En outre, elle agit pour retarder, voire minimiser, les symptômes du vieillissement. Sachez que les fumeurs ont des taux de vitamine A ou bêta-carotène beaucoup plus bas que les non-fumeurs – ce qui diminue leur système de défense et pourrait favoriser l'apparition de cancers. Si vous n'arrivez pas à arrêter de fumer ni à modérer vos excès d'alcool, mettez-vous aux fruits et légumes !

Les sources de la paresseuse

— En vitamine A

Vous la trouverez dans les aliments d'origine animale mais aussi dans les végétaux sous forme de bêta-carotène ou provitamine A, qui en présence de graisses est transformée en vitamine A : foies d'animaux (bœuf, lapin, porc, veau...), huiles de foie de poissons (morue, flétan...), laitages (beurre, crème, lait entier, yaourts...) et fromages gras (emmental, gorgonzola), le jaune d'œuf.

— En bêta-carotène

Il est surtout présent dans les végétaux : tomate, abricot, brocoli, carotte, céleri, chou, courge, épinard, pastèque, feuilles vertes de salade, lentille, mangue, melon, mûre, myrtille, orange, pamplemousse rose, papaye, patate douce, pêche jaune, persil, piment rouge, poivrons jaune et rouge, potiron, etc.

— En lycopène

C'est une variété de caroténoïde ; il est surtout apporté par la tomate et ses dérivés (sauce, concentré), et aussi par la papaye, la pastèque, le pamplemousse rose. Le lycopène joue un rôle essentiel dans la chasse aux radicaux libres, puisqu'il est plus puissant que le bêta-carotène. Il a besoin de graisses pour être pleinement efficace – ce qui explique que la sauce tomate cuite et mijotée soit plus protectrice que la tomate crue : les Italiens ont tout compris !

○ La vitamine C

Elle agit au niveau du plasma sanguin pour piéger un maximum de radicaux libres. C'est le « SAMU » des antioxydants, la première sur les lieux avec son acolyte le glutathion, un antioxydant majeur. Explication : lorsque vous ne consommez pas assez de vitamine C, le système de défense montre des signes de faiblesse. Lorsque votre première ligne de défense est débordée, les radicaux libres attaquent et c'est la vitamine E qui prend le relais en complémentarité avec la vitamine C, dont le rôle consiste à restaurer la vitamine E ainsi consommée. La vitamine C diminuerait ainsi les risques de cancers du poumon et de l'estomac. Elle entre aussi dans la formation du collagène, composant qui donne de la résistance et de l'élasticité à la peau.

Les sources de la paresseuse

Pour un apport de sécurité en vitamine C, consommez chaque jour au moins l'un des fruits suivants, au choix : un kiwi, une orange ou deux clémentines, un pamplemousse, une mangue, 125 g de fraises ou un verre de jus d'agrumes fraîchement pressés. Les autres sources de vitamine C sont : le cassis, le citron, la pomme, la poire et tous les fruits rouges, les légumes verts comme le céleri, le chou, les épinards, l'estragon, l'oseille. Et aussi la pomme de terre, les abats, la tomate et les salades.

○ La vitamine E

Elle est indispensable aux fonctions reproductrices, améliorerait les performances des athlètes et doperait le tonus sexuel en association avec le sélénium et le zinc. C'est un antioxydant puissant (sa puissance d'action est trois fois supérieure aux deux autres vitamines), qui aide à régénérer les cellules et préserve les lipides constitutifs de leurs membranes. Son activité protectrice est démontrée dans le cas d'agressions oxydantes par la pollution atmosphérique ou la fumée de cigarettes.

Les sources de la paresseuse

La vitamine E est apportée par les aliments à la fois d'origine animale et végétale. Elle est surtout présente dans le beurre et la margarine, les céréales complètes, les fromages gras et les laitages, l'huile de tournesol, mais aussi, bien qu'en moins grande concentration, dans les huiles d'olive, de maïs, de colza. Vous la trouverez également dans les oléagineux (amandes, noisettes, noix de coco, pistaches...), dans les germes de blé et les légumes (asperge, avocat, soja, tomate...), ainsi que dans les poissons gras.

LA VITAMINE DES FEMMES

Vous manquez sans doute de vitamine B6 si vous êtes sous pilule, sujette au syndrome prémenstruel, enceinte, si vous êtes une grande anxieuse, ou si vous faites partie de celles qui boivent trop ou sont stressées. Pour remédier à la situation :

- **prenez un complément alimentaire en comprimés à base de B1, B2, B6, B9, B12, C et caroténoïdes, magnésium et zinc, vendu en pharmacie ;**
- **mangez du germe de blé, du riz complet, des sardines, du maquereau, du thon, du saumon, du poulet, du foie de veau, des lentilles et des bananes.**

Les autres compères antioxydants

Les oligoéléments

Ce sont des micro-nutriments qui, sous un apport faible, apportent à l'organisme tout ce dont il a besoin pour sa construction, son fonctionnement et son maintien en bonne santé. Les deux plus efficaces sont le sélénium et le zinc.

Le sélénium

C'est le plus important des oligoéléments ; il a un rôle fondamental dans tous les mécanismes anti-radicaux libres. Il protège et stimule le système immunitaire, neutralise les toxines, aide à éliminer les métaux lourds (plomb, mercure), fluidifie le sang, favorise la fabrication des spermatozoïdes et prévient le vieillissement.

Par ailleurs, il permet de stopper l'oxydation des graisses à l'origine de problèmes cardio-vasculaires plus ou moins graves. Des études sembleraient confirmer aussi que le sélénium protégerait de certains cancers, ceux du poumon, de la vessie et de l'estomac.

Les sources de la paresseuse

Pour renforcer votre apport de sélénium (souvent insuffisant dans l'alimentation actuelle), consommez régulièrement : des fruits de mer (homard, crevettes, huîtres...), des noix, des noisettes, des amandes, des champignons, des asperges, des artichauts, des avocats, de la betterave, du poisson, des céréales complètes, de l'ail, de l'oignon et de l'échalote.

o Le zinc

Il représente une protection considérable de l'organisme grâce à sa présence dans quelque deux cents réactions chimiques, en particulier celles nécessaires à la synthèse des protéines. En outre, il agit sur la croissance, la respiration, le système endocrinien, l'immunité, l'inflammation, la cicatrisation, la reproduction, la sexualité... !

Les sources de la paresseuse

Le zinc est surtout présent dans les huîtres, les coquillages et le poisson. On le trouve aussi dans les céréales, le foie gras, le gingembre, le jaune d'œuf, la viande et quelques légumes (brocolis, champignons, épinards, haricots).

o Les flavonoïdes et les polyphénols

Les flavonoïdes et les polyphénols ont des propriétés antioxydantes encore plus puissantes que celles des vitamines ! Ils agissent en facilitant la circulation et en empêchant le dépôt de graisses dans les vaisseaux. Ils protégeraient aussi les neurones et lutteraient donc contre l'apparition de troubles comme la maladie d'Alzheimer. En la matière, des études de l'université Tufts de Boston ont donné des résultats impressionnants. Les chercheurs qui ont travaillé sur de vieux rats ont testé leurs capacités cognitives après leur avoir donné du jus de myrtille, d'épinard ou de fraise (riche en flavonoïdes). Les rongeurs devaient trouver leur chemin dans un labyrinthe immergé. Les résultats ont été sans appel : l'ajout de jus de fruits ou de légumes a préservé leurs fonctions cérébrales (les meilleurs résultats semblaient apportés par le jus de myrtille).

Les sources de la paresseuse

Les flavonoïdes sont rouges ou jaunes. Les jaunes sont abondants dans les légumes comme les brocolis, les choux, les épinards, les salades et dans la peau des fruits. Les rouges se trouvent dans les feuilles et les fruits rouges ou bleus comme l'airelle, la mûre, la fraise, la framboise, la myrtille, le raisin, mais aussi dans la betterave, et surtout dans le vin et le thé. D'ailleurs, le vin contient plusieurs de ces antioxydants très actifs : tanins, polyphénols (1 à 2 g de polyphénols par litre) et flavonoïdes. Le resvératrol est un des flavonoïdes du vin, qui, libéré lors de la fermentation, a une puissante action antioxydante puisqu'il augmente le HDL ou bon cholestérol en inhibant son oxydation. Il possède également des vertus anti-allergiques et anti-inflammatoires, il maintient les fibres de collagène de la peau et a une action protectrice contre certains cancers. Mais attention : pas plus d'un verre de vin par jour pour les femmes, sous peine de ruiner ses effets et ses efforts !

En pratique

Il vous est possible de protéger vos cellules :

— contre les toxiques, grâce à la vitamine C (et à un moindre degré le magnésium) ;

— contre une production importante de radicaux libres, grâce à la vitamine E, C et A (surtout lycopène) ;

— en augmentant les mécanismes de détoxification, grâce au glutathion et à la vitamine C.

Les quantités conseillées de vitamines et minéraux dans un but antioxydant sont d'environ :

- 15 mg de bêta-carotène ;
- 15 mg de lycopène ;
- 500 mg à 1 g de vitamine C ;
- 100 à 200 mg de vitamine E ;
- 75 à 200 µg de sélénium ;
- 30 mg de zinc.

TOUR D'HORIZON DES FRUITS ET LÉGUMES RICHES EN ANTIOXYDANTS (EN MG POUR 100 G)

- En polyphénols

Kaki (1 200), mangue (1 000), raisin noir (925), pomme (600), cerise (360), poire (260), prune (180), avocat (145), pêche (105).

- En vitamine C

Goyave (273), cassis (177), paprika (139), raifort et brocoli (114), chou vert (105), fenouil (93), papaye (82), kiwi (71), fraise (64), citron (53), épinard (52), orange (50), tomate (24).

- En vitamine E

Framboise (4,5), paprika (3,1), mûre (2,7), pruneau (2,3), asperge (2,1), chou vert (1,7), avocat (1,3), cassis et mangue (1) ; huile de germes de blé (135), huile de tournesol (50), amande (25), germe de blé (22), huiles de foie de morue ou de noisette (20), huiles d'arachide, de soja ou de maïs (17).

- En caroténoïdes

Carotte (12), fenouil (4,7), épinard (4,2), chou vert (4,1), poivron rouge (3,5), mangue (2,8), brocoli (1,9), abricot (1,8), melon (1,7), kaki (1,6), tomate (1).

- En vitamine A

Mangue fraîche (2,9), melon (2), abricot sec (1,6), abricot frais et kaki (1,5), pruneau (1), papaye fraîche (0,9), fruit de la passion (0,6), clémentine, pastèque, pêche et cerise (0,5).

Trucs de paresseuse pour faire face au stress oxydatif

1. **Favorisez les « bons » sucres**. Aux sucres simples (ou rapides), du genre petits gâteaux, préférez les sucres complexes : céréales complètes, légumineuses, qui sont riches en fibres, vitamines et minéraux.

2. **Mangez en petites quantités, mais souvent**, au lieu de faire 2 ou 3 gros repas. Vous apporterez à votre organisme une provision constante d'énergie – ce qui vous évitera de grignoter pour vous remonter le moral ou rester à flot.

3. **Diminuez l'alcool**. Certes, l'alcool détend, mais, à forte dose, il a l'effet contraire : il déprime. Limitez donc votre consommation à un verre de vin par jour.

CROQUEZ L'ÉTÉ

Quoi de plus délicieux que des fruits gorgés de soleil, bien juteux et parfumés ? Tour d'horizon des délices à la carte :

- La fraise

Ses atouts « santé » : bourrée de vitamine C (60 mg), elle apporte aussi une bonne quantité d'acide folique anti-infectieux.

En pratique : équeutez les fraises après les avoir lavées et séchées ; elles ne se gonfleront pas d'eau et ne perdront pas leur parfum.

35 kcal / 100 g

- La mûre

Ses atouts « santé » : diurétique, elle est aussi laxative à cause de sa richesse en fibres. Son fer (1,5 mg) aide à lutter contre la fatigue.

En pratique : sélectionnez-les uniformément noires, sans grains rouges acides.

35 kcal / 100 g

- La framboise

Ses atouts « santé » : elle contient de la vitamine C et apporte de puissants antioxydants, de l'acide folique contre les infections, ainsi que du calcium et du magnésium. Riche en fibres de cellulose, elle combat la constipation.

En pratique : choissez des framboises bien charnues, de couleur foncée et uniforme. Elles sont fragiles ; posez-les au-dessus du panier.

30 kcal / 100 g

- La cerise

Ses atouts « santé » : diurétique, anti-rhumatismale. Ses pigments de couleur rouge protègent veines et vaisseaux.

En pratique : préférez les cerises avec des tiges bien vertes ; elles évitent aux fruits de se déshydrater.

82 kcal / 100 g

- L'abricot

Ses atouts « santé » : il favorise l'acuité visuelle, protège la peau et la prépare au bronzage grâce à sa richesse en provitamine A. Il constitue une bonne source de potassium, qui aide à lutter contre l'hypertension et favorise le sommeil.

En pratique : l'abricot ne mûrit pas après la cueillette. Choisissez donc des fruits d'après leur souplesse ; leur couleur rouge ne garantit pas leur maturité.

35 kcal / 100 g

- La prune

Ses atouts « santé » : elle renferme quantité de minéraux (potassium, magnésium...) et d'oligoéléments (zinc, cuivre...). Les variétés violettes sont plus riches en fer. Toutes agissent sur le transit intestinal grâce à un composé aux propriétés laxatives.

En pratique : choisissez des fruits encore recouverts de ce fin voile blanc très fragile, la pruine, qui garantit leur fraîcheur.

De 52 à 70 kcal / 100 g

- La nectarine, le brugnon, la pêche

Leurs atouts « santé » : riches en flavonoïdes, ces fruits exerceraient une action protectrice sur les vaisseaux sanguins ; ils permettraient aussi de contrebalancer l'effet acidifiant de certains aliments. Les variétés à chair jaune sont plus riches en vitamine C que celles à chair blanche.

En pratique : choisissez-les souples au toucher ; ils ne mûrissent pas une fois cueillis.

40 kcal / 100 g

- La rhubarbe

Ses atouts « santé » : sa richesse en fibres favorise le transit intestinal et elle possède des propriétés anti-bactériennes qui aident à la cicatrisation des infections buccales.

En pratique : la texture d'une compote de rhubarbe sera plus agréable si vous lui ajoutez une pomme lors de la cuisson, et une banane la rendra plus sucrée.

15 kcal / 100 g.

Le thé vert : un bon antioxydant

En matière d'antioxydants et de prévention anti-âge, le Japon a une longueur d'avance. Les Japonais ont compris depuis longtemps l'intérêt des polyphénols du thé vert et des isoflavones de soja. Ils mettent de l'extrait de thé vert dans les biscuits, les glaces et même les bonbons. Quant au thé vert proprement dit, ils en produisent et commercialisent des variétés très riches en polyphénols, au pouvoir antioxydant jusqu'à cinquante fois plus élevé que nos vitamines. Voilà peut-être pourquoi ils détiennent la palme du pays le plus peuplé en centenaires (le taux record revenant à l'île d'Okinawa, au sud de l'archipel). Enfin, si vous avez de la cellulite – sait-on jamais ? – apprenez que le thé vert favorise l'amincissement.

D'autres infusions sont aussi sources de jeunesse et vous aideront à corriger certains travers. Achetez-les de préférence en pharmacie ou en parapharmacie et utilisez-les selon vos besoins.

Vous avez de la cellulite : choisissez la sauge et le pissenlit qui éliminent les toxines, le thym pour stimuler la circulation.

Vous avez le ventre gonflé : buvez de la menthe aux pouvoirs anti-ballonnements conjuguée au fucus amincissant.

Vous grignotez sans arrêt : sélectionnez le fucus pour la sensation de satiété qu'il provoque ou l'orthosiphon et la reine-des-prés qui facilitent le drainage.

LE TOP 15 DES ALIMENTS « JEUNESSE »

Ils sont tout simplement indispensables ! Riches en nutriments et pauvres en calories, ils contiennent de bonnes graisses, sont riches en fibres qui donnent une sensation de satiété et en sucres lents qui fournissent de l'énergie.
Carte d'identité :

1. La pomme

Riche en pectine, elle améliore le transit intestinal, aide à éliminer les déchets, coupe la faim, apaise les rhumatismes... Croquez-la avec la peau pour les vitamines et les oligoéléments (vitamine C et potassium). Elle est en outre anti-cholestérol et anti-hypertension.

2. Le yaourt

Il est digeste et régularise le transit. Les ferments (dits « probiotiques ») ont déjà « prédigéré » le lait et sont les grands amis de votre flore intestinale. Les yaourts fournissent du calcium et des vitamines A, B et D.

3. La tomate

Son pigment rouge vient du lycopène qui protège le cœur, les muscles, les cellules cérébrales et les articulations ; il préviendrait même les cancers de la prostate chez les hommes.

4. Le soja

Les isoflavones que contient le soja sont un rempart contre les bouffées de chaleur (même si vous n'êtes pas encore concernée) et l'ostéoporose. Sa grande vertu est de réguler les hormones en douceur.

5. Les poissons gras

Maquereau, thon, sardine, hareng et autres saumons vous apportent quantité d'oméga-3. Au programme : sang plus fluide, cœur protégé, humeur au beau fixe, traitement des inflammations, de la polyarthrite rhumatoïde et du psoriasis.

6. Les céréales complètes

En ce qui concerne les pâtes, le pain, la farine, choisissez toujours « complet », plutôt que « raffiné ». Les céréales sont des mines de fibres, de vitamines et minéraux, de protéines et de sucres lents.

7. Le quinoa

C'est la super-céréale par excellence, une petite graine qui est l'un des aliments les plus nutritifs au monde ! Elle renferme de bonnes quantités de protéines, de sucres lents et un petit peu de « bon gras ». Ajoutez des micro-nutriments tels que fer, zinc, magnésium, manganèse, potassium, cuivre et surtout calcium, le tout en plus grande quantité que le blé ! Résultat : elle équilibre le cholestérol et facilite le contrôle du poids.

8. Le brocoli

Petit mais costaud, ce chou possède de nombreuses substances bénéfiques : bêta-carotène, calcium, vitamines B9, C et E, fer, zinc... un vrai cadeau antioxydant, qui vous défend contre le cancer du côlon (deuxième cancer le plus fréquent), l'ostéoporose, la cataracte et les maladies cardiaques.

9. L'ail

Il renferme plus de 400 constituants, dont une bonne douzaine d'antioxydants. Il favorise la circulation sanguine, protège le cerveau et le cœur, soutient l'immunité, participe à la prévention contre certains cancers. Notez qu'il est plus efficace cru.

10. Les coquillages

Véritable cocktail de minéraux et d'oméga-3, le tout pour un total calorique imbattable !

11. Le thé vert

Chaque tasse apporte son lot de polyphénols, gardiens du cœur, du foie et de la santé en général. En outre, la théine, moins agressive que la caféine, aide à « fondre » en douceur.

12. La banane

Verte, elle lutte contre la constipation, alors que, mûre, elle soulage la diarrhée ! Ses composés améliorent l'humeur et le sommeil. Mais c'est surtout une excellente source de potassium, anti-hypertension.

13. Les légumes secs

Lentilles, pois chiches, pois cassés et haricots ne sont pas raffinés et sont donc riches en potassium, magnésium et fibres.

14. Les épices

Plus que de simples condiments, ces aliments possèdent chacun des propriétés bien spécifiques : le curcuma est anti-inflammatoire, le safran anti-déprime, la muscade facilite la digestion et la cannelle aide à maîtriser le taux de sucre dans la sang.

15. Les huiles d'olive et de colza

Un duo gagnant ! L'huile d'olive protège effectivement le cœur mais elle manque d'oméga-3... que l'on trouve en abondance dans l'huile de colza.

20 TRUCS POUR ÉVITER DE VOUS ROUILLER AVANT L'ÂGE

1. Écrasez votre clope !

Dure réalité : la cigarette est votre pire ennemie. Non seulement elle nuit à votre santé mais aussi à votre peau. Arrêtez maintenant pour ne pas vous transformer en fée Carabosse plus tard.

2. Ne buvez pas comme un trou !

Ennemi numéro 2 de votre beauté : l'alcool. Associé à la cigarette, l'alcool ravagera votre visage aussi sûrement que 30 ans de bains de soleil !

3. Ne vous faites pas rôtir au soleil !

Non seulement c'est passé de mode – on n'est plus dans les années 1970 – mais c'est dangereux pour votre peau. Les cancers de la peau, les mélanomes entre autres (les plus dangereux), sont en augmentation.

4. Ne vous bourrez pas de graisses animales !

Trop de viande rouge et votre consommation de graisses saturées grimperait en flèche. Conséquence : votre cholestérol en pâtirait, ainsi que votre teint et votre silhouette.

5. Faites vos courses...

... de fruits et légumes plusieurs fois par semaine en choisissant de préférence des produits de saison. Consommez-les le plus vite possible, même si certains comme les potirons, les pommes, les carottes, les bananes, les endives, les choux et les pommes de terre se gardent bien.

6. Préservez la vitamine E

Elle est détériorée dans certaines circonstances (lumière ou température trop élevée). Pour bien la préserver, ne chauffez pas l'huile à trop haute température lors de la cuisson et conservez-la dans des récipients opaques (surtout l'huile d'olive).

7. Joignez l'utile à l'agréable

Mangez des huîtres avec du pain noir le plus souvent possible. Les deux s'associent parfaitement et cela tombe bien : ils sont bourrés de zinc et de sélénium. Le zinc protège les ongles et les cheveux, tandis que le sélénium freine l'oxydation cellulaire et stimule l'élimination des toxines.

8. Épluchez le moins possible

Le lavage de vos fruits et légumes doit toujours précéder l'épluchage, pour éviter la fuite des minéraux dans l'eau. D'ailleurs, mieux vaut éplucher le moins possible puisque la peau renferme les concentrations les plus importantes en vitamines.

9. Diminuez la caféine

La caféine stimule à court terme, et quand son effet disparaît, vous vous sentez d'autant plus raplapla. Essayez donc d'éviter de boire du café pendant quelque temps et voyez comment vous vous sentez sans votre « drogue » habituelle.

10. Soyez consciente du « syndrome de nuit »

Durant les périodes de stress, certaines ont tendance à manger plus que de raison, surtout le soir. Si c'est votre cas, allez faire une balade après le dîner, lisez, ou trouvez-vous une occupation : vous aurez moins tendance à plonger dans le frigo.

11. Ne négligez pas les acides gras

Une peau sèche et rugueuse, une chute de cheveux sont souvent le symptôme d'une carence en acides gras (voir chap. 3). En effet, lorsque les acides gras des cellules sont endommagés par les radicaux libres, les membranes de la peau se flétrissent. Pour récupérer une belle peau, assurez-vous un bon apport en antioxydants au moyen de fruits et légumes et en acides gras de bonne qualité (l'huile de bourrache, par exemple, en capsules ou en infusion).

12. Misez sur les acides de fruits

Les crèmes cosmétiques qui contiennent des acides de fruits gomment l'épiderme, l'hydratent et permettent l'élimination des cellules mortes (desquamation), stimulant ainsi le renouvellement cellulaire de la peau. Le teint retrouve sa luminosité, la texture cutanée s'améliore, les taches pigmentaires superficielles et les fines ridules diminuent de façon visible.

13. Faites attention à l'oxydation...

... de vos fruits et légumes. Choisissez des produits qui ne sont pas choqués (visible aux petites auréoles marron). Lorsqu'ils sont attaqués par les bactéries, les fruits et légumes se dégradent plus rapidement ; ils doivent donc être exempts de « blessures » (peau coupée, queue arrachée...), qui provoquent des pertes d'eau chargée de nutriments. En effet, la peau protège l'intérieur du fruit des effets oxydants de l'air, qui dégradent notamment la vitamine C.

14. Assaisonnez...

... vos salades et autres légumes avec de l'huile d'olive ou de colza : 2 cuillers à soupe par jour d'un mélange composé d'un tiers de la première et de deux tiers de la seconde.

15. Laissez infuser...

... votre thé plus longtemps si vous en buvez dans la soirée pour qu'il n'interfère pas avec votre sommeil. En effet, lorsqu'il est peu infusé, un thé qualifié de « léger » est cependant plus riche en caféine qu'un thé présumé fort, qui a infusé longtemps.

16. Redécouvrez la soupe

Mais pas en sachet déshydraté ! Une bonne soupe maison, que vous pourrez conserver quelques jours au frigo, assurera votre quota de vitamines, de minéraux et de fibres, tout en vous coupant la faim.

17. Ne vous privez pas de melon

Vous auriez tort : une portion de melon de 200 g fournit la dose quotidienne de vitamine A recommandée par les scientifiques (4 mg) et la moitié de la dose de vitamine C (50 mg). Soyez futée : un melon à chair orangée peut contenir 10 à 20 fois plus de bêta-carotène qu'un melon jaune ou vert ; et soyez gourmande : accompagné de jambon de Parme et de figues, c'est divin !

18. Pensez « mangue »

La présence dans la mangue des trois vitamines antioxydantes en fait un fruit incontournable. C'est le fruit le plus riche en bêta-carotène, devant le melon et l'abricot ; elle couvre la totalité des besoins quotidiens. Elle est aussi plus riche en vitamine C que les agrumes et contient, tout comme le kiwi, beaucoup plus de vitamine E que tous les autres fruits.

19. Mangez un kiwi...

... au petit-déjeuner pour tenir la forme toute la matinée. Le kiwi est de loin plus riche en vitamine C que l'orange ou le citron : un seul fruit d'environ 80 g vous apportera largement la quantité journalière dont vous avez besoin.

20. Donnez la priorité...

... à la vitamine C pour conserver une belle peau, de belles dents et des os forts, car elle est nécessaire à la fabrication du collagène, véritable « ciment » des tissus. Le collagène est constitué par des protéines qui forment le tissu conjonctif, c'est-à-dire la trame sur laquelle vont se fixer les minéraux et surtout le calcium. Cet ensemble très résistant est un véritable tissu de soutien et participe à la constitution des dents, des os, des cartilages et des tendons....

chapitre 5

Comment rester jeune en prenant soin de sa santé

Comment mettre tous les atouts de son côté ?

Après tout, il paraît que les cellules de notre corps sont programmées pour une durée de vie bien supérieure à celle que nous connaissons aujourd'hui : 120, 130 ans, voire plus ? C'est tentant, mais, quoi qu'il en soit, finir vieille et mal en point, non merci ! Rester en bonne santé, c'est vivre pleinement le plus longtemps possible ! Évidemment, il faut se préoccuper un peu (ou même beaucoup) de certaines carences nutritionnelles et hormonales, s'adonner un tant soit peu à l'exercice physique (toujours la « vieille » rengaine) et ne pas oublier systématiquement le dépistage des maladies. C'est un investissement à long terme, certes, mais une paresseuse avisée est suffisamment maligne pour savoir que ce genre de placement assure des lendemains qui chantent !

L'heure des bilans

Vous l'avez constaté : le vieillissement n'est pas égalitaire. Il dépend de votre capital génétique, de votre environnement et de votre mode de vie. En outre, les tissus et les différents organes de votre corps ne vieillissent pas non plus au même rythme. Petit tour d'horizon d'une décrépitude programmée :

— Le premier organe touché est une petite glande à la base du cou, le thymus, essentiel au développement de l'immunité ; il régresse dès la puberté, pour disparaître entièrement vers 20 ans !

— Ensuite, le temps s'attaque à la peau, un des tissus qui vieillit le plus tôt, du moins le plus visiblement, à tel point qu'on peut lire votre âge sur votre épiderme.

— Votre capital musculaire perd de sa masse et de sa vigueur à partir de 40 ans, voire avant chez les grands sportifs (vous ne risquez sans doute pas grand-chose !).

— Votre système osseux, lui, commence à fondre – très lentement – dès 30 ou 40 ans puis, à partir de 50 ans, plus rapidement chez les femmes ménopausées.

— Vos fonctions respiratoire et cardio-vasculaire sont progressivement atteintes par l'âge – ce qui ralentit la récupération après un effort.

— Vos glandes endocrines et sexuelles commencent à fléchir vers 40 ans, mais surtout après 50 ans.

— Vos organes des sens, eux, vieillissent graduellement, surtout après 40 ans.

— Votre cerveau – en dehors de toute maladie neurodégénérative – est un des organes les mieux préservés (c'est rassurant !).

— Quant au foie ou aux reins, ils vieillissent remarquablement bien !

Bref, chaque organe ou chaque grand système du corps humain possède donc sa propre vitesse de développement, puis de sénescence. Mais si l'usure de votre organisme n'a rien de réjouissant, vous pouvez en retarder le déclin. Les spécialistes du vieillissement préconisent quelques règles de vie souvent simples : maintenir un bon équilibre alimentaire (sans carence ni excès), pratiquer une activité physique régulière, conserver une vie sociale et une activité intellectuelle, éviter les facteurs de risque connus : tabac, alcool, exposition solaire...

Une chose est sûre : plus vous vous occuperez tôt de votre petite santé, moins vous aurez de boulot par la suite.

— **Jusqu'à 20 ans,** pas d'urgence : vous êtes en pleine croissance et avez bien d'autres chats à fouetter – ce n'est pas une raison pour négliger votre hygiène alimentaire ou le sport.

— **Entre 20 et 30 ans,** vous êtes au sommet de votre forme, quoique... il est intéressant de faire un premier bilan médical, juste pour avoir des références.

— **Et après ?** Eh bien, il y a celles qui commencent à faire leur âge et d'autres non. Pourquoi ? D'une part, c'est génétique – il faut bien le reconnaître – ; d'autre part, il faut sortir de votre torpeur et adopter des habitudes de vie saines.

Car, si votre âge chronologique est déterminé par votre date de naissance, votre âge biologique (appelé aussi « âge physiologique ») évolue, lui, en fonction de votre patrimoine génétique héréditaire mais aussi de votre passé médical, de votre environnement et de votre mode de vie. Cette notion d'âge n'est ni abstraite ni subjective ; l'âge physiologique peut s'évaluer médicalement d'après les systèmes vasculaire, cérébral, osseux, en mesurant le rapport masse grasse / masse maigre, sachant que tous ces systèmes commencent à vieillir à partir de l'âge de 18-20 ans ! Un bon exemple : le système artériel – sa rigidité augmente d'environ 50 % en vingt ans (entre 20 et 40 ans). Comme on dit, « on a l'âge de ses artères » : à 50 ans, vous pouvez avoir les artères d'une personne de 70 ans !

Donc, quel que soit votre âge, mieux vaut prévenir que guérir ! Lisez bien ce chapitre et essayez de suivre les conseils simples qu'il dispense pour prendre soin de votre santé. Si vous êtes vraiment inquiète (vous menez une vie de débauche ?) ou si vous avez la quarantaine et des signes de périménopause, ce serait une bonne idée de faire un bilan de santé complet. Il existe un bilan qui dure plus de 3 heures et qui permet de savoir où en sont les artères, les poumons, le cœur, le cerveau, la minéralisation osseuse...

Il comprend une prise de sang et une analyse d'urine destinées à mesurer les taux hormonaux, le métabolisme anti-oxydatif, le vieillissement rénal, hépatique, pancréatique, immunitaire... Et il ne vous restera plus qu'à corriger les déséquilibres existants *via* un programme personnalisé de compléments nutritionnels (vitamines, oligoéléments...), d'exercices physiques ou de supplémentations hormonales. Si vous voulez faire un vrai bilan anti-âge complet, renseignez-vous auprès de votre médecin ; il existe peu de centres spécialisés capables de donner une estimation de l'âge physiologique et de prendre en charge la prévention avec le contrôle médical requis. Sinon votre généraliste serait à même de vous prescrire un bilan général de routine adapté à vos problèmes et à votre âge (biologique).

Paresseuse, elle aussi ?

Stressée, « speedée », ou au contraire fatiguée, épuisée, déprimée... et si votre thyroïde vous jouait des tours ? Cette petite glande qui se mêle de tout, de votre poids aussi bien que de votre libido, empoisonne la vie de 6 millions de Français. Le poids de la thyroïde n'excède pas 30 g, mais c'est un véritable chef d'orchestre. Comme toutes les glandes, elle fabrique des hormones dont l'action est essentielle à toutes les cellules de l'organisme.

Mais parfois, elle devient trop paresseuse (elle aussi !) ou au contraire elle s'emballe aux moments des changements hormonaux, comme la puberté, la grossesse, l'accouchement ou la ménopause. Ces dérèglements des hormones thyroïdiennes peuvent donc arriver à presque tout le monde et à presque toutes les périodes de la vie : ils sont appelés « hyperthyroïdie » ou « hypothyroïdie ».

Il existe un certain rapport entre la thyroïde et les œstrogènes. Au début de la ménopause ou en périménopause, par exemple, le taux de progestérone baisse – ce qui entraîne un relatif excédent d'œstrogènes. Ce déséquilibre peut se répercuter sur la thyroïde. Le quart environ des femmes ménopausées souffrent d'hypothyroïdie, phénomène étroitement lié à la production excessive d'œstrogènes. Si ces derniers ne sont pas équilibrés par de la progestérone, ils sont susceptibles de bloquer l'action de la thyroïde.

Coup d'œil sur les différents symptômes des dérèglements thyroïdiens :

- **L'hyperthyroïdie :** vous êtes stressée, hyperactive, vous ne tenez pas en place, votre cœur palpite, vous avez chaud, vous avez des sueurs, vous êtes irritable, vous souffrez d'insomnies... Vous avez aussi les yeux globuleux, vous maigrissez, vous avez la diarrhée : votre thyroïde sécrète trop d'hormones.
- **L'hypothyroïdie :** vous êtes fatiguée, épuisée, vous avez tout le temps envie de dormir, votre humeur est instable, vous avez du mal à vous concentrer, votre peau est sèche, vos cheveux tombent, vos ongles se cassent facilement. Vous avez froid, vous grossissez sans raison, vous êtes « gonflée » et constipée : votre thyroïde est ralentie, la production d'hormones est diminuée ou absente.

Si vous pensez avoir ce type de symptômes, consultez votre médecin généraliste ou votre gynécologue. Un bilan vous en donnera le cœur net et vous suivrez, si nécessaire, un traitement adapté.

Cependant, ne vous alarmez pas inutilement : les hormones thyroïdiennes sont fabriquées à partir d'un élément naturel, l'iode, que votre glande capte dans l'alimentation. L'iode est présent dans les algues bien sûr, dans les poissons, les crustacés, et aussi dans le soja, les haricots verts et les laitages. Une alimentation équilibrée, à condition d'en avoir une, apporte environ 300 µg d'iode par jour – ce qui est suffisant.

À LA LOUPE

Vous avez les symptômes suivants :

- Vous avez les extrémités froides.
- Vous souffrez de constants maux de tête.
- Vous êtes constipée.
- Vous êtes exténuée, même après une longue nuit de sommeil.
- Vous avez tout le temps froid et avez du mal à vous réchauffer.
- Vous ne transpirez pas.
- Vous n'arrivez pas à être enceinte.
- Vous êtes léthargique le matin mais pleine d'énergie le soir.
- Vous n'avez pas de désir sexuel.
- Vous avez les talons craquelés.
- Vous avez un fort syndrome prémenstruel.
- Vous avez les paupières, les chevilles ou les mains gonflées.
- Vous avez une peau et des cheveux très secs.
- Votre peau a une couleur jaunâtre.

Si vous avez répondu « oui » à 3 ou plus des questions ci-dessus, vous avez peut-être un problème d'hypothyroïdie. Demandez un test sanguin à votre médecin. Sachez cependant qu'une forme très faible d'hypothyroïdie peut ne pas être détectée.

Une pharmacie dans votre assiette

En admettant que vous ayez surmonté votre paresse et lu attentivement le chapitre précédent, vous savez déjà comment vous constituer une santé de fer. Vous savez qu'il faut ne pas trop manger et qu'il faut surtout privilégier les antioxydants, c'est-à-dire les fruits, les légumes, les fibres et les « bonnes » graisses. Juste un rappel au cas où...

Les bénéfices « santé » de ce que vous croquez

○ Sur les cancers

Parmi les 250 études environ consacrées au lien entre fruits, légumes et cancers, 80 % ont mis en évidence un effet protecteur de ces aliments extrêmement riches en antioxydants. Les résultats d'une étude européenne sur plus de 500 000 personnes ont confirmé cet effet protecteur. L'incidence des cancers des voies digestives serait réduite de 50 % par une consommation quotidienne de 500 g ou plus par jour de fruits et de légumes. D'après cette même étude, le risque de cancer du côlon baisse significativement pour les amateurs de poissons, alors qu'il augmente pour les gros consommateurs de charcuteries.

o Sur les maladies cardio-vasculaires

L'influence de l'alimentation sur les maladies cardio-vasculaires n'est plus à prouver. Un manque d'antioxydants conjugué à un excès de cholestérol est extrêmement néfaste. En effet, le cholestérol s'oxyde et peu à peu se dépose sur les artères (voir plus loin). Une plaque se forme et insensiblement réduit le diamètre des vaisseaux, provoquant l'apparition des maladies cardio-vasculaires. Pour diminuer le taux de mauvais cholestérol, limitez donc vos apports en acides gras saturés et augmentez votre consommation d'antioxydants grâce à un régime riche en fruits, légumes, poissons et légumineuses. Les fibres sont également une arme préventive car elles ont la propriété d'empêcher l'absorption du cholestérol et parfois des autres graisses.

o Sur le vieillissement cutané

Qu'on se le dise : la peau est une des premières victimes du manque d'antioxydants. Pour garder une peau jeune et en bonne santé, il est donc essentiel de manger des produits riches en antioxydants. Mais l'alimentation ne corrige pas complètement les ravages des radicaux libres liés au tabac ou au soleil en excès. Pour préserver votre peau et votre santé, limitez les expositions au soleil et écrasez définitivement votre cigarette.

Pas de petits bénéfices

Certains aliments ont des bénéfices « santé » reconnus depuis la nuit des temps ; donc, si vous les aimez, ne vous en privez pas :

- **Luttez contre les infections avec les champignons**

Une étude a révélé que les champignons contiennent une énorme quantité de lentinan, une substance chimique qui leur donne la propriété de protéger le système immunitaire et de prévenir ainsi les infections et même le cancer. D'ailleurs, au Japon, le lentinan est un traitement anti-cancer officiel.

- **Protégez vos yeux avec les poivrons rouges**

Ayez la main lourde en poivrons dans vos salades ou vos plats cuisinés. Une étude italienne a montré que les personnes qui mangent beaucoup de poivrons rouges rencontrent moins de problèmes de cataracte. Les poivrons contiennent aussi quantité de nutriments qui protègent les yeux contre les dégénérescences maculaires (baisse de la vision allant jusqu'à la cécité).

- **Prévenez les attaques cérébrales avec les bananes…**

… grâce à l'énorme quantité de potassium qu'elles contiennent. Manger une banane par jour peut faire chuter le risque d'attaque cérébrale de 40 % selon une étude parue dans le *New England Journal of Medecine*.

- **Évitez le diabète avec les cornichons**

Consommer 2 cuillerées de vinaigre en mangeant des cornichons au vinaigre, par exemple, réduit le pic d'insuline qui suit le repas. Bien utile aux diabétiques donc et même aux non-diabétiques, puisque vous pouvez ainsi perdre un peu de poids. Cela serait dû, selon les scientifiques, à l'acide acétique du vinaigre qui éviterait à l'organisme de digérer certains sucres ; c'est toujours bon à prendre !

○ « Dégonflez » avec l'aneth

L'aneth contient une huile qui diminue les gaz intestinaux. Si vous voulez garder un ventre plat, parsemez-en vos poissons froids, saumons fumés et terrines de légumes.

D'AUTRES PISTES

Sur la question du vieillissement, il existe bien des pistes qui intéressent les chercheurs. Une étude organisée par des médecins californiens a révélé qu'un niveau élevé d'œstrogènes sanguins serait favorable au maintien des capacités intellectuelles des femmes. Leurs résultats sont fondés sur des mesures de concentrations hormonales dans le cerveau et sur le suivi de 292 femmes pendant 6 ans. Ceci conforterait l'hypothèse selon laquelle les femmes qui ont au départ des taux élevés d'œstrogènes « endogènes » (c'est-à-dire produits par leur organisme) sont moins susceptibles de voir décliner leur vivacité intellectuelle que les autres.

La paresseuse fait de vieux os

Vous avez envie de profiter de la vie jusqu'au bout, de voyager jusqu'à un âge avancé ou d'aller faire le tour du pâté de maisons à 90 ans passés sans l'aide d'une canne ? Eh bien, il « suffit » de préserver votre capital osseux pour éviter la menace bien réelle qu'est l'ostéoporose. Sans vouloir vous alarmer, sachez tout de même qu'en France, on estime à 3 millions le nombre de femmes ménopausées atteintes d'ostéoporose. Parmi elles, 1 sur 2 souffrira d'une fracture (poignet, col du fémur, vertèbre) et risquera de rester plus ou moins handicapée.

Il est vrai que nous sommes inégales au départ : chacune bénéficie de son héritage génétique et possède une masse osseuse plus ou moins importante. Constituée dès l'enfance et pendant l'adolescence, le pic de votre masse osseuse est atteint quelques années après la fin de la croissance.

Dès lors, votre squelette est construit et il vous faudra faire avec toute votre vie. L'entretien de votre capital relève donc de votre responsabilité. Pas d'inquiétude cependant, la prévention de l'ostéoporose est à votre portée : un squelette bien charpenté passe par une alimentation équilibrée !

Des protéines pour avoir de beaux os

Les protéines ont leur rôle à jouer dans la prévention de l'ostéoporose. Plusieurs études menées aux États-Unis et en Suisse ont démontré l'existence d'une relation étroite entre l'apport protidique et la masse osseuse. Une consommation de protéines inférieure aux apports recommandés (visez 1 g de protéines par kilo de poids) serait susceptible de favoriser l'ostéoporose, et ceci dès la puberté. Même chez les jeunes filles par ailleurs en bonne santé, une alimentation pauvre en protéines est associée à un affaiblissement de la densité osseuse, aussi bien au niveau du fémur que de la colonne vertébrale. Même constat chez celles qui font un régime hypocalorique trop strict, à apport protidique insuffisant. Ce type de régime, prolongé ou répété, agirait sur le métabolisme osseux et contribuerait également à accélérer la perte osseuse. Donc, si vous voulez maigrir, ne sacrifiez pas les protéines sur l'autel de la minceur. Ne vous lancez pas non plus dans le dernier régime en vogue ; consultez un médecin nutritionniste qui vous établira un régime équilibré et personnalisé.

Du calcium à gogo

Le calcium est le minéral le plus important de votre organisme. Il représente 2 % du poids du corps et est le constituant essentiel des os et des dents (99 % du calcium se trouve dans le squelette). Il intervient dans la perméabilité des cellules, le fonctionnement des nerfs, des muscles, du cœur et dans la coagulation du sang. Il est d'ailleurs reconnu que la carence en calcium donne des troubles nerveux, des palpitations cardiaques, une déminéralisation osseuse, du rachitisme, de l'insomnie, des crampes et des contractures !

Autre bénéfice de taille : les vertus anti-capitons du calcium. Elles ont été découvertes récemment, grâce aux travaux de plusieurs équipes américaines, alors que sa parfaite association avec la masse osseuse est depuis longtemps reconnue. L'une des équipes qui s'intéressait aux obèses est ainsi parvenue, en leur faisant prendre pendant un an 1 000 mg de calcium par jour sous forme de produits laitiers (soit 200 mg de plus que les apports journaliers recommandés), à faire fondre leur masse adipeuse de 5 kg en moyenne. En outre, une autre étude a démontré qu'à diètes équivalentes en calories et en durée (seize semaines), on perdait environ 2,6 kg si l'on bénéficiait d'une supplémentation calcique de 500 mg par jour. En triplant, voire en quadruplant cet apport, on se délesterait de plus de 11 kg !

À quelle opération du Saint-Esprit doit-on cet heureux effet ? À la double action du calcium sur les cellules graisseuses : d'un côté, il freine la lipogenèse (stockage de nouvelles graisses) ; de l'autre, il stimule la lipolyse ou déstockage.

Vos sources

Nécessairement toutes ces bonnes nouvelles doivent vous donner faim de laitages : avec 1/4 de litre de lait, vous absorbez 300 mg de calcium ; même chose avec 2 yaourts, 300 g de fromage blanc ou encore 10 petits-suisses. Les produits laitiers constituent en effet la principale source de calcium de l'alimentation ; les deux tiers sont couverts par une consommation quotidienne de produits laitiers. D'ailleurs, ce minéral se sert aussi sur un plateau : 30 g de beaufort, 50 g de saint-paulin ou 80 g de camembert en apportent 300 mg. Leur inconvénient réside dans une teneur élevée en lipides qui risquent alors de ruiner les effets amincissants du calcium.

Et les fruits et légumes ? Quelques-uns en recèlent (brocoli, chou, orange...), mais ils sont peu nombreux. En revanche, les eaux calciques ont tout bon (Hépar, Contrex sont les plus généreuses). Dans tous les cas, arrangez-vous pour respecter les apports conseillés, qui sont de 800 à 1 000 mg de calcium par jour pour les adultes et de 1 200 mg par jour pour les femmes enceintes, qui allaitent ou sont ménopausées.

Et les oligoéléments ? Certains agissent en synergie avec le calcium : ce sont le silicium, le phosphore et le magnésium, qui intervient dans la fabrication de la vitamine D ainsi que dans la répartition du calcium. De même, le cuivre et le zinc s'avèrent nécessaires au maintien de la solidité osseuse. La vitamine D assure le maintien de la minéralisation en calcium du squelette. Il faut vous exposer – raisonnablement – au soleil pour permettre à votre organisme de la fabriquer sous l'action des rayons UV.

Pas de doute, il fond !

Le tissu osseux se renouvelle en permanence et, jusqu'à l'âge de 30 ou 40 ans, destruction et formation du nouvel os s'équilibrent. Après, la destruction l'emporte progressivement et entraîne une fonte osseuse de 3 à 5 % tous les dix ans. La ménopause accélère ce phénomène, à cause de la carence en œstrogènes. C'est ainsi que l'ostéoporose guette dix à quinze ans après le début de la ménopause, avec pour principale conséquence des fractures du col du fémur. Environ 10 % des femmes ont une ostéoporose à 60 ans, 20 % à 65 ans et 40 % à 75 ans.

Chez l'homme, même s'il n'existe pas de véritable andropause, il se produit aussi une fonte osseuse, plus lente que chez la femme. À 80 ans, les femmes ont perdu environ 40 % de leur masse osseuse ; les hommes environ 25 %.

HYPOTHÈSE INTÉRESSANTE

Les produits végétaux, incontournables fruits et légumes sous toutes les formes, auraient, selon différentes études, un rôle protecteur sur la solidité des os. Les fractures de la hanche sont moins nombreuses dans les pays asiatiques – ce qui serait dû à la consommation de soja. En Europe, c'est dans les pays méditerranéens que les fractures sont moins nombreuses ; les habitudes alimentaires incluant une grande variété de végétaux y sont pour quelque chose.

La paresseuse limite les facteurs de risque

Quel est le tueur de femmes n° 1 ? Ce n'est pas le cancer du sein, c'est l'infarctus ! 100 000 femmes meurent chaque année en France d'une maladie cardio-vasculaire, c'est-à-dire six fois plus que du cancer du sein ! Une bonne raison de protéger votre cœur, vous ne croyez pas ?

Atout « cœur »

Vous pensez peut-être être à l'abri de la crise cardiaque et croyez qu'elle concerne surtout les hommes ? Révisez votre jugement si vous voulez profiter de vos futurs petits-enfants, bon pied, bon œil ! En effet, pour des raisons complexes, les problèmes cardio-vasculaires sont plus graves chez les femmes qui ont davantage de probabilités d'être victimes d'un infarctus invalidant, mortel ou d'une attaque cérébrale. Cependant, les risques sont plus faibles avant 60 ans, soit dix ans après les hommes, car les hormones féminines jouent un rôle protecteur. Mais croire que les femmes sont pour autant protégées avant la ménopause est faux. Plus les scientifiques en apprennent sur le cœur des femmes, moins ils pensent que celui-ci fonctionne comme celui d'un homme. Il y a de grosses différences : le cœur des femmes est plus sensible au stress, aux hormones, aux mauvaises graisses et aux toxines comme le tabac.

Il existe quelques chiffres qui confirment ces différences : une femme a 50 % de risques de mourir de sa première crise cardiaque, contre 30 % pour un homme ! Et parmi celles qui survivent, 38 % meurent dans l'année, contre 25 % des hommes ! Enfin, 46 % des femmes sont handicapées après une crise cardiaque, contre 22 % des hommes !

L'INFARCTUS

Un infarctus du myocarde (muscle cardiaque) correspond à la destruction d'une partie plus ou moins importante du muscle cardiaque suite à l'oblitération, par une thrombose (formation d'un caillot), d'une artère coronaire permettant habituellement l'irrigation du myocarde. Cette affection touche environ 180 000 à 200 000 personnes par an en France et plus 2,8 millions aux États-Unis.

Votre cœur de paresseuse aimerait bien...

- **Que vous arrêtiez de fumer.** Fumer triple vos probabilités d'avoir une crise cardiaque. Si vous arrêtez, ce risque diminue de moitié après deux ans et, après dix ans, vous retrouvez le niveau de risque d'une non-fumeuse : ça vaut le coup, non ?
- **Que vous perdiez du poids.** Avoir un excès de poids, spécialement localisé sur le ventre, accroît vos risques cardio-vasculaires et d'attaque cérébrale. Sans compter que l'obésité peut aussi conduire au diabète, un facteur de risque important dans les maladies cardio-vasculaires. Il serait donc fort judicieux de diminuer vos apports caloriques et de pratiquer une activité physique régulière.
- **Que vous fassiez baisser votre taux de cholestérol**. Des taux élevés de cholestérol et de triglycérides sont d'importants facteurs de risque. Bien que les médecins surveillent particulièrement les taux de mauvais cholestérol (le LDL), le bon cholestérol (le HDL) pourrait jouer un plus grand rôle dans la prédiction de maladies cardio-vasculaires chez les femmes. Maintenez donc votre taux de HDL aussi élevé que possible (contrairement à l'autre qui doit être le plus bas possible).
- **Que vous contrôliez votre tension.** L'hypertension fait travailler le cœur plus durement pour faire circuler le sang dans le corps. Et plus de la moitié des femmes au-delà de 40 ans ont de l'hypertension – ce qui les rend plus sensibles aux maladies cardiaques et aux attaques cérébrales.

Si vous êtes anormalement essoufflée lorsque vous pratiquez un sport, parlez-en à votre médecin. S'il s'avère que vous avez de la tension, adoptez un régime adapté, faites de l'exercice physique modéré, mais régulier, et suivez un traitement médical si nécessaire.

- **Que vous réduisiez votre stress.** Le stress chronique peut augmenter vos risques de maladies cardiaques car il engendre des conduites à risques comme fumer, boire ou manger trop et mal. Combattez votre stress par tous les moyens, en faisant du sport, du yoga, de la méditation, et veillez à dormir suffisamment. Si vous êtes déprimée, n'hésitez pas à consulter un spécialiste et à suivre un traitement.

Votre cœur de paresseuse n'aime pas du tout...

- **Que vous ayez trop de cholestérol**. Toute paresseuse, quel que soit son âge, devrait connaître ses taux de cholestérol (le bon et le mauvais). Bien que son rôle soit important pour la formation de certaines hormones, des acides biliaires et qu'il soit un composant des parois cellulaires, c'est le bourreau des cœurs n° 1 ! Il est responsable de l'athérosclérose (à ne pas confondre avec l'artériosclérose, simple vieillissement des artères). Cette maladie se caractérise par un dépôt jaunâtre de cholestérol et un épaississement des artères. Ce phénomène crée une sorte de boursouflure à l'intérieur du vaisseau, réduit le débit de la circulation sanguine et peut aller jusqu'à l'obstruction. L'organisme synthétise la proportion la plus importante de cholestérol dans le foie et l'appareil digestif. Cependant l'élévation du « mauvais » cholestérol (le LDL) et des triglycérides (graisses neutres) est défavorable, car ceux-ci se déposent dans les vaisseaux et favorisent le processus de l'athérosclérose. À l'inverse, le « bon » cholestérol (le HDL) a un effet protecteur sur les vaisseaux sanguins.
- L'athérosclérose peut frapper partout où il y a des artères ; elle est la principale cause des maladies cardio-vasculaires. Elle dépend d'un

certain nombre de paramètres dont quelques-uns vous échappent (âge, sexe, hérédité), mais vous pouvez agir sur d'autres : hypercholestérolémie, hypertension, tabagisme, diabète, et... sédentarité !

Ce que vous pouvez faire

Faites contrôler vos taux de cholestérol et de triglycérides, tous les cinq ans, à partir de votre 20e année. Si vous avez trop de cholestérol, plusieurs actions sont à votre portée. Soit vous ajustez votre alimentation. Veillez particulièrement à réduire l'apport en graisses et à consommer des acides gras insaturés (huiles d'olive, de colza ou de tournesol) à la place des acides gras saturés contenus dans les aliments d'origine animale (charcuterie, viande, beurre, crème), et augmentez votre consommation de fibres. Soit votre médecin envisagera – dans la mesure où vous avez d'autres facteurs de risque – la prescription d'un médicament abaissant le taux de lipides dans le sang.

En effet, trop de cholestérol est parfois d'origine génétique, mais en diminuer le taux implique plusieurs règles d'hygiène de vie complémentaires les unes des autres. Commencez d'abord par vous maintenir à un poids idéal (pour faire simple : disons que c'est le poids de vos 25 ans) un surpoids accroît le risque d'hypertension, de diabète, et peut provoquer l'élévation du cholestérol. Poursuivez ensuite avec une alimentation variée qui doit vous apporter chaque jour des aliments appartenant à chacun des groupes suivants :

1. Pain, céréales, pâtes.
2. Pommes de terre, petits pois, légumes secs.
3. Légumes verts.
4. Viandes, volailles, poissons.
5. Lait, yaourt, fromage maigre.
6. Fruits crus.

Pour vous encourager, sachez qu'un régime anti-cholestérol est efficace. À la base, *graisses, matières grasses* ou *lipides* recouvrent la même notion ; or, le cholestérol fait partie de la famille des graisses (les graisses saturées, insaturées et poly-insaturées sont des variétés de lipides). Il existe donc un rapport entre le taux de cholestérol dans le sang, les graisses absorbées chaque jour et les maladies cardio-vasculaires. Pour réduire les graisses, les graisses saturées et l'apport de cholestérol, ne vous fatiguez pas trop les méninges ; quelques préceptes simples suffisent :

- Choisissez de la viande et de la charcuterie maigres.
- Consommez du poisson, de la volaille (sauf la peau), et complétez vos apports protéiques avec des protéines végétales (soja, légumes secs...).
- Modérez votre consommation d'œufs.
- Lisez de près les étiquettes pour mieux connaître les quantités de graisses contenues dans les aliments que vous achetez.
- Ajoutez peu de matières grasses à vos plats et si possible pas du tout. Privilégiez les modes de cuisson qui respectent ce principe et utilisez pour les salades des huiles végétales riches en acides gras insaturés (tournesol, colza, soja).
- Modérez – ou, mieux, zappez complètement – votre consommation de fritures, de frites et de chips.
- Préférez les produits laitiers écrémés ou demi-écrémés et les fromages peu gras.
- Mangez plus d'aliments riches en fibres (céréales, légumineuses...) qui retardent l'absorption du cholestérol. Consommez à chaque repas des fruits et des légumes riches en antioxydants.
- Méfiez-vous des pâtisseries, des viennoiseries, de certains biscuits, des crèmes glacées et des entremets : ils contiennent beaucoup de matières grasses et d'œufs.

- Faites attention au sel (ne resalez pas vos plats) et aux boissons alcoolisées.
- Réduisez votre consommation de tabac ou, mieux, arrêtez de fumer.
- Faites régulièrement de l'exercice physique.

Le bon et le mauvais cholestérol

Il n'existe en fait qu'une sorte de molécule de cholestérol : c'est un abus de langage que de le qualifier de « bon » et de « mauvais ». La différence provient de son acheminement dans le sang par des molécules qui jouent des rôles distincts : les LDL et HDL. Les LDL véhiculent le cholestérol fabriqué par le foie vers les organes qui en ont besoin. Les HDL récupèrent le cholestérol depuis les organes qui en ont trop, notamment celui qui risque de boucher les artères, pour le rapporter au foie où il est éliminé. Il en résulte que l'accumulation des LDL est un facteur de risque cardio-vasculaire, alors qu'au contraire une augmentation des HDL, véritables éboueurs, est bénéfique.

Votre cœur de paresseuse n'aime pas du tout...

- **Que vous ayez de l'hypertension.** L'hypertension altère la paroi des artères en diminuant leur résistance et favorise les dépôts de cholestérol. Elle constitue aussi le principal facteur de risque d'attaque cérébrale, car, lorsque les parois artérielles sont constamment soumises à une pression élevée par le courant sanguin, elles durcissent et s'épaississent : des substances graisseuses se déposent et l'athérosclérose débute. Par ailleurs, il arrive que la couche interne des artères soit blessée, qu'une paroi vasculaire endommagée éclate sous l'effet de la pression et qu'une hémorragie se produise. Si c'est une artère du cerveau qui est bouchée, le risque majeur est l'accident vasculaire cérébral, c'est-à-dire l'interruption de la circulation sanguine dans une zone du cerveau (aux conséquences parfois dramatiques). Il est donc important que vous fassiez prendre votre tension artérielle une fois par an, et plus si vous êtes enceinte ou prenez une pilule contraceptive. Vous pouvez très bien avoir de l'hypertension et l'ignorer complètement, si vous n'avez aucun symptôme. Or, trop de tension est aussi mauvais que trop de cholestérol, sans parler des deux combinés. Pensez aux conséquences : durcissement des artères avec diminution d'afflux de sang au cerveau, rupture des artères, lésions aux petites artères de l'œil et affaiblissement de la vue, problèmes aux reins, accumulation de cholestérol et possibilités de crise cardiaque...

Ce que vous pouvez faire

- Perdez du poids – ce qui vous permettra de résoudre le problème si votre hypertension est légère. La simple réduction de votre consommation de sel (remplacez-le alors par des épices et des herbes) et la limitation à un verre de vin par jour peuvent suffire.
- Pratiquez une activité physique. Faire du sport régulièrement a également un effet positif, non seulement sur le cholestérol, mais aussi sur la tension artérielle.

Et si ces mesures d'hygiène de vie ne suffisent pas, vous devrez sans doute prendre un médicament hypotenseur pour ramener votre tension artérielle à une valeur normale.

La tension en pratique

Pour la tension artérielle, c'est surtout le chiffre du haut et la différence entre les deux chiffres qui comptent. Plus cette différence est grande, plus les risques cardiaques sont importants.

L'unité de pression artérielle est le millimètre de mercure (mmHg). La pression artérielle se décompose en pression artérielle maximale, systolique, et minimale, diastolique. Pour cette raison, la lecture de la pression artérielle se fait toujours à l'aide de deux nombres : la pression artérielle systolique et diastolique (exemple : 13/8). En France, nous avons l'habitude de n'utiliser que les deux premiers chiffres de la pression en millimètres de mercure ; ainsi : 13/8 signifie 130 mmHg pour la pression artérielle maximale (systolique) et 80 mmHg pour la pression artérielle minimale (diastolique).

À partir de 14/9 on est considéré comme hypertendu. Pourquoi 14/9 ? Parce qu'à partir de cette valeur, le risque pour le système cardio-vasculaire est important. En effet, plus le chiffre de pression artérielle est élevé, plus grand est le risque cardio-vasculaire. L'hypertension est d'ailleurs assez répandue puisque 8 millions de Français environ, soit 20 % des adultes, en souffrent.

AYEZ LA MAIN LÉGÈRE !

Manger trop salé n'est bon ni pour la santé ni pour la ligne. Quelques réflexes à adopter pour manger moins salé :

- **Vérifiez les étiquettes**. La teneur en sel n'est pas encore une mention obligatoire, mais elle est indiquée sur de nombreux produits.
- **Achetez des produits frais**. Ils n'ont subi aucune préparation, et les légumes, viandes et poissons contiennent naturellement très peu de sel. Dès qu'ils sont en conserve, surgelés ou cuisinés, la teneur en sel augmente considérablement.
- **Réduisez progressivement vos apports quotidiens**. Votre palais s'habituera en deux semaines environ à des saveurs nouvelles et moins prononcées.
- **Ne salez pas systématiquement**. Goûtez d'abord vos plats avant de les saler.
- **Évitez d'associer des aliments salés**. Au cours d'un même repas : comme du saumon fumé et du fromage, par exemple.
- **Méfiez-vous des condiments**. Et de certaines sauces, comme le ketchup, le wasabi ou la sauce de soja. Remplacez-les par un jus de citron le plus souvent possible.
- **Assaisonnez vos plats pendant la cuisson.** Plutôt qu'après : cela laisse le temps au sel de les imbiber. Vous obtiendrez ainsi un goût plus corsé avec une quantité de sel moins importante.
- **Utilisez la poivrière**. Au lieu de la salière : un seul trou de petite taille limitera la quantité de sel que vous versez dans votre assiette.

Vos meilleurs atouts de la prévention du cancer

Vous êtes sans doute une paresseuse qui a peur du cancer, comme tout le monde, mais vous pensez que c'est une question de génétique et vous vous en remettez au destin. Qu'y pouvez-vous ? En fait, beaucoup ! Certes, l'histoire familiale influe sur vos risques, mais seuls 5 à 10 % des cancers peuvent être attribués à des facteurs héréditaires. Et 50 % d'entre eux pourraient être évités avec des modes de vie appropriés. Changer vos habitudes, prendre quelques précautions et favoriser la prévention sont – quel soulagement ! – à la portée de n'importe quelle paresseuse.

Agissez sur votre environnement

- **Supprimez le tabac :** il est directement responsable d'un tiers de la mortalité par cancer.
- **Mangez équilibré :** l'obésité, associée à une alimentation trop riche en matières grasses d'origine animale et/ou carencée en vitamines et antioxydants, favorise les risques de cancers du sein, de l'utérus et du côlon.
- **Mangez plus de fruits et de légumes :** 5 à 7 portions par jour réduisent les risques de cancers en général. Et plus ils sont variés, mieux c'est.
- **Mangez de l'ail :** pour prévenir les cancers digestifs. L'ail contient une molécule – l'allicine – capable de détruire *in vitro* les cellules cancéreuses. Des souris atteintes d'un cancer de l'estomac ont même été soignées grâce à cette molécule.
- **Prenez du sélénium :** il intervient dans la prévention des cancers du foie, du côlon, du poumon et de la prostate. Les apports quotidiens recommandés sont de 55 µg par jour. Les aliments riches en sélénium sont

les noix du Brésil, les abats, les poissons et les céréales. Les études relatives à une supplémentation en comprimés ont montré une baisse de la mortalité par cancer, ainsi qu'une baisse du nombre de cancers. D'autres sont en cours pour déterminer quelle serait la bonne dose à prendre ; en attendant, vous pouvez toujours augmenter la part du poisson dans vos menus.

- **Ne buvez pas trop d'alcool :** plus d'un verre d'alcool par jour augmente les risques de cancer du sein chez les femmes, comme ceux du côlon et de l'œsophage. Limitez-vous à un verre par jour ou moins de sept verres par semaine.
- **Buvez du lait :** en plus de préserver la structure osseuse, le lait diminue aussi les risques de cancers. Une étude récente de l'université de Tromso en Norvège a montré que les femmes qui boivent plus de trois verres de lait par jour avaient 44 % en moins de risques de cancer du sein.
- **Utilisez des préservatifs :** en cas de nouvelle rencontre. Pour éviter la contamination par des maladies qui font le lit des cancers, comme l'hépatite B pour le cancer du foie, les papillomavirus pour celui du col de l'utérus, le sida pour certains lymphomes, etc.
- **Éloignez-vous de la pompe :** lorsque vous faites le plein avec du carburant sans plomb. Celui-ci contient du benzène (autour de 3 %), cancérigène et dangereux à des doses dix fois moindres. Les cancers de pompistes ont été étudiés, mais aujourd'hui c'est vous qui maniez le tuyau. Une précaution d'autant plus importante pour les femmes enceintes, dont le fœtus est particulièrement sensible à ce genre de polluants.
- **Méfiez-vous des pesticides et autres insecticides :** choisissez des fruits et des légumes les moins traités possible. Les pesticides (engrais, antiparasites) contiennent des molécules cancérigènes. Leur emploi massif contamine la nourriture mais aussi les nappes phréatiques dont nous

buvons l'eau. Les agriculteurs ont un risque de tumeur cérébrale augmenté de 30 % !

- Chez vous, renoncez aux engrais et aux insecticides chimiques pour traiter vos plantes d'intérieur ou votre jardin.
- **Tartinez-vous de crème :** le soleil est responsable de 90 % des cancers de la peau, qui sont d'ailleurs en forte augmentation. Les mélanomes en particulier sont très dangereux ; 7 200 nouveaux cas sont diagnostiqués en France chaque année.
- **Bougez-vous :** accroître votre activité physique peut réduire vos risques de cancer du sein de 20 % !

Faites-vous dépister

Le dépistage ne vous mettra pas à l'abri de tout, mais il est capital : il permet de détecter plus tôt les cancers et augmente donc vos chances de guérison au cas où...

- **La mammographie**

Le cancer du sein, selon les estimations, touchera 1 femme sur 9 ou sur 10 dans les années à venir. Si votre mère ou votre sœur ont eu un cancer du sein, si vous avez eu vous-même un autre cancer, si vous êtes fumeuse et buvez régulièrement de l'alcool, non seulement les dépistages s'imposent, mais ils doivent être encore plus fréquents.

Sachez que toutes les mammographies ne se valent pas ; choisissez un centre où les radiologues en font beaucoup : plus ils sont entraînés à les lire, moins ils laisseront passer une petite tumeur. Un dépistage efficace exige plusieurs clichés, sous différents angles, en plus d'une écographie si vos seins sont denses, un interrogatoire et une palpation des seins par le médecin.

Si vous découvrez par vous-même une boule ou une tuméfaction ferme, indolore et/ou qui adhère aux tissus voisins, consultez sans attendre.

Un écoulement sanglant du mamelon, un eczéma localisé à son niveau, un « creux » dans le sein, un aspect « peau d'orange », un ganglion sensible sous l'aisselle peuvent aussi annoncer un cancer du sein.

- **Les frottis**

1 000 morts par an seraient évitées si toutes les femmes bénéficiaient de frottis cervico-vaginaux réguliers. En effet, il se passe environ quinze ans entre le moment où les cellules commencent à se transformer (« dysplasie », toujours guérissable) et celui où la tumeur métastase. Une contamination par certains papillomavirus au cours d'un rapport sexuel, des rapports sexuels avant l'âge de 17 ans, des infections à répétition du col de l'utérus et le tabagisme sont des facteurs de risque qui justifient un frottis annuel.

Mangez « anti-cancer »

C'est pas compliqué : mettez-vous au régime « fruits, légumes, céréales complètes et aliments pauvres en graisses saturées ». Les aliments à base de plantes agissent comme de vrais éboueurs : ils débarrassent votre corps de toutes substances potentiellement dangereuses en les neutralisant et aident votre organisme à se débarrasser des éléments carcinogènes. La mauvaise qualité de l'alimentation joue un rôle dans certains des 240 000 cancers qui apparaissent chaque année et qui sont à l'origine de 29 % des décès chez l'homme et de 23 % chez la femme. L'effet protecteur des fruits et des légumes est reconnu et les risques de cancers diminuent lorsque la consommation de viandes rouges contribue à moins de 10 % de l'apport énergétique total, soit moins de 80 g par jour.

- Bourrez votre cuisine de ces armes nutritionnelles : des brocolis, des citrons, des fruits rouges, des tomates, des épinards et autres légumes à feuilles vertes, du riz complet, des amandes, du saumon (ou autres poissons des mers froides riches en oméga-3), de l'ail, des patates douces.

- Et puis, buvez pour éliminer... Une étude réalisée par des chercheurs de l'université d'Harvard a montré que boire 2,5 litres d'eau par jour réduirait de moitié le risque de souffrir d'un cancer. Selon eux, cet effet bénéfique vient de la dilution des urines, facteur qui limite le contact des substances cancérigènes avec la paroi de la vessie.

ENCOURAGEANT

Une équipe australienne a injecté un virus responsable du rhume à des cellules de mélanome (cancer de la peau). Avec des cellules humaines en culture sur des modèles animaux, le virus, en se multipliant, a tué l'ensemble des cellules cancéreuses ! Des essais chez l'homme devraient bientôt débuter.

Hormones de jouvence ?

Puisque le cours du temps s'égrène inexorablement et qu'aucun Einstein n'imagine en freiner un jour la marche, puisque l'immortalité n'est pas pour aujourd'hui, il ne nous reste qu'un recours : celui d'effacer les stigmates de l'âge, pour rester fringante, pimpante, et poursuivre notre vie de paresseuse au mieux de notre forme et de notre vitalité. Petit tour d'horizon des armes « coup de jeune » et autres pilules miracles :

La DHEA

Le doux nom de DHEA déchaîne les passions. C'est en fait une hormone stéroïde produite par les glandes surrénales (situées au-dessus des reins), que l'organisme utilise pour fabriquer les hormones femelles (œstrogènes et progestérone) et l'hormone mâle (la testostérone). Elle est absente chez l'enfant de moins de 7 ans puis est produite en quantité de plus en plus importante jusqu'à l'âge de 25 ans. Ensuite, son taux commence à décliner et ne représente plus, chez une personne de 70 ans, que 10 % de ce qu'il était quand elle avait 30 ans !

La DHEA a été comparée à une pilule anti-âge ; mais est-elle réellement source de jouvence ou est-ce de la poudre aux yeux ?

Les plus

○ Elle stimule la libido

Les femmes éprouveraient davantage de désir et accéderaient à une sexualité plus épanouie (on se laisserait facilement tenter !) ; mais qu'en disent les scientifiques ? Les enquêteurs de la *DHEAge* (une étude financée par l'Oréal il y a quelques années) se sont penchés sur la sexualité des seniors. Aux États-Unis, la DHEA est parfois présentée comme une sorte d'aphrodisiaque naturel. Cependant, les doses prescrites ne paraissent guère produire d'effet sur la libido masculine. En revanche, elle ne laisse pas indifférente celle des femmes les plus âgées, et augmente chez tous la sensation de bien-être physique et psychologique. Ce sont les femmes, et surtout les plus âgées, qui réagissent le mieux au traitement, sans doute parce que ce sont elles qui possèdent les taux les plus faibles de DHEA. Ces taux remontent après six mois de traitement à des niveaux supérieurs à ceux des jeunes femmes, avant de redescendre à un niveau comparable après douze mois.

Bref, si la DHEA n'a pas transformé les volontaires en supermen ni en superwomen, elle a néanmoins fait la preuve de son innocuité et de sa capacité de soulager certains maux liés à l'âge : ce n'est pas rien.

○ Elle protège les os

Les personnes âgées, les femmes en particulier, souffrent d'ostéoporose : en France, chaque année, on compte plus de 50 000 fractures du col du fémur. La réponse de l'étude *DHEAge* est très encourageante : chez les femmes de plus de 70 ans, on observe à la fois une nette amélioration de la densité osseuse et une réduction de la destruction osseuse. Cette observation est encore plus frappante pour celles qui avaient le plus faible taux de DHEA au début de l'étude. Il y aurait donc un effet favorable du traitement à la DHEA sur le métabolisme osseux.

○ Elle protège la peau

La succession des années se lit aussi sur la peau : déshydratation, pigmentation anormale et faible épaisseur de l'épiderme se combinent souvent pour parcheminer les visages et décharner les mains. Ces paramètres ont été examinés à la loupe après absorption de DHEA et ont révélé des résultats encourageants. La DHEA semble contrecarrer les outrages du temps, elle relance la production des glandes sébacées, stimule l'hydratation, lutte contre une pigmentation anormale et réduit l'atrophie de l'épiderme. Ces améliorations sont, une fois encore, plus sensibles chez les femmes les plus âgées.

○ Elle surveille la ligne

Nous possédons un enzyme qui participe au stockage des lipides superflus, des glucides et de certains acides aminés sous la forme de dépôts graisseux. Ces derniers autorisent l'organisme à se constituer des réserves grâce aux excédents alimentaires, formant nos fameux bourrelets. Or, la DHEA est un puissant inhibiteur de cet enzyme, elle « décide » si les calories superflues doivent être dissipées en chaleur ou stockées dans les réserves. Selon la décision prise (dépôts graisseux ou non), les variations du bilan énergétique peuvent être de l'ordre de 30 % !

Les moins

○ Elle est mal contrôlée

Aux États-Unis, la DHEA est depuis longtemps parée de toutes les vertus et vendue librement comme « complément nutritif ». Plus de 5 000 sites Internet en proposent, sous toutes les formes. Elle est censée redonner vigueur sexuelle, mémoire et bonheur, prévenir cancers, atteintes cardio-vasculaires et « ajouter des décennies à la vie ». Tout un programme ! Des millions d'Américains plus ou moins âgés y croient et l'avalent sous forme de poudre ou de pilules. C'est à leurs risques et périls, car nul ne contrôle la qualité chimique du produit.

Elle n'est pas disponible en France

En France, la commercialisation et la vente de DHEA sont aujourd'hui interdites. Mais qu'en sera-t-il demain ? Il est désormais difficile de considérer cette molécule comme une simple poudre de perlimpinpin aux effets purement fantasmatiques, voire dangereux. Incontestablement, les études scientifiques démontrent qu'une dose régulière de DHEA de 50 mg par jour pendant un an n'a pas d'effets nocifs et que cette thérapie normalise certains effets du vieillissement

Conclusion : qui vivra verra. Les résultats des études montrent que la DHEA pourrait être un traitement prometteur, en particulier chez les personnes ayant un taux anormalement faible de cette hormone. Ne vous jetez pas sur la DHEA, mais tenez-vous au courant : on ne sait jamais...

CARTE D'IDENTITÉ DE LA DHEA

DHEA est l'acronyme de *déhydroépiandrostérone*. Cette quasi-hormone apparaît chez les filles et les garçons entre 5 et 7 ans. Les premières en sécrètent de 20 à 30 % de moins que les seconds, mais quel que soit le niveau de départ, la DHEA suit la même courbe chez tous les individus. Le niveau de cette substance atteint son maximum à l'âge de 25 ans et décroît de 90 % vers 75 ans.

L'hormone de croissance

Elle est parfaite pour une paresseuse puisqu'elle est produite pendant le sommeil par l'hypophyse (lorsqu'elle manque dans l'enfance, elle provoque le nanisme). Après un pic atteint vers 20 ans, sa synthèse diminue progressivement jusqu'à devenir pratiquement nulle à 60 ans et les symptômes du vieillissement sont plus marqués chez les personnes déficitaires en hormone de croissance.

Les plus

○ Elle active les processus de croissance

Elle agit aussi sur la régénération du corps, contribue à la formation des muscles, rend la peau plus épaisse et stimule le cœur, la circulation et les reins. Bonus : elle donne le moral.

○ Elle réduit les cellules graisseuses

Elle est comparable ou presque à un traitement hormonal contre les poignées d'amour. En effet, des sujets traités à l'hormone de croissance ont constaté une réduction de leurs tissus graisseux de l'ordre de 15 %, surtout dans la région abdominale. L'hormone de croissance accélère la combustion des graisses et gomme ainsi les écarts de la veille (en partie – ne rêvons pas trop !).

Les moins

○ Les effets secondaires

Parce qu'elle est produite naturellement par le corps, il est difficile de trouver des points négatifs à cette hormone. Cependant, traiter le vieillissement par l'hormone de croissance présente des dangers avec des effets secondaires sérieux : œdèmes des membres inférieurs, douleurs articulaires, diabète, hypertension. L'hormone de croissance pourrait aussi stimuler la croissance d'une tumeur non détectée. Ajoutez à ces points négatifs que le coût du traitement est prohibitif. Stimulez donc votre chère hormone naturellement : les cures de rajeunissement à l'hormone de croissance ne sont pas pour demain !

Trucs de paresseuse pour avoir sa dose de précieuse hormone sans lever le petit doigt

1. **Zzz... Dormez tout votre soûl**. L'hormone est principalement libérée pendant la phase de sommeil profond ; dormir d'un sommeil récupérateur est donc votre meilleure garantie.

2. **Évitez l'alcool avant d'aller vous coucher**. Il raccourcit les phases de sommeil profond et par conséquent la production de l'hormone de croissance.

3. **Faites du sport**. Voici un argument supplémentaire pour bouger pendant au moins 20 minutes par jour : quel que soit le type d'exercice, le sport favorise la production de l'hormone de croissance.

4. **Faites des associations.** Le soir, associez des protéines et des vitamines C et B6. Les bonnes combinaisons sont, par exemple : viande/poisson ou produits aux céréales complètes avec des légumes ou des fruits.

La mélatonine

Encore des espoirs de jeunesse éternelle. La mélatonine est une hormone sécrétée essentiellement la nuit par une petite glande du cerveau, l'épiphyse, selon un rythme circadien (qui s'étend plus ou moins sur une journée). La sécrétion est cinq à sept fois supérieure la nuit que le jour, avec un pic vers 2 à 3 h du matin. Très importante pendant la petite enfance, la production de mélatonine diminue au cours de la puberté, puis tend à se stabiliser et chute fortement ensuite, pour devenir inexistante vers 70 ou 80 ans.

Les plus

o Elle est très importante

Elle contrôle en effet l'ensemble des autres glandes endocrines, règle la libération des hormones, participe au système des défenses immunitaires, stimule les mécanismes de reproduction, régule la synchronisation du sommeil en jouant sur l'horloge interne et veille aux processus de vieillissement. Elle protège aussi le système nerveux contre les maladies d'Alzheimer ou de Parkinson.

o Elle a une formule chimique proche de la sérotonine

La sérotonine est l'un des principaux neuromédiateurs impliqués dans la régulation de l'humeur.

o Elle a une action préventive

Contre certaines maladies, de l'ostéoporose aux problèmes infectieux graves ou à répétition.

o Elle est efficace contre le décalage horaire

Et aussi contre les troubles du sommeil.

Les moins

o Le bénéfice du doute

La mélatonine a engendré un marché florissant aux États-Unis où elle est un complément nutritionnel en vente libre. Les avis sont cependant contradictoires : certains la considèrent comme la plus efficace des hormones anti-âge, d'autres comme juste bonne à favoriser l'adaptation au décalage horaire. Des études sérieuses pratiquées sur des rats ont démontré l'absence de preuve scientifique concernant son bénéfice anti-vieillissement. En l'état actuel des connaissances, on ignore aussi les possibles effets indésirables d'un traitement à long terme ; la prudence est donc de mise.

MATHUSALEM

En 2010, la France comptera 13,8 millions de seniors de plus de 60 ans dont 18 000 centenaires !

20 TRUCS POUR RESTER EN BONNE SANTÉ AU FIL DES ANS

1. Déshabillez-vous !

Mettez-vous nue et regardez-vous dans le miroir, histoire de repérer les trucs suspects qui peuvent dégénérer en cancer de la peau. Inspectez votre dos avec un miroir à main, traquez les grains de beauté asymétriques, les bosses aux bordures irrégulières, leur couleur, leur diamètre et toutes irrégularités qui saignent ou démangent sans raison apparente.

2. Faites une pause-thé

Plusieurs études ont montré que boire du thé, en particulier du thé vert, diminue les risques de cancers des voies urinaires, du côlon et peut-être du sein.

3. Croquez la pomme

Et même plusieurs si ça vous tente. La pomme contient un antioxydant puissant qui protégerait les poumons des effets nocifs de la pollution et de la fumée de cigarette.

4. Essayez le tai-chi

Une étude de l'université californienne UCLA a montré que la pratique du tai-chi pourrait accroître le système immunitaire de 50 % !

5. Mettez-vous aux agrumes

Une étude récente de l'université d'Arizona aux États-Unis est arrivée à la conclusion que consommer des citrons, des oranges et des pamplemousses pourrait réduire les risques de cancer de la peau de 30 % : ça vaut le coup d'essayer !

6. Mangez plus de « K »

La vitamine K pourrait aider à maintenir et à renforcer la densité osseuse. Où la trouver ? Dans les légumes à feuilles vertes (encore eux !), les brocolis (toujours les mêmes) et les huiles végétales.

7. Zappez les sodas

En plus de faire grossir, les boissons sucrées contiennent des phosphates qui augmentent la quantité de calcium excrété par les urines. Et si votre calcium fuit, vos os et vos dents en pâtiront forcément.

8. Oubliez l'ascenseur

C'est prouvé noir sur blanc : monter et descendre trois malheureux étages par jour améliorera la santé de votre cœur et vous fera perdre environ 5 kg sur l'année.

9. Et continuez sur votre lancée

Une bonne marche rapide, deux à trois fois par semaine ? Plus si le cœur vous en dit, pour réduire vos risques de cancer du sein de 20 % et protéger votre système cardio-vasculaire.

10. Fermez vos volets

Des études ont suggéré que l'exposition à la lumière pendant la nuit interfère avec la production par l'organisme de mélatonine, l'hormone qui inhiberait la croissance des tumeurs.

11. Chérissez vos parents

Selon une étude – encore une – de l'université d'Harvard, ceux qui ont de bons rapports avec leurs parents ont moins de maladies graves comme l'hypertension ou des maladies cardio-vasculaires. Nous savions déjà que les crises familiales sont particulièrement stressantes.

12. Choisissez la bonne...

... margarine. Ce n'est pas un argument marketing : certaines margarines affichant « réduit significativement le cholestérol dans le cadre d'un régime adapté » sont effectivement enrichies en phytostérols. Ce sont des extraits végétaux, en l'occurrence présents dans l'huile de tournesol, qui ont la propriété de s'opposer à l'absorption intestinale du cholestérol.

13. Faites un somme

Une bonne petite sieste vous permettra de bénéficier d'une dose supplémentaire d'hormone de croissance. Et comme cette hormone est impliquée dans la réduction des tissus graisseux et libérée à plus haute dose lors de la phase d'endormissement, c'est tout bénef !

14. Dites : « Om »

Méditer ralentit la respiration et les battements du cœur, abaisse la tension artérielle, réduit les risques de caillots sanguins et soulage l'anxiété. 20 minutes par jour pour vous sentir détendue et heureuse, ça vaut le coup d'essayer !

15. Stimulez...

... votre DHEA avec du squalène (un acide gras qui participe à la synthèse de cette hormone dans l'organisme), pour booster votre métabolisme et garder une belle peau. Vous le trouverez dans les avocats, dans certaines crèmes de beauté ou sous forme de gélules (demandez conseil à votre médecin).

16. Fabriquez-vous...

... des os costauds. Si vous pratiquez un sport deux fois par semaine, votre densité osseuse augmentera sur une année de 1 % au lieu de diminuer de 2,5 %, comme c'est le cas des femmes sédentaires à l'âge de la ménopause.

17. Grignotez !

Mangez peu mais souvent. Selon une étude effectuée sur 15 000 adultes par une équipe de chercheurs de l'université de Cambridge, fractionner ses repas en six prises quotidiennes diminuerait d'environ 5 % le taux du mauvais cholestérol.

18. Arrêtez de fumer

Le tabac a tout faux et en plus il est néfaste pour les os à deux titres : d'abord parce qu'il agit directement sur les cellules constitutives de l'os en rendant plus difficile la fixation du calcium, et ensuite parce qu'il avance l'âge de la ménopause.

19. Chaussez vos baskets

Vous n'y couperez pas ! L'activité physique est notre sort à toutes car elle augmente, entre autres bienfaits, le taux de bon cholestérol. De plus, elle améliore la circulation sanguine, facilite la perte de poids, diminue les risques de diabète : autant de facteurs positifs pour le cœur.

20. Faites vérifier votre niveau hormonal

Si vous flirtez avec la quarantaine et à plus forte raison si vous l'avez dépassée, il serait temps de demander à un spécialiste des hormones (un endocrinologue) ou à votre gynécologue de vous prescrire un examen approfondi et un traitement en cas de carence ou déséquilibre hormonaux.

chapitre 6

Comment rester jeune en vous bichonnant des pieds à la tête

« Et si je m'occupais de moi ? »

La beauté n'a pas d'âge ? Eh bien, disons que celles qui veulent à tout prix garder le look de leur 20 ans finissent toujours par ressembler à de vieilles Barbies siliconées, qui font leur âge de toute façon. Rassurez-vous, ce n'est ni le but ni le propos de ce chapitre. D'abord, parce qu'une paresseuse qui vieillit bien doit s'accepter, agir, se nourrir, se vêtir, se maquiller et penser en harmonie avec son âge. Ensuite, parce que, si la beauté n'a pas d'âge (elle n'était pas belle, Mère Teresa ?), ce n'est pas une raison pour ne pas prendre soin de votre corps ni de votre apparence. C'est presque une question de politesse envers les autres et envers vous-même !

Alors, plutôt que de vous sentir tôt ou tard trahie par votre corps, votre peau ou votre look, mieux vaut vous rappeler qu'il faut coopérer et anticiper un tout petit peu. Il est même permis de tricher ! Conclusion : bichonnez-vous sans remords pour dire adieu aux taches brunes, aux rides et à la peau de crocodile !

« La vérité si je mens ! »

Rester jeune ? Avec tout ce que vous avez lu, tout ce que votre mère vous a rabâché, tout ce que vos copines ont prêché, vous avez certainement acquis une idée sur la question. Seulement voilà, parfois vous avez aussi tout faux.

Petit tour d'horizon pour tordre le cou aux idées reçues :

1. 80 % des dégâts du soleil adviennent avant l'âge de 18 ans

C'est faux. De récentes études prouvent que seulement 23 % de notre exposition totale aux UV advient avant 18 ans, 46 % à l'âge de 40 ans, et

74 % à 59 ans. Pas de quoi dire : « Tant pis, j'ai déjà utilisé tout mon capital solaire » ou « C'est fini, je ne peux plus m'exposer du tout ». C'est vrai que nous partons avec un certain capital génétique, mais il n'est jamais trop tard pour protéger notre peau des méfaits du soleil.

2. Ne pas dormir assez donne des cernes sous les yeux

La privation de sommeil peut mener à beaucoup de choses : trous de mémoire et gain de poids, entre autres. Les cernes sont une concentration de veinules sous la fine peau de cette région ; c'est génétique et plus ou moins de sommeil n'y changera pas grand-chose. Cependant, se coucher tard peut favoriser la rétention de fluide sous les yeux, ce qui provoque un gonflement qui attirera l'attention sur des cernes déjà existants.

3. Avoir la peau sèche donne des rides

Les rides apparaissent quand le collagène diminue dans le derme, bien en dessous de la couche superficielle de la peau – sèche ou non. Cela dit, si vous avez la peau sèche, appliquer une crème hydratante améliorera son aspect et comblera quelques-unes de vos ridules. Votre meilleur choix sera une crème à base de rétinol ou d' acides de fruits, plus efficaces pour lutter contre la diminution naturelle du collagène.

4. Boire beaucoup hydrate la peau

Le niveau d'hydratation de votre peau dépend de votre environnement (faible humidité, vents violents) et de votre âge, mais pas de la quantité d'eau que vous buvez (sauf si vous êtes vraiment un chameau !). Aussi longtemps que vous buvez quand vous avez soif, votre organisme reste hydraté. Et question extérieur : hydratez votre peau avec une crème hydratante tout simplement.

5. L'eau froide réduit la dilatation des pores de la peau

Pas une chance ! La taille des pores est génétique. Mais il existe quand même quelques trucs pour que vos pores paraissent plus petits, car, quand ils sont saturés de cellules mortes ou d'excès de sébum, ils paraissent plus larges qu'ils ne le sont en réalité. Utilisez des cosmétiques à la vitamine A ou à l'acide salicylique et un écran solaire pour vous protéger contre les UV qui cassent le collagène et l'élastine de la peau.

6. Les compléments nutritionnels favorisent la pousse et la solidité des ongles et des cheveux

Vous n'avez pas besoin de compléments nutritionnels si vous avez une alimentation variée. D'extrêmes déficiences en protéines, zinc ou fer peuvent se traduire par une chute de cheveux ou un affaiblissement des ongles, mais, à l'inverse, des vitamines et minéraux en excès ne favorisent pas non plus la pousse.

7. Croiser les jambes provoque des varices

La génétique, la grossesse et les longues stations debout favorisent les varices. Mais s'il est vrai que croiser les jambes inflige de la pression sur les veines, il faudrait que vous les croisiez 12 heures par jour pendant des mois pour voir des varicosités apparaître.

8. Arrachez un cheveu blanc, il vous en poussera trois

Arrachez-vous un cheveu et le follicule produira un – seul – nouveau cheveu – mais bien sûr un autre cheveu blanc !

9. Appliquer sa crème de soins vers le haut prévient l'affaissement du visage

Vos doigts n'ont pas le pouvoir de combattre la gravité ! Vers le haut, vers le bas, sur le côté, comme vous voulez, à condition de faire pénétrer en douceur pour éviter les irritations.

10. Quand on a de « bons » gènes, on reste jeune de toute façon

Ne rêvez pas ! L'aspect de la peau dépend à 30 % de la génétique (vous n'y pouvez rien) et à 70 % de facteurs extérieurs (vous y pouvez quelque chose). Donc, si certains gènes prolongent la jeunesse, ils ne freinent pas le processus inéluctable du vieillissement.

Une belle peau pour longtemps

Paresseuse certes, mais pas « vieille peau »

Véritable témoin de nos joies et nos peines, notre peau nous rappelle jour après jour que nous vieillissons... Et elle vieillit à partir de 18-20 ans ; nous n'y pouvons rien : c'est programmé génétiquement. Cette enveloppe externe, particulièrement exposée à la lumière et au soleil, subit des dommages qui se cumulent avec la génétique.

Le vieillissement de la peau est donc un peu une question de cellules et beaucoup une question d'hydratation. La peau, comme un fruit, se dessèche au contact de l'air et, avec l'âge, nos précieuses cellules perdent progressivement leur habileté à se multiplier et à se réparer. La peau se ride, s'amincit et perd de son élasticité. En outre, nous perdons de l'eau ! À la naissance un nourrisson est constitué de 90 % d'eau, à 75 ans il n'en reste plus que 70 %, et la peau s'amincit de 6 % en moyenne tous les dix ans ! Elle perd en souplesse et en élasticité, en fermeté et en hydratation, car les fibres d'élastine et de collagène du derme se dégradent. Les molécules riches en sucres qui unissent et hydratent les tissus se raréfient. Sans compter qu'à ce vieillissement « normal » s'ajoute une altération liée à l'exposition solaire. Le soleil épaissit la surface de l'épiderme, atrophie les couches de cellules sous-jacentes, produit une inflammation, dégrade les fibres de collagène et d'élastine... Plus grave encore : à long terme, la mélanine s'épuise et l'excès d'ultraviolets risque de provoquer des cancers de la peau – notamment des mélanomes malins – dont le nombre ne cesse d'augmenter.

Une note d'espoir dans ce sombre tableau : vous avez le pouvoir et le devoir de prendre soin de votre peau pour rester, contre vents et marées, une paresseuse pas trop fripée.

Votre peau à la loupe

La peau a pour principale fonction de préserver l'organisme des agressions extérieures ; c'est un formidable outil de régulation thermique et bien sûr l'organe du toucher (bien agréable, ma foi). Cette grande enveloppe pèse environ 2 kg, pour quelques millimètres d'épaisseur. Elle est fine en apparence (on l'espère) et est constituée de trois structures intimement liées : l'épiderme, le derme et l'hypoderme.

o L'épiderme

L'épiderme est la couche supérieure de la peau ; il conditionne donc son esthétique. Son épaisseur varie de 0,5 mm sur les paupières à 1,5 mm sur la plante des pieds et il comprend cinq zones de cellules différentes, dont les kératinocytes (80 % des cellules de l'épiderme). Ces cellules remontent graduellement vers la surface et produisent de la kératine, une substance fibreuse, très résistante et souple. Dans la zone supérieure de l'épiderme, celle qui est en contact avec l'extérieur, elles forment ce qu'on appelle « la couche cornée ». Particulièrement résistante, composée de 12 à 14 % d'eau seulement, la couche cornée joue pourtant un rôle important dans l'hydratation de la peau. Elle est recouverte d'un film « hydrolipidique », chimiquement très complexe, qui s'érige en vraie barrière contre les agressions et constitué de différentes substances protégées par des lipides ; c'est ce qui donne à la peau sa souplesse et sa douceur.

Au-dessous de la couche cornée, les cellules de l'épiderme sont principalement des mélanocytes (13 %). Ils produisent la mélanine, un pigment qui donne sa couleur à la peau et la protège du rayonnement solaire.

○ Le derme

C'est la couche qui se trouve à l'étage inférieur, la partie solide de la peau qui sert de soutien à l'épiderme. Le derme est un tissu conjonctif, composé de vaisseaux sanguins et lymphatiques et de filets nerveux. D'une épaisseur allant de 0,3 à 3 mm, le derme donne à la peau sa consistance, sa fermeté, sa souplesse, sa résistance... et ses imperfections !

Les cellules principales du derme sont les fibroblastes ; toute la structure du derme dépend de leur activité qui est maximale jusqu'à la puberté, puis décroît avec l'âge. Les fibroblastes sont chargés de produire plusieurs types de fibres (collagène, réticuline, élastine) ainsi que la substance fondamentale, c'est-à-dire tout ce qui remplit les interstices entre les cellules et les fibres du derme. Cette substance fondamentale est constituée de paquets de molécules liées à des protéines. Ce sont de véritables éponges, composées à 70 % d'eau. Sans elles, pas d'eau... et sans eau, pas de tonicité !

○ L'hypoderme

C'est la couche la plus profonde de la peau, juste avant la couche graisseuse proprement dite et les muscles. Elle est composée d'adipocytes, des cellules qui stockent les graisses. L'hypoderme sert de réserve pour les jours maigres, d'isolant thermique et de coussin amortisseur.

Peau de chagrin

À peine la trentaine et quelques rides mal intentionnées ? C'est la vie ! À partir de 30 ans, les cellules de la peau se renouvellent moins vite : leur cycle est de l'ordre de dix-huit à vingt jours à 30 ans, mais seulement de vingt-cinq à vingt-neuf jours à 60 ans. Ce *turn-over* épidermique décroît de 50 % entre 30 et 70 ans, avec pour résultat un amincissement de la couche cornée et une faculté de cicatrisation bien entamée. De même, les fibres élastiques deviennent plus rares et jouent moins bien leur rôle de ressort de maintien de la peau. Cette dernière se déshydrate aussi car le sébum, cosmétique naturel de la peau, se fait plus rare à l'instar des mélanocytes (les cellules qui assurent le bronzage), de sorte que l'écran efficace qu'ils constituaient contre les effets des UV s'appauvrit considérablement.

Au processus normal de vieillissement s'ajoutent un certain nombre de facteurs qui accélèrent les modifications complexes de la structure de la peau :

- **La génétique**

Tout comme l'ensemble du corps, le vieillissement de la peau est contrôlé par certains chromosomes contenus dans le noyau des cellules (ADN). Ce sont ces facteurs génétiques qui font qu'à environnement égal, certaines conservent une peau de bébé et d'autres se rident prématurément. On ne peut pas intervenir sur ce genre d'horloge biologique, mais ce n'est pas une raison pour en rajouter !

- **Les sécrétions hormonales**

Les hormones diminuent avec l'âge et deviennent paresseuses ! Elles stimulent donc de moins en moins les cellules et c'est toute la structure de la peau qui se modifie lentement mais sûrement. Les hormones sexuelles comme les œstrogènes, la progestérone, la testostérone, la DHEA, ainsi que l'hormone de croissance jouent un rôle dans l'épaisseur de l'épiderme et la sécrétion de sébum (il protège la peau de la sécheresse). La structure du derme s'en trouve altérée :

— Les fibres élastiques dégénèrent et deviennent de plus en plus rares : la peau se distend.

— Les fibres de collagène commencent par se désorganiser (en s'orientant horizontalement au lieu de rester verticales) puis se raréfient : elles rendent la peau moins résistante aux chocs.

— Les molécules de protéines, associées à celles des sucres de la peau, sont plus rares et retiennent moins bien l'eau : la peau s'assèche.

— La jonction entre l'épiderme et le derme, qui est normalement ondulée, s'affaisse au fil des ans : c'est notamment ce qui participe à l'étirement de la surface de la peau et à la formation de plis cutanés sous le menton, par exemple.

○ Les radicaux libres

Préserver sa peau, c'est comme préserver sa santé en général, donc adopter une bonne hygiène de vie, car tout ce qui fait vieillir les artères fait aussi vieillir les cellules du derme et de l'épiderme : la chasse aux radicaux libres est donc ouverte !

Vous savez – à condition de n'avoir pas été trop paresseuse pour lire le chapitre 4 – que le soleil, le tabac, la pollution et l'alcool sont des sources importantes de radicaux libres. Principales causes du vieillissement accéléré de la peau, tous ces facteurs provoquent des altérations spécifiques comme des rides plus profondes ou une modification de la pigmentation.

Rappel des faits : les radicaux libres sont des déchets du métabolisme cellulaire normal, des molécules hautement réactives et instables qui provoquent des lésions sur les cellules saines en cherchant à récupérer un électron manquant pour se stabiliser ; peu à peu, le phénomène s'amplifie, touche de très nombreuses cellules et s'attaque à leurs membranes. De plus, les radicaux libres peuvent altérer l'ADN, un processus susceptible de provoquer des anomalies dans la division cellulaire et lié aux risques de cancers. Votre organisme produit naturellement des radicaux libres et possède donc les capacités de les neutraliser ; il s'en protège grâce à ses propres enzymes et aux substances antioxydantes apportées par l'alimentation. Sauf que... lorsque vous faites foin d'une bonne hygiène de vie, votre balance se déséquilibre !

o Le tabac

Pas de doute : le tabac stimule la production d'un enzyme responsable des rides précoces ! Des chercheurs britanniques et allemands ont découvert que le tabac induisait la production accrue, dans le derme des fumeurs, d'un enzyme qui dégrade le collagène. Principal composant du tissu conjonctif des cellules de la peau, le collagène représente au moins 70 % du poids sec du derme et assure à la peau élasticité, souplesse et tonicité. Conclusion : écrasez votre cigarette si vous ne voulez pas vous dessécher sur pied !

o La pollution

La pollution est également source de stress oxydatif pour l'organisme. La peau du visage est quotidiennement exposée à l'ozone et à de nombreux autres polluants présents dans l'air des villes. Ce stress diminuerait de 55 % le taux de vitamine C présente dans la peau. Or, la vitamine C est la principale substance antioxydante permettant à la peau de neutraliser les radicaux libres !

o L'alcool

Encore une source de radicaux libres. Sans compter que l'alcool dilate les vaisseaux sanguins, regardez l'état et la couleur de votre peau les lendemains d'agapes : pas la peine de vous faire un dessin !

La paresseuse échappe au « coup de vieux »

Pendant les mois d'été, s'il est un organe qui n'est pas en vacances, c'est bien votre peau ! Vous avez quand même envie d'un beau bronzage doré sans vous ratatiner ? C'est possible : vous avez un « capital solaire » génétiquement déterminé qui vous donne droit à un certain nombre d'expositions sans conséquences fâcheuses pour la peau. Vous disposez d'un système plus ou moins performant et endurant qui répare les effets nocifs du soleil. En revanche, vos expositions solaires sont comptabilisées toute la vie ; il est donc important de ne pas dépasser la quantité tolérée.

Là encore, tout est question de protection et de prévention. Car – c'est un fait –, en multipliant la production de radicaux libres, les UV du soleil entraînent des désorganisations cellulaires qui favorisent l'émergence de taches brunes et induisent certaines tumeurs cutanées (les UVB sont les plus agressifs). Sans parler du vieillissement prématuré de la peau, les principaux fautifs étant cette fois les UVA, peu bronzants, mais qui, absorbés en excès, pénètrent le derme en profondeur et altèrent la synthèse des fibres élastiques et celles du collagène. 20 à 30 % des UVA atteignent le derme profond et favorisent les rides et le relâchement cutané. Quant aux UVB, ils sont plus ou moins forts selon l'heure d'ensoleillement et l'altitude. Absorbés par l'épiderme, ils sont responsables du bronzage et... des coups de soleil.

Le B.A.-ba si vous voulez garder une peau jeune, c'est bien sûr de vous protéger des coups de soleil.

Ce que vous pouvez faire avant qu'il ne soit trop tard

- Éviter le soleil entre 11 h et 14 h, en préférant le soleil du matin et de la fin d'après-midi.
- Ne pas rester couchée immobile en plein soleil ; votre exposition doit être progressive et non intensive, d'autant plus progressive que vous avez la peau claire.

- Choisir de bons produits solaires. Votre pharmacien vous conseillera sur le type de crème qui vous convient. Vous devrez en renouveler l'application toutes les 3 heures et après vous être baignée.
- Éviter l'usage de certains produits qui peuvent entraîner la formation de taches brunes indélébiles : déodorants et cosmétiques contenant de l'essence de bergamote, de citron ou de lavande ; parfums et eaux de Cologne ainsi que certains médicaments que vous indiquera votre pharmacien ou votre médecin.
- Protéger votre peau en vous rinçant à l'eau douce après chaque bain de mer (le sel et le soleil dessèchent et fragilisent la peau).

Ce que vous pouvez faire quand c'est trop tard

- Cesser toute exposition solaire jusqu'à la guérison de vos coups de soleil.
- Appliquer sur vos rougeurs une préparation calmante que vous conseillera votre pharmacien (il ne faut jamais percer les lésions avec cloques mais appliquer uniquement du tulle gras).
- Prendre de l'aspirine en cas de douleur.
- Bien vous réhydrater en buvant.
- Et faire attention la prochaine fois !

Anatomie d'un coup de soleil

Un coup de soleil n'est pas à proprement parler une brûlure, mais plus exactement une réaction inflammatoire, qui provoque des lésions allant de la simple rougeur jusqu'à la formation de cloques, accompagnée ou non d'une altération de l'état général (maux de tête, nausées, fièvre à 40 °C, démangeaisons, baisse de la tension artérielle).

CHOISIR LA BONNE

Pour certaines marques ; une crème de haute protection commence à un indice 15 ; pour d'autres, à partir de 60. Les indices sont généralement classés ainsi :

- Moins de 9 : la protection est extrêmement faible et ne convient qu'aux peaux très mates.
- De 9 à 14 : l'indice est encore faible et doit être réservé aux peaux mates.
- De 15 à 24 : la protection est moyenne et s'adresse aux peaux déjà habituées au soleil.
- De 25 à 39 : une protection forte qui convient à toutes les peaux.
- Au-delà de 40 : la protection convient parfaitement aux peaux sensibles.

Appliquez votre crème protectrice lorsque vous taillez vos buissons ou arrosez vos fleurs car alors vous bronzez autant que sur une plage. N'oubliez pas de porter un chapeau et des lunettes.

La paresseuse n'a – presque – rien à cacher

Des cernes, une cicatrice, des ridules, des varicosités ? Vous êtes comme tout le monde, rassurez-vous : tous les problèmes, petites misères ou vilains défauts ont une solution. Pas de doute : vous êtes jolie, mais il faudrait néanmoins songer à prendre soin de vous et camoufler quelques petits défauts. Tout est bon à prendre pour garder une peau éclatante ! Laits, crèmes et sérums sont efficaces même s'ils n'empêchent pas les phénomènes biologiques du vieillissement, ni ne restaurent ou ne régénèrent l'élastine ou le collagène de l'épiderme. En revanche, ils protègent la peau en maintenant une hydratation idéale, en stimulant la division cellulaire, en luttant contre les radicaux libres et en la protégeant des méfaits du soleil. La cosmétologie est davantage faite pour prévenir que pour guérir ; c'est pourquoi plus vous vous tartinerez de crèmes, plus vous aurez de chances de limiter les dégâts.

Un peu de maquillage bien pensé, quelques soins bien sentis et le visage de la plus fatiguée des paresseuses se transforme en ravissant minois !

Règles générales

Commencez par vous concentrer sur votre teint

Pour qu'il soit irréprochable, prenez le temps d'appliquer votre fond de teint avec une éponge humide et évitez de choisir un fond de teint trop foncé qui accentue les rides et les sillons.

Modifiez ensuite vos petits défauts

Avec quelques produits de base : un anti-cernes ton sur ton et un fard gras de deux tons plus foncé que votre fond de teint. Si vous voulez estomper vos rides, posez un peu d'anti-cernes au fond de chaque ride et estompez bien du bout des doigts. Et si vous ne supportez plus votre double menton (dans l'hypothèse improbable où vous en auriez un), masquez-le avec un peu de fard plus foncé en remontant sur les joues.

À supposer que, bien que quasi parfaite, vous ayez tout de même...

o Des cernes

Côté soins : quand vous avez des cernes, utilisez un anti-cernes crémeux que vous laisserez pénétrer 5 minutes. Appliquez-le en partant du coin interne de l'œil (avec un pinceau si c'est une poudre) jusqu'au coin externe, et seulement sur les parties les plus foncées de votre peau.

Côté maquillage : pour agrandir vos petits yeux, le crayon blanc ou crème fait office de baguette magique. Un léger trait à l'intérieur des paupières inférieures ou juste aux coins élargira vos mirettes. Un peu de poudre lumineuse sous l'arcade sourcilière et le centre de la paupière ne serait pas du luxe non plus. En revanche, bannissez les fards nacrés ou irisés, à moins d'avoir 25 ans ou une vraie peau de pêche : ils ont le mauvais goût de se fourrer dans les ridules et la détestable habitude d'attirer le regard sur les pattes-d'oie. Et puis buvez de la camomille : elle aide à bien dormir et réduit les tensions musculaires, donc prévient les cernes.

Des yeux bouffis

Ne vous précipitez pas sur votre anti-cernes : dans ce cas, il accentuerait vos poches sous les yeux ; donc utilisez-le seulement dans les coins. Réduisez le gonflement avec un gel « spécial yeux » que vous pourrez garder au frigo pour le rendre encore pus opérationnel. Employez aussi les grands moyens et concoctez-vous des masques astringents avec des tranches de concombre, des sachets de thé froid, ou des glaçons enveloppés dans un linge.

De la rosacée

C'est une affection chronique de la peau semblable à l'acné. Demandez à votre médecin de vous prescrire des antibiotiques pour assainir votre épiderme et/ou cachez-la avec du maquillage. Pour avoir un teint de rose et non des rougeurs, nettoyez votre visage matin et soir à l'aide d'un lait démaquillant, d'une formule qui se rince à l'eau ou d'un pain dermatologique, puis vaporisez avec un brumisateur d'eau thermale. Une fois par semaine, exfoliez légèrement votre visage pour éviter l'obstruction des pores et l'apparition de boutons. N'oubliez pas non plus votre crème hydratante de jour et celle, plus riche, du soir.

Une mine tristounette

Pour avoir bonne mine, utilisez, sous votre fond de teint (qui doit correspondre à votre carnation), une base hydratante couleur abricot. Appliquez votre fond de teint bien uniformément sans oublier le cou et estompez bien sur les ailes du nez, la racine des cheveux, la mâchoire et les oreilles. Appliquez ensuite un blush sur les pommettes et le contour du visage. Passez un peu de blush à l'angle de votre mâchoire pour en arrondir les contours et donner au tout un aspect plus naturel. Pensez aussi au gommage quand vous avez le teint gris : rien de tel qu'un exfoliant pour clarifier la peau. Pour améliorer ses performances, faites bien rouler les mini-billes du bout des doigts sur votre visage légèrement humide. Massez doucement en effectuant des mouvements circulaires et évitez le contour des yeux.

○ Des boutons

Achetez une crème contenant du peroxyde benzoïque qui agit contre les points noirs en éliminant les bactéries. Cependant, ayez la main légère, sinon vous risquez de vous brûler la peau. Essayez aussi les produits à base d'acide azoïque qui débouchent les follicules et libèrent les points noirs. Camouflez les vilains boutons avec un anti-cernes épais, de la même teinte que votre peau et de ton plutôt jaune pour compenser la rougeur. Mais plutôt que de vouloir recouvrir d'emblée tout le bouton, utilisez une petite brosse pour cacher juste la partie supérieure du bouton, puis couvrez de poudre et appliquez sur le tout votre anti-cernes en couche fine.

○ Des taches brunes

Utilisez un correcteur d'un ton un peu plus clair que votre peau, avec reflet pêche ou doré pour éclaircir le noir des taches. Sur les taches isolées, étalez au doigt puis mettez du fond de teint. Si vous avez pas mal d'endroits à camoufler, appliquez d'abord un fond de teint liquide sur tout votre visage, puis mettez une crème fond de teint plus épaisse sur les parties les plus foncées.

○ Un bouton de fièvre

Le bouton de fièvre est de l'herpès, un virus dont on s'immunise souvent pendant l'enfance, sauf pour un tiers de la population. Si c'est votre cas, votre herpès peut être déclenché par le soleil, le stress, les rhumes ou certaines maladies. Quand la crise s'annonce, vous sentez une légère démangeaison 24 heures avant l'apparition du bouton. Pour limiter les dégâts, sautez sur l'occasion pour appliquer une crème spéciale en vente dans les pharmacies (vous aurez pris la précaution de demander à votre médecin de vous prescrire un produit adéquat). Si le bouton a le mauvais goût de fleurir quand même, ne le crevez pas : il vous en pousserait un deuxième ! Prenez votre mal en patience et ne recouvrez pas votre bouton de fièvre avec de la poudre : il se verrait encore plus !

○ Des lèvres trop fines

Si vos lèvres pulpeuses ont tendance à jouer les peaux de chagrin et à s'affiner au fil des ans, votre meilleur allié est le crayon à lèvres. Tracez les contours de votre bouche en trichant un peu, c'est-à-dire dessinez, adroitement, avec un crayon d'une teinte à peine plus foncée que celle de vos lèvres, un contour plus généreux. Si vous avez envie de lèvres pulpeuses, choisissez dans une même gamme de tons un crayon à lèvres plus foncé et un rouge à lèvres plus clair – effet « trompe-l'œil » garanti qui donnera du volume à votre bouche.

○ Des varicosités

Difficile d'y échapper : les veinules de la peau se dilatent avec l'âge. Elles sont souvent discrètes, mais, si vous ne les supportez pas, vous pouvez toujours avoir recours à la sclérothérapie. C'est un traitement non chirurgical qui se pratique (demandez à votre dermatologue) avec une micro-aiguille et un produit salin ou sclérosant injecté dans la veine pour la blanchir, la dégonfler et la faire disparaître. Et pour les veines plus petites, il existe une nouvelle technique appelée « laser à colorants pulsés » (PLD) qui consiste à pointer un rayon laser vers les veines et à diriger un léger faisceau vers la zone à traiter pour empêcher le sang de s'écouler dans les petites varicosités. En désespoir de cause, rabattez-vous sur un correcteur et/ou sur un autobronzant léger et *waterproof*.

Trucs de paresseuse qui soigne son maquillage

1. **Dessinez le contour de votre bouche.** Tracez le pourtour de vos lèvres au crayon d'un ton plus foncé que votre rouge à lèvres pour augmenter le volume de la bouche. En plus, vous éviterez qu'il ne file dans les ridules. Pensez à appliquer votre rouge à lèvres au pinceau : c'est un truc de professionnel qui donne un geste plus précis.

2. **Soulignez vos sourcils.** Si la ligne de vos sourcils est trop fine, votre regard manquera d'éclat. S'épiler, c'est bien, mais ça ne suffit pas toujours pour rectifier le tracé de sourcils rebelles, d'autant que leur extrémité est moins fournie que le reste. Utilisez un crayon à sourcils, très proche de votre nuance naturelle : partez des deux tiers externes du sourcil et dessinez des petits traits fins en biais. Puis, pour un effet « fondu », estompez-les en les brossant avec une brosse à sourcils.

3. **Appliquez une base de teint.** Si les crèmes de soins sont destinées à hydrater, les formules de base de maquillage les fixent durablement et uniformisent le grain de peau. Appliquez votre base sur peau nue ou après votre crème hydratante.

4. **Posez du blush.** Vous auriez tort de vous priver de fards à joue : ils donnent bonne mine tout en restant insoupçonnables. Adoptez une nuance plutôt pêche ou abricot pour illuminer votre teint et posez le blush (crème ou poudre) en oblique au milieu de la pommette (pas trop haut quand même).

5. **Fixez votre maquillage à la poudre.** La poudre empêche de briller et prolonge la tenue du maquillage. Libre ou compacte, c'est une affaire de goût. Libre, elle est plus légère et plus difficile à poser de façon homogène ; compacte, elle est plus maniable – ce qui n'est pas une raison pour vous en tartiner !

« Miroir, mon beau miroir »

À y regarder de près, votre visage est une vraie merveille ! Surprenant, étonnant, fascinant, il mérite bien une attention toute particulière. Coup d'œil à l'intention de la plus blasée des paresseuses :

— **3 000 fibres nerveuses...** vous permettent d'entendre les fréquences basses à partir de 16 Hz et jusqu'à 21 000 Hz, quand vous êtes au maximum de votre capacité auditive (elle diminue avec l'âge, certes).

— **250 claquements par minute...** c'est la vitesse à laquelle claquent vos dents en réaction au froid.

— **32 dents...** en tout. Votre dentition d'adulte est composée de 8 incisives, 4 canines, 8 prémolaires et 12 molaires.

— **4 000 à 10 000 papilles...** ou bourgeons gustatifs sont disposés sur votre langue. Chacun de ces bourgeons est constitué de 10 à 20 cellules spécialisées qui se renouvellent toutes les semaines.

— **160 cils...** protègent chacun de vos yeux. Soit 320 en tout ou 80 par paupière. Ils tombent tous les 100 jours environ et se renouvellent selon le sexe de 260 à 290 fois au cours de la vie. Au total, vous en aurez usé de 83 000 à 93 000.

— **1 cl de larmes...** est produit chaque jour par vos glandes lacrymales pour garder des yeux humides. Et si les femmes pleurent 4 fois plus que les hommes, c'est une chance puisque cela permet de diminuer la tension nerveuse de 40 %.

— **7 à 8 g par œil...** pour 2,5 cm de diamètre. C'est la taille de votre globe oculaire.

— **3 cm^3...** c'est la surface qu'occupe la muqueuse olfactive. À peu près de la taille d'une photo d'identité, vos 200 000 cellules olfactives vous permettent d'identifier quelque 3 000 odeurs.

— **9 cm de langue...** en longueur, sur 5 cm de large, ce sont les mensurations de cette bavarde, qui pèse par ailleurs environ 50 g. Ses 17 muscles lui permettent les quelque 40 contorsions par minute du baiser (!) et les 80 de la mastication.

(D'après *Réponse Santé*, 2001)

La paresseuse bichonne son visage

Être belle, ce n'est pas forcément fatigant, c'est plutôt une attitude, une hygiène de vie et quelques petits gestes quotidiens qui font toute la différence. Et les cosmétiques, sont-ils vraiment utiles ? Peut-on supprimer la dépense ? Certes, vous n'êtes pas dupe : les arguments de vente reposent plus sur la créativité des annonceurs que sur des critères scientifiques. Il n'empêche, vos pots de crèmes ne sont pas du luxe. Onctueuses, soyeuses, veloutées et parfumées, vous auriez tort de vous en priver : les crèmes entretiennent votre peau, la protègent des agressions quotidiennes et diminuent les rides. Les laboratoires cosmétiques consacrent une part importante de leur budget à la recherche de principes actifs efficaces et certaines crèmes vendues sur ordonnance en pharmacie sont même de vrais équivalents médicamenteux. Alors joignez l'utile à l'agréable, en respectant cependant quelques précautions d'emploi :

Protection rapprochée

Utilisez des crèmes championnes

- **Des crèmes à la vitamine A et ses dérivés**

La vitamine A est la grande vitamine de la cosmétologie. Elle accélère le renouvellement des cellules, augmente la synthèse du collagène ainsi que l'épaisseur de la peau et favorise la circulation. La vitamine A est un réparateur puissant qui améliore les peaux sèches (mention spéciale pour le bêta-carotène aux propriétés anti-radicalaires et qui active le bronzage), qui accélère le renouvellement cellulaire et qui élimine son aspect rocailleux en lissant la couche cornée. Au niveau du derme, les fibres élastiques s'améliorent après plusieurs mois d'utilisation et la production de collagène augmente : vous retrouvez presque une peau de bébé ! Pendant les premières semaines d'utilisation, il se peut que vous ayez quelques rougeurs et ressentiez une irritation. C'est que la concentration du produit est trop forte ou que vous devriez espacer les applications. Autre précaution d'emploi : ne vous exposez pas au soleil pendant les périodes où vous utilisez une crème contenant de la vitamine A (photosensibilisante) : vous risqueriez d'attraper un sérieux coup de soleil.

o Des crèmes aux acides de fruits

Les AHA (alpha-hydroxy-acides) ou acides de fruits ont la faculté de prévenir et corriger le vieillissement de la peau, de l'hydrater, d'éclaircir les taches brunes et de donner un coup d'éclat par le gommage des cellules mortes. Sachez que, comme leur nom ne l'indique pas, ils ne proviennent pas tous de fruits ou de végétaux : l'acide lactique est tiré du lait, l'acide glycolique de la canne à sucre et l'acide salicylique du saule ; en revanche, l'acide citrique vient des agrumes et du raisin, l'acide malique des pommes et des poires, des oranges et des groseilles, etc.

Peu importe : quelle que soit leur origine, ce sont en tout cas d'excellents hydratants qui gomment les cellules mortes et luttent contre l'épaississement de la peau lié à l'âge. Si vous voulez dire adieu à votre peau de crocodile, persévérez : vous n'obtiendrez de bons résultats que par une action prolongée.

Faites de la gym anti-gravité en deux temps, trois mouvements

Détendez votre visage pour prévenir les rides d'expression :

1. Appuyez fermement vos index de chaque côté du front, les mains reposant sur les joues. Maintenez 1 minute.

2. Du bout de l'index, massez doucement, et pendant 1 minute au moins, la zone située entre les deux sourcils.

3. Appuyez les index sur les petits creux situés juste devant chaque oreille pendant 1 à 2 minutes.

Et pour éviter d'avoir un double menton, un peu de gymnastique faciale ne vous ferait pas de mal :

— Prononcez les lettres X, O, X, O, X, O, pour stimuler les muscles de votre cou.

— Prenez l'habitude de dormir sans oreiller ou alors avec un tout petit...

— Et enfin, si une petite réserve de graisse sous le menton vous gâche la vie, sachez qu'une lipo-aspiration peut en venir à bout définitivement.

Adoptez un rituel du soir

Le secret d'une belle peau, c'est aussi une bonne nuit de sommeil, car après tout vos cellules renouvellent leur énergie pendant la nuit. Misez donc sur une bonne crème de nuit et détendez-vous avant de rejoindre les bras de Morphée. Adoptez un petit rituel « plaisir » en changeant de rythme, en baissant le son et la lumière, et en prenant soin de votre corps et de votre visage. Tout est bon pour décrocher de l'agitation :

o Changez de décor

— Allumez une bougie, quittez vos vêtements de la journée, démaquillez-vous bien.

— Aérez votre chambre, utilisez un diffuseur d'huiles essentielles.

— Prenez un bain ou prenez une douche en vous massant. Posez un masque.

○ Faites une pause-démaquillage

— Choisissez un démaquillant dont vous aimez la texture et l'odeur. Sous forme de lait ou de lotion, les démaquillants, en plus de leurs agents nettoyants, contiennent des composants (camomille, bleuet, rose...) qui adoucissent et décongestionnent l'épiderme et les paupières.

— Faites une brumisation d'eau thermale, fermez les yeux pour savourer la fraîcheur des gouttelettes sur votre peau et attendez un peu avant d'appliquer votre crème de soins.

○ Laissez parler vos sens

Massez doucement votre visage ou, mieux encore, procédez par effleurements :

— Veillez à avoir un toucher léger, respectueux de tous les petits capillaires de votre visage. Vous avez sous la peau des milliers de petits vaisseaux lymphatiques qui sont très sensibles aux pressions.

— Suivez les contours de votre visage en remontant toujours vers le haut, comme si vous vouliez lisser les rides et les ridules.

— Prenez le temps – et le plaisir – de bien descendre sur le cou et terminez en vous massant la nuque, sur cette zone généralement tendue – c'est divin.

Trucs de paresseuse qui veut garder une belle peau

1. Nettoyez votre visage avec douceur en évitant les eaux trop calcaires et les savons agressifs.

2. Évitez de frotter votre peau en appliquant vos crèmes. Procédez plutôt par effleurements.

3. Buvez beaucoup d'eau pour vous assurer une bonne hydratation.

4. Complétez votre alimentation par des nutriments bénéfiques pour la peau (les vitamines A et E préviennent le vieillissement).

En pratique

À ne pas faire si vous voulez avoir une peau de pêche

— N'oubliez pas de rincer votre lait démaquillant.

— Ne frottez pas votre peau comme une ménagère.

— Ne vous lavez pas avec des produits agressifs, contenant de l'alcool ou du savon de Marseille.

— Ne faites pas un gommage tous les jours, sous peine de ressembler à du papier de verre.

— Ne tripotez pas vos boutons ou vos points noirs : ça ne ferait qu'aggraver votre cas.

— Ne faites pas l'impasse sur la crème de soins.

— Ne vous démaquillez pas à l'eau pure : l'eau rince mais ne lave pas.

— Ne gardez pas vos produits de beauté *ad vitam aeternam*.

À BOIRE !

Une étude a conclu que consommer moins de 800 ml d'eau par jour peut provoquer une déshydratation de l'épiderme, qui se manifeste par des rides et des ridules de sécheresse, mais aussi par du prurit (démangeaisons), voire des allergies cutanées (eczéma). Dépourvu de vascularisation, l'épiderme dépend du derme pour sa nourriture. Si l'hydratation est insuffisante, le flux d'éléments nutritifs est perturbé et la peau fragilisée. Vous savez ce qu'il vous reste à faire !

HORMONES DE LA SÉDUCTION

Parmi les hormones sexuelles, ce sont surtout les œstrogènes qui façonnent la silhouette féminine. Ils modèlent la poitrine, les cuisses, le ventre et les fesses, affinent la taille, mais ils donnent aussi (ouf !) une peau lisse et veloutée.

Problème d'usure

Si c'est le relâchement de la peau qui est responsable de son vieillissement et de l'apparition des rides, un autre facteur semble entrer en jeu : l'usure des os. Selon la théorie la plus communément admise, les rides apparaissent quand les fibres qui forment la peau perdent progressivement de leur élasticité. Du coup, la peau résiste moins bien aux tractions musculaires du visage et les rides d'expression apparaissent. Parallèlement, le tissu graisseux profond de la peau se modifie sous l'effet de la pesanteur – ce qui accentue le vieillissement.

Mais selon une étude américaine, avec l'âge non seulement nous perdons de la graisse dans le visage, mais l'usure de nos os en modifie également le contour. Les chercheurs se sont aperçus qu'avec le temps, les os de la face se dissolvent, rétrécissent et laissent des emplacements vides dans le visage. Parallèlement, la peau perd de son élasticité, elle n'est plus capable de se retendre autour des espaces ainsi créés. Et mauvaise nouvelle pour les femmes : cette usure osseuse est plus précoce que chez les hommes.

La paresseuse bichonne son cou

Le cou est le grand oublié des gestes pour la beauté ! Or, la peau du cou vieillit aussi rapidement que celle des mains et se relâche plus vite que celle du visage, car elle est fine, plus réactive, pauvre en glandes sébacées et peu vascularisée. Pour couronner le tout, la graisse s'accumule souvent sous le menton !

Protection rapprochée

- **N'arrêtez pas vos soins à la mâchoire**

Mais descendez jusqu'au décolleté quand vous vous démaquillez, gommez ou posez un masque... Et quand vous soignez, nettoyez, « crémez » votre visage et votre cou, n'oubliez pas votre nuque qui accumule allègrement les impuretés de la journée et peut se rider elle aussi !

- **Ne faites pas de gestes brusques**

Mais des « glissés » pour bien étaler la crème. Et comme, avec le temps, le muscle qui relit la mâchoire à la joue tend à s'affaisser, tapotez-le légèrement de bas en haut suivant le dessin du muscle le long de l'os.

- **Préférez une crème de soins spécifique**

À utiliser à partir de 35 ans, plutôt que votre crème hydratante habituelle. Pratiquez un gommage une fois par semaine, suivi une fois sur deux d'un masque « fermeté » pour réparer et lisser les ridules.

- **Offrez-vous...**

... (vous le valez bien) un soin en institut de temps en temps !

La paresseuse bichonne ses yeux

S'il existe une partie du visage qui accuse le surmenage, l'insomnie... et le temps qui passe, ce sont bien les paupières. Des compresses apaisantes aux traitements plus costauds, voici quelques conseils pour les rafraîchir, les empêcher de gonfler et... les rajeunir.

Protection rapprochée

○ Choisissez les recettes du marché

Crèmes drainantes, sérums anti-poches, patchs lissants, masques froids, soins raffermissants : vous avez l'embarras du choix, à condition de vous en servir régulièrement et de ne pas les oublier dans un tiroir !

○ Concoctez-vous des recettes « maison »

Pour les yeux gonflés qui nécessitent un bon drainage, voici des recettes qui ont fait leurs preuves :

— **Le thé**. Riche en tanins, il attire l'eau qui stagne dans les tissus. Appliquez des sachets de thé préalablement tiédis et refroidis sur vos paupières.

— **Le lait**. Utilisez-le en compresses glacées pendant 10 minutes sur vos paupières gonflées.

— **Le bleuet**. Tapotez vos paupières à l'eau de bleuet : elle est astringente ; c'est un bon anti-poches.

— **Le sésame**. Placez un sachet de graines de sésame sur vos paupières pendant une quinzaine de minutes.

— **Le concombre**. Quelques rondelles pendant un petit quart d'heure font des miracles !

○ Utilisez les grands moyens

Lorsque les paupières inférieures et supérieures se relâchent, la graisse située autour du globe oculaire tend à s'accumuler – d'où les fameuses poches (qui peuvent apparaître dès 25-30 ans). Si vous ne supportez plus vos valises sous les yeux, rabattez-vous sur un traitement chirurgical. Pratiqué sous anesthésie locale ou générale, il consiste à éliminer l'excès de graisse située dans les paupières inférieures et supérieures ; les cicatrices sont invisibles et le résultat définitif.

VOS PAUPIÈRES À LA LOUPE

- **Grâce aux cils qui les bordent, vos quatre paupières repoussent les poussières.**
- **Leurs clignements facilitent le cheminement des larmes à la surface de l'œil.**
- **Plusieurs muscles assurent l'ouverture et l'occlusion des paupières.**
- **Les glandes lacrymales assurent la production des larmes vers le sac et les conduits lacrymaux.**

La paresseuse bichonne ses cheveux

Vos cheveux suivent un cycle qui se reproduit 25 fois au cours de votre vie. Un cheveu met cinq ans en moyenne pour grandir, prend ensuite quelques semaines de repos, et met quelques mois à mourir avant d'être remplacé par un tout jeune cheveu. C'est pourquoi les années qui passent ne rajeunissent pas votre chevelure. Vers 45 ans, même sans signes avant-coureurs, ni chute spectaculaire, vous constatez que votre crinière de lionne a perdu de son volume. Sans compter que, quel que soit votre âge, vos cheveux sont victimes de toutes sortes d'agressions extérieures qui les abîment pendant leur phase de croissance – ce qui les rend moins beaux, moins vigoureux, ternes et difficiles à coiffer.

Protection rapprochée

○ Prévenez le vieillissement externe

Traitements chimiques (colorations, permanentes...), shampooings trop agressifs, brushings trop chauds et aussi rayons ultraviolets, pollution, tabac... se liguent pour dégrader la surface de vos cheveux. Réparez vos longueurs avec des produits anti-âge, des soins avant shampooing, des masques, des soins après shampooing et des compléments nutritionnels. Évitez le plus possible les mauvais traitements.

Optez pour des huiles essentielles

C'est un traitement à la fois préventif et curatif pour revitaliser, stimuler et assainir le cuir chevelu. Appliquez quelques gouttes raie par raie avant de vous laver les cheveux et massez du bout des doigts.

Utilisez des soins « pansements »

Masques, crèmes ou lotions sont efficaces parce qu'ils sont concentrés en principes actifs et qu'ils ont un temps de pause plus long que les huiles.

Appliquez des soins anti-chute

En la matière, la prévention est le meilleur traitement. Si vous avez vraiment l'impression d'avoir beaucoup moins de cheveux qu'il y a quelques années, faites réaliser un trichogramme chez un dermatologue spécialisé. Il comptabilise les cheveux dans leurs différentes phases de vie – ce qui permet de savoir s'ils tombent anormalement.

Nourrissez-les de l'intérieur

Avoir des cheveux sains, c'est d'abord les nourrir correctement. Quels sont les incontournables de l'alimentation capillaire ? D'abord une alimentation variée ! Et des cures de compléments nutritionnels riches en vitamines ou encore des cures d'huiles essentielles (à base de thym, d'extraits d'orange ou de romarin) qui purifient le cuir chevelu, équilibrent la flore cutanée et apportent les vitamines nécessaires à une bonne croissance.

VOS CHEVEUX À LA LOUPE

0,35 mm par jour, c'est-à-dire environ 1 cm par mois, c'est la vitesse vertigineuse à laquelle poussent vos cheveux. Sans compter que vous avez 10 000 à 150 000 follicules pileux sur le crâne, qui produisent autant de cheveux dont la durée de vie est d'environ 3 ans pour les hommes et 10 ans pour les femmes. Au final, c'est environ 1 million de cheveux qui auront poussé sur vos petites têtes et 3 millions sur celles de ces messieurs !

La paresseuse bichonne ses mains

Lorsqu'on parle de soins de la peau, on pense au visage, au décolleté, au corps, mais on oublie trop souvent les mains. Et pourtant on peut dire qu'elles parlent de vous (gare aux ongles rongés !) et qu'elles traduisent les résultats des agressions qu'elles subissent été comme hiver. En outre, elles trahissent fort bien votre âge, puisqu'en vieillissant, la synthèse de la mélanine s'opérant moins bien, des taches brunes apparaissent... qui portent le doux nom de « fleurs de cimetière » (ou plus médicalement parlant de « lentigo ») !

Protection rapprochée

- **Évitez l'eau trop chaude...**

... quand vous vous lavez les mains : préférez un savon gras et rincez-vous abondamment.

- **Mettez des gants...**

... pour effectuer les tâches ménagères.

- **Massez-vous les mains...**

... avec une crème hydratante et protectrice après les avoir lavées, ainsi que le soir avant de vous coucher.

- **Hydratez-les...**

... régulièrement avec une crème « spécial mains ».

- **Protégez-les...**

... avec une crème solaire. Les taches brunes dépendent beaucoup plus de l'accumulation des expositions solaires que de facteurs génétiques ou hormonaux.

○ Choisissez des crèmes à base d'AHA...

... de prorétinol ou de vitamine C, si vous avez déjà des taches brunes. Vous pouvez aussi demander à votre dermatologue de vous prescrire des crèmes dépigmentantes contenant des hydroquinones ou encore vous faire faire un peeling (c'est une dépigmentation au laser).

La paresseuse bichonne ses ongles

Que seraient de belles mains sans de beaux ongles ? Si vos ongles sont mous, cassants ou s'ils se dédoublent, c'est la preuve d'un manque de soins et peut-être même d'une carence. Comme vos cheveux, vos ongles ont droit à des soins réguliers ; ils sont d'ailleurs de la même famille : les phanères.

Protection rapprochée

○ Massez-les à l'huile adoucissante

Riches en huile d'amande douce et en vitamines E et F, les huiles adoucissantes régénèrent, nourrissent et assouplissent les cuticules abîmées et desséchées. Appliquez-les au moins trois fois par semaine sur l'ongle et son pourtour, puis massez pour en faciliter la pénétration : vous stimulerez la pousse de vos ongles.

○ Utilisez un gel émollient

C'est un produit doux et efficace, qui nourrit et hydrate à la fois. Après avoir pris soin d'enlever toute trace de vernis sur vos ongles, appliquez le gel émollient sur les cuticules à l'aide d'un pinceau et massez le pourtour de votre ongle du bout des doigts. Laissez agir 3 à 4 minutes et le tour est joué ; vous n'avez plus qu'à repousser les vilaines petites peaux.

○ Pensez au gel au calcium

Si vous avez les ongles cassants, striés ou dédoublés, un gel au calcium renforcera leur structure et formera un film protecteur sur leur surface. Vous pouvez l'utiliser le soir pour qu'il agisse durant la nuit et poser votre vernis directement dessus le lendemain matin.

- **Appliquez un durcisseur**

Le durcisseur est un produit très efficace qui redonne résistance et dureté aux ongles mous. Il renforce la kératine et favorise la croissance des ongles. Si vous avez un problème d'ongles mous ou cassants, utilisez-le seul, en base ou en surcouche, trois fois par semaine pendant quelques semaines, en entretien, à raison d'une application chaque quinzaine ou chaque fois que vous constatez que vos ongles ramollissent.

Ravalement de façade sans bistouri

Combler, décontracter ou traquer la ride sans chirurgie, c'est possible ; il existe un large éventail de méthodes spectaculaires et tapageuses. Évidemment, vous pouvez choisir de ne pas vous laisser impressionner et décider qu'un séjour dans les îles ou une thalassothérapie détendront tout aussi bien vos traits en vous laissant de bons souvenirs. En revanche, si vous êtes de celles que rien n'arrête et qui feraient tout pour un coup de jeune (provisoire, hélas !), adressez-vous impérativement à un médecin compétent et expérimenté.

Le Botox – La toxine botulique

Qu'est-ce que c'est ?

Le Botox cosmétique (dérivé de la bactérie *Clostridium botulinum*) est une intervention médicale sans chirurgie qui permet de redonner au visage une nouvelle jeunesse en paralysant, pour une période prolongée (habituellement 3-4 mois, parfois 6), les muscles responsables des rides d'expression. C'est une intervention simple qui s'effectue en quelques minutes et efface les rides (les pattes-d'oies, les rides verticales des sourcils et les rides du front) en quelques jours. En effet, le Botox bloque la libération d'acétylcholine qui, en temps normal, transmet aux muscles du visage des messages électriques permettant de les contracter et de les bouger. Du coup, le Botox, injecté à l'aide d'une aiguille très fine, paralyse la zone responsable des rides et les spasmes musculaires cessent complètement ou s'estompent grandement.

Ce que vous pouvez espérer

Les muscles du front restent figés – ce qui peut donner temporairement un air inexpressif ! Vous aurez quand même l'air plus jeune et fraîche pendant quelques mois (la durée varie d'une personne à l'autre), mais il vous faudra prévoir deux séances par an si vous voulez que votre coup de jeune dure. Les effets secondaires du Botox sont généralement transitoires et plutôt faibles (mais on ne connaît pas les effets à long terme), à part parfois une défaillance musculaire passagère ou une sensation gênante au point d'injection.

L'acide hyaluronique

Qu'est-ce que c'est ?

Naturellement présent dans les tissus, l'acide hyaluronique a pour fonction de transporter et de fixer l'eau dans la peau, contribuant ainsi à son élasticité. Utilisé en rhumatologie depuis de nombreuses années, il est parfaitement toléré par l'organisme.

Ce que vous pouvez espérer

Les injections comblent les rides et apportent en plus une bonne hydratation au visage en améliorant son élasticité. Une séance ou deux par an suffiront pour conserver un visage lisse.

Le peeling

Qu'est-ce que c'est ?

C'est un geste médical réalisé à l'aide de produits chimiques acides. Appliqués sous forme de crème ou de masque, ils brûlent la couche supérieure de l'épiderme, l'obligeant à se renouveler en gommant les imperfections et les rides. Il existe toutes sortes de peelings, du plus fort au plus doux, du simple coup d'éclat à la remise à neuf selon l'état de la peau. Le peeling chimique est réalisé à l'acide trichloracétique ; il se décline dans toutes les concentrations possibles et est modulable en fonction de la qualité de la peau et de l'importance des rides. Le peeling se déroule sous anesthésie locale ou neuroleptique (à mi-chemin entre générale et locale). Les peelings se font actuellement par petites étapes, avec des concentrations légères pour éviter des conséquences pénibles comme la peau qui vire au brun et se décolle par lambeaux !

Ce que vous pouvez espérer

Préférez les peelings superficiels ou micro-peelings qui donnent un coup d'éclat à la peau, l'affinent et la régénèrent ; ils sont presque indolores et rarement suivis de complications. Quatre à cinq séances peuvent être nécessaires. Les résultats dépendent de la technique utilisée ; ils durent de six mois à un an pour les peelings superficiels, à condition d'utiliser des crèmes à la vitamine A ou aux acides de fruits en entretien.

La dermabrasion

Qu'est ce que c'est ?

Selon un principe comparable à celui du « sablage », la dermabrasion consiste à bombarder la peau de minuscules cristaux pour enlever les peaux mortes, gommer les petites rides et atténuer les cicatrices. Pratiquée correctement, elle ne doit pas faire mal et laisser la peau douce au toucher.

Ce que vous pouvez espérer

C'est une technique un peu « sanglante » mais qui marche très bien sur les peaux épaisses au teint brouillé ou sur le teint gris des fumeuses (efficace sur les ridules buccales). Comptez dix séances pour estomper vos fines ridules, mais pas vos rides profondes, ni vos boutons, ni votre peau de crocodile abîmée par le soleil.

Le laser

Qu'est-ce que c'est ?

Le peeling au laser brûle la surface de la peau, et là où le laser passe la ride s'efface. L'intervention dure environ 20 minutes et est sans douleur ; néanmoins les suites sont longues. Provoquant de fortes rougeurs puis des croûtes qui tombent, la procédure américaine est heureusement allégée par les médecins français. Utilisé en relissage, le laser stimule les fibroblastes qui relancent la production de collagène.

Ce que vous pouvez espérer

Le laser est choisi selon la profondeur de la ride et s'avère très efficace sur les taches brunes. Il traite également d'autres aspects du vieillissement comme la dilatation des capillaires en coagulant les vaisseaux responsables de la couperose. Cependant les traitements au laser (il existe différents lasers) sont des techniques coûteuses et non dénuées de risques en cas de mauvais réglage.

Sourire éclatant égale des années en moins

Il paraît que les dents sont la deuxième chose que l'on remarque après les yeux et que de bons soins dentaires peuvent réduire l'âge biologique de 6 ans (d'ailleurs, la gingivite peut faire gonfler les artères et entraîner des problèmes cardiaques). Donc une paresseuse qui veut faire jeune en prend bonne note et fait attention à sa santé bucco-dentaire.

Un bon geste !

Pour ne plus laisser votre dentition être la proie de caries, traumatismes ou autres maladies des gencives, et pour éviter les mauvaises habitudes qui ont une dent contre votre sourire, quelques précautions d'usage sont de mise :

○ **Ne vous brossez pas les dents à tout crin**

Brosser vigoureusement ne sert à rien, sinon à fragiliser l'émail et à abîmer les gencives. Un bon brossage doit se faire en douceur et en souplesse. Sur les surfaces dentaires, brossez du haut vers le bas, de la gencive vers la dent. Sur les faces masticatoires, brossez en rotation ou longitudinalement.

○ **Abandonnez les brosses dures…**

… au profit de brosses souples ou médium : les brosses dures sont abrasives et rarement efficaces dans les espaces interdentaires. Choisissez de préférence une brosse à petite tête pour plus de précision.

○ **Achetez une brosse électrique**

Les brosses électriques sont vraiment efficaces car elles ont un mouvement oscillatoire (la tête tourne dans un sens puis dans un autre) ou combinent deux mouvements : oscillatoire et pulsatoire (mouvement d'avant en arrière). Il en existe aussi des portables, à piles, qui évitent les supports de recharge encombrants.

○ Choisissez un bon dentifrice

Si un bon brossage est important, un dentifrice adapté peut s'avérer précieux si vos dents ou vos gencives sont ultra-sensibles (à l'instar de 42 % de la population). Les pâtes destinées à apaiser la sensibilité associent du chlorure de strontium ou du nitrate de potassium à du chlorure de sodium pour renforcer l'émail des dents. Certaines marques proposent aussi des complexes à la kératine pour renforcer la barrière protectrice des gencives ou du peroxyde de calcium pour revitaliser l'émail et prévenir la récession des gencives. Quitte à bien faire, achetez un dentifrice qui a en plus une action blanchissante.

○ Surveillez votre alimentation

Vous savez bien que les aliments sucrés sont les principaux responsables des caries. Ils ne sont cependant pas seuls sur le banc des accusés, parce qu'en dehors des bonbons et autres gâteaux, vous feriez bien de vous méfier aussi des biscuits salés ou du pain, tout aussi dangereux pour les dents. En effet, ce genre d'aliments glucidiques attaque sournoisement les dents car les glucides qu'ils contiennent sont lents à se dissoudre dans la salive. Il en va de même pour les aliments chargés en amidon qui adhèrent aux dents, comme les amuse-gueules, les fruits ou les gâteaux secs. Heureusement, certaines substances agissent comme des modérateurs, notamment les lipides et certaines protéines qui ont une action anti-bactérienne et s'opposent à la déminéralisation des dents. Il ne tient qu'à vous d'adopter de bons réflexes : consommez des aliments glucidiques (fruits, boissons sucrées, confiseries) de préférence au moment des repas, préférez le lait aux boissons gazeuses, corrosives pour l'émail, ou buvez-les avec une paille, brossez-vous les dents avec un dentifrice fluoré après chaque repas.

○ Rendez visite à votre dentiste

Vous n'avez pas envie de finir édentée ? Si vous n'avez pas mis les pieds chez le dentiste depuis le lycée, il faudrait peut-être penser à faire un bilan complet pour dépister des caries débutantes, notamment au niveau des collets, ou des lésions de la muqueuse, surtout chez les fumeuses, ou encore des maladies pouvant évoluer vers le déchaussement des dents. De plus, tous les soins dentaires qui ont été réalisés dans votre enfance ou votre adolescence ont certainement vieilli.Ce ne serait donc pas du luxe de faire vérifier l'étanchéité de vos amalgames et de vos couronnes.

Deux séances annuelles de détartrage vous seront remboursées par la Sécurité sociale. Fort utile pour éliminer la plaque dentaire qui, lorsqu'elle n'est pas décelée à temps, se développe en profondeur et forme une poche entre la base de la dent et la gencive, risquant de provoquer à la longue un déchaussement.

○ Arrêtez de fumer

Mauvaise haleine, dents jaunies, augmentation de la quantité de tartre et des difficultés à maintenir une bonne hygiène bucco-dentaire du fait de l'action du goudron et des autres composants de la fumée de cigarette sur la flore buccale : les fumeuses sont vraiment mal loties ! En plus, les études démontrent que les fumeurs présentent un risque de perdre leurs dents six à sept fois plus élevé que les non-fumeurs – conséquence des maladies parodontales qu'ils sont prédisposés à développer de façon sévère. Et les résultats des traitements de ces maladies sont moins bons chez les fumeurs, en raison de l'altération de la cicatrisation de leurs tissus osseux.

À belles dents !

Évidemment, de belles quenottes blanches et bien alignées, c'est le gage d'un sourire lumineux et ravageur ! Sauf que certaines choses nous mettent des bâtons dans les roues : les dents vieillissent (elles aussi) et le café, le tabac, le vin ainsi que les antidépresseurs les maculent sans pitié. La teinte naturelle des dents ainsi que leur forme varient selon les individus. En bonne partie génétique, la couleur des dents est due à la translucidité et à la teinte de leurs constituants : émail, denture et pulpe. Détartrage et détachage ne peuvent plus rien changer à leur vieillissement à partir d'un certain moment. Votre recours ? Le blanchiment, si toutefois vous ne craignez pas l'eau oxygénée (peroxyde d'hydrogène) ! En tout cas, il serait prudent de faire d'abord un bilan dentaire pour vérifier l'absence de contre-indications : caries non soignées, faiblesse de l'émail, irritations des gencives… Ensuite, vous avez le choix : faire des séances de blanchiment chez votre dentiste ou bien vous en charger vous-même à la maison.

Ce que vous pouvez faire

○ Chez le dentiste

Vous avez deux solutions : un traitement « au fauteuil » ou « ambulatoire ». Le premier se réalise en une ou deux séances. Le dentiste fabrique une gouttière à partir d'une empreinte plastique souple adaptée à votre dentition qui va accueillir le gel de blanchiment très concentré. Le temps de pose, parfois sous une lampe UV, varie de 20 à 90 minutes en fonction de l'état initial de vos dents. Le traitement est indolore.

Quant au traitement ambulatoire, il est d'abord mis en œuvre au cabinet avec la confection de ces mêmes gouttières et poursuivi à votre domicile à l'aide d'un gel plus faiblement dosé. Le port de la gouttière s'effectue de préférence dans la journée entre 15 minutes et 1 heure. En principe, les résultats apparaissent au bout de deux semaines et sont visibles en moyenne quatre à cinq ans, en fonction de votre mode de vie (accro à la caféine et au tabac ?). Seule ombre au tableau : ces traitements sont onéreux.

Chez vous

Le blanchiment chez le dentiste coûte cher ; donc, si vous ne voulez pas vous ruiner, vous pouvez acheter en pharmacie des kits de blanchiment prêts à l'emploi à base de peroxyde d'hydrogène faiblement concentré. Il en existe plusieurs types : des bandes transparentes autocollantes et recouvertes de gel qui épousent la forme des dents, des gels à étaler au pinceau pour une utilisation sur certaines dents, des gouttières jetables à usage unique fournies avec des doses individuelles de gel.

Vous les utiliserez une ou deux fois par jour, 30 minutes, pendant deux semaines. Vos dents devraient rester blanches environ un an. Sachez cependant que n'importe quel traitement de blanchiment peut irriter les gencives, surtout quand il s'agit de gouttières jetables qui ne sont pas parfaitement adaptées à la forme de vos dents et qui peuvent provoquer des altérations de la gencive ou endommager directement la pulpe de la dent.

LA FIN DES PLOMBAGES

Obtenir la reproduction en laboratoire de différentes cellules dentaires capables de fabriquer l'émail, la dentine et le cément, mieux comprendre les mécanismes impliqués dans certaines anomalies de la formation des dents, tels sont les travaux auxquels se consacre depuis des années une équipe de l'université du Texas.
Ces dentistes tentent d'activer la croissance de la dentine, le tissu le plus dur de la dent qui se trouve immédiatement en dessous de la couche protectrice d'émail, dans le but d'aider les dents cariées à réparer les lésions elles-mêmes. Demain, ce pourrait donc être la fin des plombages ! Insatiables, les mêmes Texans s'intéressent en plus à la régulation des gènes intervenant dans la formation et la croissance des dents. D'où leur espoir, en manipulant notre patrimoine génétique, que nos dents pourraient être dans l'avenir parfaitement alignées et les appareils dentaires voués à la disparition : on pourrait en effet diriger à souhait la taille des dents ou modifier leur couleur, leur nombre, leur forme...

20 TRUCS POUR COMBATTRE LES RAVAGES DU TEMPS SANS SE PRENDRE LA TÊTE

1. Faites l'impasse...

... sur le bronzage en cabine : il vous expose à 50 fois la concentration d'ultraviolets envoyés par le soleil.

2. Ajoutez un zeste...

... à votre verre d'eau. Une étude récente de l'université d'Arizona a conclu que consommer un citron, une orange ou un pamplemousse quotidiennement pouvait réduire les risques de cancer de la peau de 30 % !

3. Allez-y mollo

Se brosser les dents trop longtemps ou trop fort peut éroder l'émail et endommager les gencives. À vouloir trop bien faire...

4. Faites-vous une raison

Si vous avez la peau claire, acceptez l'idée que vous ne serez jamais chocolat. Et pour avoir quand même une jolie mine dorée, faites une cure d'antioxydants avant de partir en vacances, adoptez une crème à indice 40 minimum et rabattez-vous sur le maquillage solaire.

5. Réhydratez

Après toute exposition solaire, il est vital de réhydrater votre peau. Tartinez-vous généreusement le corps avec un baume réparateur après-soleil et choisissez des formules riches en vitamines et huile de pépins de raisin qui sont anti-radicalaires et réparent en profondeur.

6. Allez-y progressivement

Quand vous lézardez au soleil, attention à garder le sens du temps ! Les premiers jours, ne vous faites pas bronzer plus de 1/4 d'heure. Un bon repère : quand vous êtes debout, votre ombre ne doit pas être plus grande que vous ; si elle est de la même taille ou plus petite, c'est que les rayons dardent à la verticale et deviennent dangereux : pliez bagage !

7. Protégez-les aussi

Abuser du soleil représente un danger pour la peau, mais aussi pour les yeux. La cataracte est une maladie des yeux qui frappe en principe les personnes âgées, mais qui peut être aussi provoquée par les UV. À vos lunettes !

8. Tartinez !

Votre crème solaire *waterproof* vous protège 40 minutes et les plus protectrices des protectrices environ 80 minutes. N'hésitez donc pas à en remettre une couche si vous vous baignez souvent, et aussi après vous être séchée.

9. Ne vous laissez pas surprendre

Par temps couvert, les nuages arrêtent les rayons infrarouges – ceux qui donnent la sensation de chaleur – mais pas les rayons UVB qui traversent la couche nuageuse. Vous pouvez même, par temps gris, prendre un coup de soleil en 20 à 30 minutes selon que vous ayez la peau claire ou mate.

10. Habillez-vous de circonstance

Si les couleurs sombres protègent mieux des UV, ce sont les couleurs claires qui vous gardent le plus au frais. Par ailleurs, rappelez-vous que, lorsqu'ils sont mouillés, les vêtements voient leur indice de protection chuter de 10 à 3.

11. Échappez au masque de grossesse

Le masque de grossesse est constitué de taches brunes qui résultent d'un mauvais mariage entre les hormones féminines et le soleil. Que vous soyez enceinte ou que vous preniez une pilule contraceptive un peu forte, ne baissez jamais la garde. Optez pour le chapeau à larges bords, les lunettes et l'écran solaire à indice maximal.

12. Boostez...

... votre production de collagène en pratiquant des exercices cardio-vasculaires. Les études montrent qu'augmenter son rythme cardiaque plus de trois fois par semaine accroît l'élasticité de la peau. Elle paraît plus jeune, plus lumineuse, plus souple, et ce pour longtemps !

13. Rincez-...

... vous la bouche avec un jet dentaire. Les jets dentaires utilisent de l'eau pulsée, comme un petit Karcher, pour débarrasser les espaces interdentaires des débris alimentaires. Certains sont munis d'une petite brosse biseautée pour déloger plus facilement la plaque dentaire.

14. Bassinez

Utilisez le plus souvent possible, avant ou après le brossage, des bains de bouche contenant des agents bactériens. Avant pour déliter la plaque dentaire et après pour avoir l'haleine fraîche.

15. Laissez respirer...

... votre peau. Comme le reste de votre corps, votre visage a parfois besoin de se sentir libre et nu. Laissez votre peau respirer sans maquillage ou crème pendant au moins 2 heures par jour pour lui permettre de capter directement de petites quantités d'oxygène.

16. Jetez...

... vos produits de beauté périmés. S'ils n'ont pas forcément une date de péremption, ça ne veut pas dire non plus qu'ils durent indéfiniment. Débarrassez-vous des fonds de teint de l'année dernière, du rouge à lèvres qui a cinq ans et des crèmes solaires d'il y a deux ans.

17. N'en rajoutez pas !

Quand on n'a plus 20 ans, adieu les fards à paupières nacrés et de couleurs vives, finis les rouges à lèvres criards et trop brillants. Ayez la main légère sur la quantité et utilisez davantage de couleurs basiques comme des nuances de blancs cassés et de beiges naturels.

18. Levez-vous...

... non du pied gauche, mais... tôt ! Des études montrent que l'on est au mieux de sa forme physique à 5 h du matin. Si, si, c'est possible, mais bien sûr pas forcément pendant le week-end.

19. Acceptez...

... l'idée que vous finirez par vieillir. Mais il ne tient qu'à vous de vieillir en beauté – ce qui ne serait déjà pas si mal !

20. Souriez !

Foin de tous vos petits défauts réels ou imaginaires : un beau sourire fera travailler les muscles de votre visage, et vous serez la plus belle et la plus jeune des paresseuses !

chapitre 7

Comment rester jeune contre vents et marées

Ne laissez pas les hormones vous faire des misères

Nos hormones jouent le Yo-Yo aux périodes charnières de notre existence et nous font des misères ! Notre corps produit des dizaines d'hormones différentes qui agissent sur toute notre personne : nos pensées, notre façon de manger, notre sommeil et notre capacité à réagir face au stress. Que le niveau d'une seule hormone fluctue et nous en ressentons les effets : émotionnels, mentaux et physiques.

En effet, nos glandes endocrines vieillissent très différemment les unes des autres, probablement sous la commande centrale du cerveau. De nombreuses hormones chutent avec l'âge, comme l'hormone de croissance, les hormones thyroïdiennes et stéroïdes, dont la fameuse DHEA. À la ménopause, nos hormones sexuelles (œstrogènes et progestérone) sont dans les chaussettes, et notre fonction reproductrice s'éteint à jamais puisque les ovaires s'arrêtent. Tout se dégrade avec l'âge, d'accord, mais vous n'allez tout de même pas vous laisser gâcher la vie !

Comment un déséquilibre hormonal peut vous affecter et comment réagir ?

1. Vous avez de l'acné rebelle

Grâce aux fluctuations hormonales, une bonne moitié des femmes voit fleurir des boutons pendant la semaine qui précède leurs règles. Si vous avez de l'acné (du type de celle dont aucune crème en vente libre ne vient à bout) pendant tout le mois, cela relève d'une surproduction de testostérone.

Pour retrouver l'équilibre

Normalement, les contraceptifs oraux diminuent le niveau naturel de testostérone. Toutefois, si l'esthétique de votre peau ne s'améliore pas sous les effets de la pilule, c'est que son climat hormonal ne vous convient pas (parlez-en à votre gynécologue). Sinon, il existe des crèmes dont les principes actifs inhibent l'action de la testostérone en bloquant ses récepteurs (parlez-en à votre dermatologue).

2. Vous avez des trous de mémoire

Vous ne vous rappelez pas où vous avez posé votre portable, à quelle heure vous avez rendez-vous avec votre amoureux ou le titre du film que vous avez vu hier soir ? Vous êtes trop jeune pour perdre la tête ? Pas forcément. Vous êtes peut-être tout simplement hyperstressée et votre corps pompe du cortisol (l'hormone du stress) en permanence. Des études ont montré qu'un niveau constamment élevé de cortisol affecte les capacités d'apprentissage et de mémorisation et peut même endommager le cerveau de façon permanente, particulièrement l'hypothalamus où sont stockées les informations relatives à la mémoire de long terme.

Pour retrouver l'équilibre

Un bon conseil : jetez-vous sur votre hobby préféré ! Changez d'urgence votre style de vie, faites des pauses durant la journée, pendant lesquelles vous fermerez les yeux en pratiquant une respiration lente et profonde pendant 2 à 3 minutes. Et puis – rassurez-vous – si vous êtes consciente de vos trous de mémoire, c'est que ce n'est pas une maladie ; sinon, vous ne sauriez même pas que vous en avez !

3. Vous faites de l'insomnie

Perdre le sommeil, particulièrement avant vos règles, vient parfois de la chute brutale de progestérone qui les précède, une hormone qui a la propriété d'être relaxante.

Pour retrouver l'équilibre

Éviter complètement le Yo-Yo hormonal d'avant les règles signifierait « ne plus en avoir du tout » ! Vous pouvez envisager d'étendre l'utilisation de votre pilule pour ne plus avoir que quatre fois vos règles par an au lieu de treize. Sinon, adoptez une approche plus naturelle : buvez beaucoup d'eau, supprimez la caféine l'après-midi, buvez un grand verre de lait chaud, grignotez un petit morceau de dinde ou une poignée de noix ou d'amandes avant d'aller vous coucher. Ces aliments sont riches en tryptophane ; ils élèvent le niveau de sérotonine du cerveau, qui elle-même favorise le sommeil. Et au pire, si vous comptez toujours les moutons, demandez un somnifère à votre médecin (provisoirement).

4. Vous avez le syndrome du côlon irritable

Les fluctuations hormonales d'avant les règles et surtout le stress provoquent des maux de tête ou des sautes d'humeur, ou encore « nouent » les intestins – c'est ce que l'on appelle « le syndrome du côlon irritable » (douleurs abdominales chroniques, crampes et diarrhées ou constipation). Si vous avez mal au ventre au lieu d'avoir mal à la tête, ce n'est pas étonnant car les intestins sont en quelque sorte un « second cerveau ». La sérotonine, par exemple, l'hormone de l'humeur, qui joue aussi un rôle dans la digestion, est produite à 95 % dans les intestins ! Les recherches actuelles montrent que des niveaux anormalement bas de sérotonine seraient en cause dans le syndrome du côlon irritable.

Pour retrouver l'équilibre

Si vous évitez les situations stressantes, si vous avez une alimentation équilibrée, si vous augmentez votre consommation de fibres, si vous privilégiez les produits céréaliers et les fruits et légumes, vous diminuerez vos symptômes de façon significative.

5. Vous êtes fatiguée en permanence

Certes, il y a des jours où l'on ferait bien une petite sieste derrière son ordinateur – c'est normal. En revanche, si vous luttez en permanence pour rester debout, si vous prenez du poids quoi que vous mangiez et si vous avez la tête dans le brouillard, vous souffrez peut-être d'hypothyroïdie. En effet, les hormones thyroïdiennes contrôlent le métabolisme de base et, quand le niveau de ces hormones est trop bas, tout l'organisme en souffre, y compris les battements cardiaques, la digestion et les fonctions mentales.

En outre, les changements hormonaux ont une fâcheuse tendance à saper l'énergie. Pour recharger vos batteries, faites de fréquents petits repas avec des protéines, des glucides complexes et des graisses insaturées pour maintenir votre niveau de sucre dans le sang et avoir de l'énergie tout au long de la journée. Boire beaucoup d'eau serait aussi une bonne idée.

Pour retrouver l'équilibre

Pour en avoir le cœur net, demandez à votre médecin un dosage des hormones thyroïdiennes pour prendre un traitement de substitution au cas où ce serait nécessaire.

SIGNES DU TEMPS

Parlez-en à votre médecin si :

- **Vous entendez mal. Ce n'est pas normal avant l'âge de 60 ans ! Vos tympans sont peut-être endommagés.**

- Votre vision est trouble. Ce peut être un signe de diabète, d'hypertension ou d'une attaque cérébrale imminente !
- Vous avez des changements menstruels brusques. Ne présumez pas que c'est la ménopause : elle n'arrive que graduellement. Un arrêt rapide et total de vos règles peut être le signe de problèmes hormonaux ou d'une anémie.
- Vous perdez vos cheveux. Une perte de cheveux ou un endroit chauve peuvent être le signe d'une alopécie débutante, une maladie du système immunitaire qui attaque les follicules capillaires.
- Vous avez d'importantes pertes de mémoire. Un grand stress, un traumatisme crânien ou autres, y compris une tumeur cérébrale, peuvent en être la cause.
- Vous avez des douleurs subites des joints ou des articulations. Une affection virale, une tendinite ou de l'arthrose en sont peut-être la cause.

La paresseuse fête ses 100 ans sans être gaga

À la naissance, notre cerveau compte environ 15 milliards de neurones, assez pour vivre jusqu'à 120 ans, même si l'on en perd chaque jour 100 000 ! De plus, il y a de l'espoir : des chercheurs américains ont trouvé des neurones nouveau-nés chez des personnes de 72 ans ! En outre, il est prouvé que, lorsque des réseaux de neurones ne fonctionnent plus (traumatisme, tumeur, etc.), d'autres peuvent se reconstituer par la pratique avec l'aide active de spécialistes (neuropsychologues, orthophonistes, psychomotriciens...). Bonnes nouvelles, certes, mais ce n'est pas une raison pour ne pas entretenir votre capital – même la plus paresseuse peut s'en donner les moyens.

Boostez vos méninges !

Secret de jeunesse n° 1 : inutile de vouloir vous souvenir de tout ; mieux vaut mémoriser « utile », c'est beaucoup moins fatigant. Explication : il existe plusieurs formes de mémoires : la mémoire à court terme, dans le but de réutiliser l'information immédiatement ; la mémoire épisodique, celle des événements personnels, à laquelle on ajoute des émotions ; et la mémoire sémantique, qui permet de stocker des connaissances. Sans oublier la mémoire inconsciente, grâce à laquelle nous acquérons des connaissances, comme faire du roller ou du vélo.

Ce qui diminue avec l'âge, c'est la capacité de mémoriser à court terme, cas classique du « mot sur le bout de la langue »... La moindre fatigue interfère avec la concentration ; résultat : nous intégrons moins facilement les informations et les retenons plus difficilement. D'où l'intérêt d'entretenir vos méninges, mais aussi de vous passionner ! Une information intéressante est plus facile à retenir car l'affectivité favorise la mémorisation, même s'il est vrai qu'à l'inverse, l'excès d'émotion court-circuite le cerveau. La mémoire travaille mieux dans la sérénité et, à tout âge, le manque de sommeil, le surmenage, l'anxiété, la déprime, la prise de médicaments (notamment neuroleptiques ou anxiolytiques), les variations hormonales, l'insuffisance respiratoire ou vasculaire peuvent l'affecter. Conclusion : la perte d'efficacité et les troubles de la mémoire ne vont pas forcément de pair avec l'âge, même si la mémoire diminue inéluctablement dès l'âge de 20 ans !

Quelques secrets de jeunesse pour garder un cerveau au top sans se prendre la tête :

○ « Musclez » vos neurones

La stimulation intellectuelle lutte contre le déclin des capacités cognitives. Faites travailler régulièrement votre cerveau en faisant des mots croisés, en jouant aux cartes ou aux échecs, en lisant, en allant au concert, au cinéma, au théâtre, en apprenant une langue étrangère... bref, en faisant tout ce qui vous passionne.

○ Chaussez vos baskets

D'une manière générale, tout ce qui induit un manque d'oxygénation cérébrale a des répercussions sur les performances cérébrales. C'est pourquoi la pratique d'une activité physique régulière participe à la performance intellectuelle et améliore les troubles les plus fréquents de la mémoire immédiate, du genre étourderies quotidiennes. Et mieux encore pour les paresseuses les plus chroniques : de simples activités comme la marche ou le jardinage sont bénéfiques car ils mobilisent l'activité du cerveau et favorisent son oxygénation.

○ Veillez à avoir une alimentation variée et équilibrée

Même s'il n'existe pas d'aliments ou de médicaments spécifiques à la mémoire, votre alimentation doit notamment être riche en poissons qui contiennent des oméga-3 et en fruits et légumes qui renferment de précieuses vitamines (notamment A, C et E) et de l'acide folique.

○ Vivez pleinement

Le meilleur moyen de conserver une bonne mémoire, c'est de vivre ! Plus vous rencontrerez de gens, plus vous multiplierez les expériences, plus vous structurerez votre cerveau et le maintiendrez au top.

Trucs de paresseuse pour garder une mémoire d'éléphante

1. Quand vous faites un effort intellectuel, ménagez-vous des pauses d'une dizaine de minutes.

2. Mémorisez intelligemment en apprenant des choses utiles dans la vie quotidienne : mode d'emploi d'appareils ménagers, itinéraires pour vous rendre à un endroit précis...

3. Pour retenir un nom, répétez-le au moins trois fois.
4. Et pour bien apprendre, détendez-vous !

Dopez-vous à l'amour !

Comment rester jeune, épanouie, en forme et en bonne santé, tout en vous faisant plaisir ? Comment lutter contre le stress, l'anxiété et l'insomnie ? Existe-t-il un antidote à la dépression qui regonfle à bloc ? un traitement qui permette de vivre plus longtemps et de diminuer les risques d'avoir un accident cardio-vasculaire ? Et tout ceci de la manière la plus naturelle qui soit ? C'est pas compliqué, ni trop fatigant : pour avoir la pêche et le moral, faites l'amour ! Et il paraît même que cela permet de vivre plus longtemps !

Les hormones du bonheur

Elles existent bel et bien. Car les caresses et les contacts peau à peau sont en soi de puissants libérateurs de tensions ; quant à l'orgasme, il balaye purement et simplement tous les soucis qui encombrent vos neurones et transforment vos trapèzes en blocs de béton armé. Tracas et stress sont emportés par la vague de plaisir qui vous transporte. Remerciez les hormones, en particulier les endorphines, qui, en surfant sur cette vague, se répandent allègrement dans votre corps. Proches de la morphine, ces substances possèdent une activité euphorisante et relaxante. Résultat : vous plongez béatement dans un bain de bien-être, un vague sourire accroché aux lèvres et le regard perdu dans le vide.

Avoir un rapport sexuel satisfaisant est également très valorisant pour l'ego. Vous adorez vous sentir aimée, désirée, et en femme comblée vous êtes plus jolie, plus séduisante, plus forte aussi. Au moins dans votre tête – et c'est bien là le principal !

« Pas d'hormones ou pas assez » égale « pas de désir, pas de plaisir » ? L'amour n'est pas une science, et si l'hormone ne fait pas l'amour, elle y participe ; mais rappelez-vous toutefois que le premier organe sexuel... c'est la tête !

Les hormones de la santé

Selon des études scientifiques parues dans des revues sérieuses, l'amour possède également des vertus à plus long terme. Il y aurait deux fois moins de décès parmi ceux (ou celles) qui ont au moins deux relations sexuelles par semaine par rapport à ceux (ou celles) qui en ont moins d'une par mois. Et avoir trois rapports sexuels hebdomadaires permettrait de paraître plus jeune : dix ans de moins en moyenne ! Selon certains chercheurs, l'orgasme aurait également des vertus protectrices contre les cancers. Mais cela reste très controversé. En revanche, des études américaines ont clairement mis en évidence un effet bénéfique de la sexualité sur le cœur. Après tout, faire l'amour, c'est aussi du sport ! Alors, si vous avez un coup de blues, des problèmes de sommeil ou que vous souhaitiez vous sentir pousser des ailes, vous savez désormais ce qu'il vous reste à faire...

Le poids de l'amour

Tomber amoureuse n'est-ce pas le meilleur des régimes ? Un amoureux rentre dans votre vie et votre bon coup de fourchette n'est plus qu'un souvenir. Pas de doute : la passion permet vraiment de vivre d'amour et d'eau fraîche. L'effet « coupe-faim » s'explique par des modifications neuro-hormonales liées à l'état amoureux. Vous êtes plus excitée que d'habitude, vous vous désintéressez des sensations corporelles de faim pour vous polariser sur l'objet d'amour. La plénitude provoquée par l'état amoureux rend le corps secondaire et le plaisir de l'amour remplace complètement le plaisir alimentaire. D'ailleurs, comme vous passez plus de temps sous la couette qu'au restaurant et que vous avez envie de séduire, il est normal que vous ne souhaitiez pas ressembler à une outre.

Hélas ! la période où vous vous consumez pour un homme n'a qu'un temps, la réalité reprend le dessus et l'appétit revient au galop. Et ne comptez pas non plus sur une activité sexuelle plus intense que d'ordinaire pour garder la ligne : c'est un bon exercice, certes, mais ça ne fait pas vraiment « fondre ». Conclusion : vivez vos amours, folâtrez si le cœur vous en dit, mais renoncez à la paresse si vous espérez rester mince et séduisante à long terme.

Les bénéfices secondaires de l'amour

L'activité sexuelle n'a que des avantages des pieds à la tête :

— **Le cœur :** faire l'amour est un bon exercice aérobic, qui améliore la circulation sanguine. Ceux et celles qui font souvent l'amour ont moins de crises cardiaques et se maintiennent en meilleure forme physique.

— **Le poids :** vous brûlez environ 200 calories en faisant l'amour !

— **La douleur :** les endorphines produites pendant l'orgasme peuvent atténuer les douleurs chroniques, comme les maux de dos ou l'arthrose, ainsi que les migraines.

— **La dépression :** les personnes actives sexuellement semblent moins souffrir de dépression et d'idées suicidaires.

— **L'anxiété :** les hormones produites durant l'amour calment l'anxiété, la peur et lèvent les inhibitions. Une étude de l'université de Paisley en Écosse a démontré que ceux qui ont fait l'amour dans les deux semaines précédant un événement stressant étaient moins anxieux et avaient une tension nettement moins élevée que les autres. Le plaisir partagé et la détente procurée par le sexe ne seraient pas seuls en cause : faire l'amour stimulerait des nerfs profonds du pelvis, ayant un rôle significatif sur la façon dont l'organisme régule le stress, l'humeur et la concentration. Bref, peu importe la raison, merci pour le bénéfice !

— **Le système immunitaire :** de fréquentes relations sexuelles pourraient booster le système immunitaire et donc prévenir les rhumes et autres infections virales.

— **Le cancer** : de récentes études montrent que l'ocytocine et la DHEA produites pendant l'orgasme pourraient éviter la propagation des cellules précancéreuses du sein.

— **La longévité** : des orgasmes fréquents pourraient prolonger l'espérance de vie, sans doute à cause des bénéfices sur le cœur et le système immunitaire.

L'IMAGE DU CORPS

Vous voulez vous éclater au lit ? Apprenez d'abord à aimer votre corps. Selon une étude de l'université de Pennsylvanie, la façon dont on se sent dans son corps influe grandement sur la vie sexuelle. Peu importe la taille ou la forme, les femmes qui se sentent bien dans leur peau ont plus de désir sexuel et d'orgasmes que les autres. L'étude a conclu que l'image du corps est plus importante que les stimulations ou la satisfaction générale.

Dopez-vous à l'amitié !

L'amitié est tout simplement indispensable au bonheur, au plaisir et à l'équilibre personnel ! La relation amicale a pour but l'entraide ; elle permet d'échanger des conseils, de partager des loisirs, de se trouver des points communs.

Elle est riche de sentiments, synonyme de « communication », de « fidélité », de « complicité », d'« égalité » ; elle contribue à la construction de la personnalité et constitue un vrai rempart contre la solitude. Bref, l'amitié est purement et simplement de l'amour, de l'amour peut-être pour la vie !

L'amitié vous manque au quotidien ? Vous n'avez que des collègues de bureau mais pas de vraies amies ? Vous avez déménagé et peinez à vous faire de nouvelles relations ? Commencez par vous donner les moyens de vos ambitions : ne restez pas seule, sortez, baladez-vous, développez vos activités. Ensuite, faites un petit effort pour apprendre à mieux communiquer – juste pour ne pas rester passive – et sortir de votre coquille :

— Souvenez-vous des prénoms des personnes que vous rencontrez.

— Évitez de critiquer, faites plutôt des compliments.

— Soyez positive.

— Écoutez les autres parler.

— Faites le premier pas.

— Souriez plus souvent.

— Entretenez vos relations.

— Lancez des invitations.

— Offrez un apéritif à vos voisins.

— Donnez-vous du temps : l'amitié, ça ne se commande pas.

— Demandez-vous ce que vous attendez d'une relation amicale.

— Soyez ouverte et pas démesurément exigeante.

— Faites confiance.

Et puis, quitte à avoir des amies, autant qu'elles soient à toute épreuve !

Cinq amies que toute paresseuse devrait avoir

1. Une optimiste

Son mot préféré : *oui* ! Elle vous remonte le moral encore et toujours et vous soutient inconditionnellement. La preuve : elle ne remarque même pas vos petits bourrelets et vous trouve toujours superbe. Elle vous regonfle quand vos genoux s'entrechoquent avant un entretien d'embauche et vous prête son épaule après une rupture amoureuse.

2. Une compagne de voyage

Sa grosse qualité : la flexibilité. Elle est prête à affronter les aléas et impondérables de vos escapades communes, sans broncher ni vous en tenir rigueur. Elle fait du trekking dans des vêtements confortables et sait faire la fête sans rouler sous la table après sa énième tequila.

3. Une fille sincère

Une amie qui peut vous dire la vérité sans vous blesser et sans être jalouse. Une fille qui s'exprime sans craindre de ne pas être politiquement correcte et dont vous pourrez suivre les conseils parce qu'ils sont généralement bien vus et bienvenus.

4. Une marrante

Pas pour vous remonter le moral en cas de crise – pour ça, vous avez l'optimiste – mais pour faire la fête en toute spontanéité. Votre complice quand vous avez envie de traîner toute la journée en pyjama ou de sortir toute la nuit.

5. Une différente…

… de vous. Très riche, très pauvre, d'une autre nationalité, d'une autre couleur de peau. Une amie qui ne partage pas d'emblée votre culture vous ouvrira des horizons. Ne serait-ce pas passionnant d'apprendre de quelle main ne jamais, au grand jamais, vous servir quand vous partagez un plat éthiopien ?

Les points forts de l'amitié

○ L'amitié, c'est la santé

Une nouvelle étude de l'université de Chicago montre que les femmes qui ont des liens amicaux solides souffrent moins de problèmes cardiaques que les autres. L'amitié protégerait aussi des démences séniles, car un cerveau sollicité construit de nouvelles connexions neuronales.

L'amitié, c'est la longévité

Des études ont montré que les vrais jumeaux vivent plus longtemps que les faux parce qu'ils sont davantage en contact l'un avec l'autre. Un peu plus de communication et l'espérance de vie passe à 82 ans en faveur des vrais jumeaux contre 80,5 pour les faux !

La paresseuse vit dans le présent

Manger équilibré, faire un peu de sport, prendre soin de son corps... rien de tel pour rester jeune – avouez que ce n'est quand même pas trop dur ! De plus, en admettant que vous vouliez mettre toutes les chances de votre côté, il ne vous reste qu'à voir la vie en rose ! En effet, de récentes études ont prouvé le lien entre le corps et l'esprit, et la relation entre les pensés négatives et l'affaiblissement du système immunitaire, avec pour conséquences un risque accru de maladies en tous genres. La liste des bienfaits des pensées positives et surtout du rire est longue. Le rire pourrait réduire les sensations de douleur, booster le système immunitaire, améliorer les fonctions cognitives, prévenir les maladies cardio-vasculaires, chasser le stress... D'ailleurs, des « clubs du rire » proposent une relaxation par l'humour, une méthode plus proche d'exercices de respiration issus du yoga que d'une réelle partie de rigolade... mais qui démontre, si besoin était, le rôle essentiel du rire dans l'équilibre émotionnel.

Conclusion : si l'optimisme est bon pour la santé, vous auriez tort de vous en priver ; vous n'avez aucune chance de mourir de rire, au contraire !

Les vertus du rire

Plus de rire, moins de rhumes

Riez et vous échapperez – peut-être – aux coups de froid de l'hiver (on a en moyenne de deux à cinq rhumes par an). Pour étayer cette hypothèse, une équipe scientifique a posé des questions sur leur état émotionnel, trois soirs par semaine, à 334 volontaires en bonne santé. Ils devaient évaluer leur état d'esprit, sensation de bien-être et calme ou dépression, anxiété ou hostilité. Ensuite, les chercheurs ont joué un vilain tour à leurs cobayes en leur inoculant dans le nez un virus responsable du coup de froid et en les gardant en observation pendant cinq jours. Après avoir collecté infections et symptômes, les résultats ont clairement associé la « positivité » à de plus grandes résistances face au rhume et à un plus faible nombre de « coups de froid ». À l'inverse, des pensées négatives n'ont montré aucun effet sur la susceptibilité ou l'évolution de l'infection, mais plus de plaintes liées aux symptômes. Conclusion : si les émotions négatives ne vous envoient pas directement à l'hôpital, les émotions positives, elles, réduisent les risques de rhume – et par extension d'autres maladies infectieuses.

Plus de rire, moins de stress

Notre cerveau ne pourrait pas se passer de rire régulièrement, il est en quelque sorte accro au rire ! Cette addiction de notre intellect vient d'ailleurs d'être confirmée récemment. Des chercheurs américains ont montré que l'humour aurait le même effet qu'une drogue. Pour en arriver à cette conclusion, ils ont soumis 16 volontaires à une IRM (imagerie par résonance magnétique) permettant d'observer les zones du cerveau activées. Après leur avoir donné des illustrations, certaines drôles et d'autres sans queue ni tête, ils ont observé leur activité cérébrale. Ils ont ainsi remarqué que les images les plus drôles activaient les « centres de récompense », situés dans la partie gauche du cerveau. Ces zones sont impliquées dans la libération de dopamine, un neurotransmetteur primordial dans les sensations de plaisir.

Cette étude concluante va permettre d'élucider les mécanismes de la déprime et de trouver de nouveaux antidépresseurs.

Plus de rire, moins de maladies cardiaques

Encore selon une étude réalisée par des cardiologues américains : rire et sens de l'humour aiguisé seraient des armes efficaces dans la prévention de la crise cardiaque. À âge égal, ces chercheurs ont soumis un questionnaire à 300 personnes dont la moitié avait souffert d'attaques cardiaques ou subi une intervention cardio-vasculaire, et dont l'autre moitié était indemne de toute pathologie cardiaque.

Réponses à l'appui, les cardiaques s'avèrent être des gens trop sérieux et trop stressés : 40 % d'entre eux attestent n'être pas sensibles à l'humour de la vie courante. Si l'on ne sait pas encore pourquoi le rire protège le cœur, *a contrario*, il est prouvé qu'un excès de stress ou de colère peut endommager les parois des vaisseaux sanguins. N'ayez donc pas de scrupules à solliciter vos zygomatiques !

Plus de rire, plus de bien-être

Une étude publiée dans le *Journal of American Medical Association* montre que les patients allergiques à la poussière et aux acariens développent une moins forte réaction cutanée après avoir vu un film drôle.

Une autre étude de la Mayo Clinic a, dans les années 1960, évalué, sur une période de trente ans, les effets de l'optimisme ou du pessimisme sur l'espérance de vie. Les résultats sont concluants puisque les optimistes ont vécu 19 % plus longtemps que les pessimistes, avec des capacités et une qualité de vie nettement meilleures.

DES CLOWNS À L'HÔPITAL

Les vertus anti-déprime du rire peuvent devenir une aide précieuse, notamment à l'hôpital. Des associations, comme *Le Rire Médecin* (une compagnie de clowns) ou *Zygomatic*, se rendent dans les services de pédiatrie des hôpitaux, pour dédramatiser le séjour, offrir un peu de rêve et de fantaisie aux enfants. Chaque année, plus de 35 000 bambins oublient ainsi pour un temps leur maladie.
Sachez d'ailleurs que les enfants rient plus de 400 fois par jour, par pur plaisir, sans raison. Les adultes ne rient plus qu'une vingtaine de fois dans la journée – quel dommage !

Trucs de paresseuse qui s'accorde des petits bonheurs au quotidien

1. **Écourtez votre journée de boulot de 30 minutes**. Vous en ferez sans doute plus que pendant vos 9 ou 10 heures habituelles. Par exemple, quittez le boulot plus tôt pour vous obliger à boucler vos projets en temps et en heure et vous forcer à éliminer les petites pertes de temps qui bouffent votre journée : perfectionnisme, interruptions à tout va, procrastination...

2. **Évitez les tâches multiples**. Il est prouvé que le cerveau met deux fois plus de temps à traiter l'information lorsque l'on passe incessamment d'une activité à l'autre. En apprenant à vous concentrer sur un seul projet, vous gagnerez l'heure ou deux qui vous manquent tant.

3. **Arrêtez de ne compter que sur vous-même**. Pourquoi insistez-vous tant pour tout faire vous-même ? C'est un fardeau dont vous pouvez parfaitement vous passer. N'hésitez pas une seconde à déléguer à la maison et au boulot : vous vous libérerez du temps pour faire ce que vous aimez vraiment.

4. Organisez votre planning. Cessez de coller des Post-it partout, de vous éparpiller, et utilisez uniquement votre bel agenda en cuir pour planifier vos activités et établir vos priorités.

5. Programmez-vous au moins une activité purement de plaisir par semaine. Dansez, jouez de la guitare, lisez un bon bouquin, tout ce que vous n'avez pas pu faire depuis longtemps. Et considérez ce petit plaisir comme un rendez-vous non négociable avec vous-même.

Là, maintenant !

Le bonheur, ce n'est pas demain qu'il faut le saisir, c'est maintenant ! D'ailleurs, si ça peut vous rassurer, la conscience du moment présent est la dernière « tendance » dans le secteur de la santé. Que ce soit pour perdre du poids, faire du sport ou se concentrer sur son boulot, l'idée est d'observer le tourbillon de ses pensées et de ses sentiments pour s'apaiser, prendre du recul et lâcher prise au lieu de s'accrocher à ses problèmes. Ça a l'air simple ? En quelque sorte. Le challenge consiste cependant à faire taire votre chapelet de soucis, de regrets, de peurs et autres distractions qui polluent constamment votre esprit. Tout cela vous pousse, avant d'avoir dit « ouf », à vous jeter sur la tablette de chocolat ou à vous laisser déborder par les stupides petits stress quotidiens.

La parade pour rester zen – ou presque – en toutes circonstances :

1. Concentrez-vous sur vos sensations physiques

Sur votre respiration, par exemple, en laissant votre abdomen se dilater doucement. Ou bien, si vous êtes en train de manger, concentrez-vous sur l'odeur des plats. Ou encore, si vous êtes en train de marcher, essayez de sentir le sol sous vos pieds... Bref, vous comprenez le principe.

2. Observez vos pensées

Laissez-les dériver comme une branche au fil de l'eau, sans vous demander si elles sont bonnes ou mauvaises. L'absence de jugement est le premier pas vers la sérénité.

3. Concentrez-vous sur le moment présent

N'espérez pas d'emblée pouvoir vous concentrer sur votre respiration pendant 20 minutes d'affilée ! Il est probable et normal que votre esprit parte en vadrouille. Soyez modeste dans vos ambitions, essayez de rester pleinement consciente et investie dans le moment présent – pendant quelques minutes (ce serait déjà pas mal).

4. Exprimez-vous

N'ayez pas peur de faire une scène ou de vous exprimer haut et fort. Votre docteur est un vrai glaçon ? Osez lui dire que ses compétences médicales n'excluent pas les relations humaines. La nounou vous téléphone au bureau pour un oui, pour un non ? Dites-lui de vous appeler quand la maison est en feu. Etc., etc., etc.

5. Vivez comme si vous deviez mourir demain

Il ne s'agit pas d'anticiper le prochain souci ou la prochaine maladie, mais d'imaginer calmement (si c'est possible) que ce jour est votre dernier jour. C'est un bon truc pour arrêter d'envisager votre vie comme un long calvaire et pour cesser de remettre les projets qui vous tiennent à cœur à un lendemain hypothétique. Vous allez mourir comme tout le monde, alors apprenez plutôt à vivre dès aujourd'hui.

6. Ne faites pas de compromis

Votre petit ami est – presque – idéal ? Vous aimez son humour, sa gentillesse, son amitié, mais... vous n'êtes pas amoureuse ? Ne vous voilez pas la face : l'amour est une danse, vous bougez en rythme ou pas, votre cœur bat au même tempo ou non. Si vous avez à prendre une décision du genre rupture amoureuse, faites-le sans tarder : la lenteur et l'indécision rendent toujours les choses plus pénibles.

7. Écoutez votre intuition

Il est des cas extrêmes où écouter son intuition peut sauver la vie (n'acceptez pas le billet gratuit sur le *Titanic* !). Plus sérieusement, demandez-vous après avoir passé un moment avec quelqu'un si cette rencontre vous a été bénéfique. Pas de longues justifications, pas d'équivoques, juste « mieux ou moins bien ». Cela vous donnera le courage de vous extraire de relations amicales, professionnelles ou amoureuses qui ne sont pas satisfaisantes et souvent pas indispensables.

8. Réfléchissez avant d'exploser

Vous avez envie de lui lancer un vase à la figure ? Attention ! ce que vous allez dire ou faire est parfois lourd de conséquences et peut créer un point de non-retour. *Écouter son instinct* n'est pas forcément synonyme de « réactions viscérales ». L'amour s'envole facilement, le cœur est fragile ; alors parlez et, surtout, écoutez !

La paresseuse se laisse vivre (enfin !)

Bullez ! Évidemment c'est tout un art, qui devrait être à votre portée ! C'est plus facile à dire qu'à faire toutefois, surtout si vous êtes du genre toujours débordée, du genre de celle qui ne s'approche du canapé que pour le nettoyer et de ces fourmis increvables qui ne supportent pas le moindre jouet qui traîne. Si vous êtes une surmenée hyperactive (qui ne connaît pas la quiche surgelée), vous tenez le coup, du moins pour le moment, mais sachez que vous pouvez aussi le payer cher. Votre organisme ne vous donnera pas éternellement un chèque en blanc : fatigue, voire épuisement, tension nerveuse, irritabilité, anxiété, sautes d'humeur, trous de mémoire, maux de tête, de ventre, de dos... vous attendent au tournant. Donc, pas d'esquive : si vous n'êtes pas encore paresseuse, il va falloir apprendre à le devenir !

Chaussez vos lunettes roses

Des pensées parasites et négatives vous assaillent, que vous soyez en train d'éplucher les légumes ou de faire le plein d'essence : « Le bouton que j'ai dans le cou a-t-il grossi ? Est-ce que le chat a assez d'eau fraîche ? Est-ce que j'ai payé la dernière facture d'électricité ? » Stop ! Arrêtez de faire partie des 40 % de femmes qui se font du souci au quotidien (deux fois plus que les hommes !).

Certes, une petite rumination de temps en temps n'est pas toxique, voire même utile. Vous inquiéter pour une excroissance bizarre et prendre un rendez-vous *illico presto* chez le médecin peut vous sauver la vie. En revanche, vous faire du souci à l'excès n'a aucun avantage. Se ronger les sangs sape l'énergie, diminue le rendement et augmente le niveau de cortisol, l'hormone responsable du gain de poids, de la dépression et des maladies cardio-vasculaires.

Un coup de pouce pour ne pas vous faire trop de souci

1. Demandez de l'aide

Cessez de ruminer dans votre coin et partagez votre inquiétude avec votre entourage, votre conjoint, vos amies. Ils seront aptes à juger si vos soucis sont irrationnels ou réalistes. Ils seront sûrement de bon conseil et vous apporteront des solutions auxquelles vous n'aviez pas pensé.

2. Simplifiez-vous la vie

Plus vous subissez de stress et de pression, moins vous aurez d'énergie pour affronter votre anxiété ; ce n'est donc pas la peine d'en rajouter dans les moments difficiles. Dites plus souvent « non », organisez un planning réaliste et demandez à votre entourage de vous aider dans les tâches quotidiennes. Vous serez ainsi mieux armée pour gérer vos soucis activement au lieu de vous laisser dépasser par la situation.

3. Ne vous inquiétez pas

Concentrez-vous sur le « là, maintenant » (relisez le paragraphe précédent), vivez dans le présent, sans vous soucier d'un futur incertain. Quand les inquiétudes et tracas en tous genres pointent le bout de leur nez, concentrez-vous le plus possible sur vos sensations physiques. Par exemple, vous êtes en train de vous laver les mains et songez simultanément à quelque chose qui vous inquiète : essayez de détourner vos pensées et profitez de la chaleur de l'eau ainsi que de l'odeur du savon. Tant que vous êtes dans l'instant présent, l'avenir n'est pas menaçant puisqu'il n'existe pas.

4. Ne remettez pas au lendemain

Faites ce que vous avez à faire – un point c'est tout –, au lieu d'y penser et de vous inquiéter. Parions que ce qui vous inquiète tant sera vite résolu dans 80 % des cas et que le résultat pourrait bien vous surprendre agréablement.

5. Regardez le bon côté des choses

Il n'y a rien de grave dans votre vie ? C'est déjà pas mal : de quoi vous remonter le moral, non ? Ne dramatisez pas les petits problèmes, pensez plutôt à ce qui va bien dans votre vie, songez que les gens que vous aimez sont en bonne santé et que c'est une bénédiction !

6. Envisagez le pire

Vous êtes une pessimiste forcenée ? Aux grands maux, les grands remèdes : visualisez le pire de vos cauchemars et demandez-vous quelle risque il a de vous arriver. Avouez que dans bons nombres de cas vous vous faites du souci pour pas grand-chose. Et en admettant même que vous soyez mordue par une chauve-souris enragée, ce ne serait pas la fin du monde !

7. Acceptez l'incertitude

Les bileux ont tendance à vouloir tout contrôler et se font un sang d'encre quand quelque chose leur échappe. C'est peine perdue car, si effrayant que ce soit, la vérité c'est que rien n'est garanti dans la vie, tout peut basculer du jour au lendemain. Est-ce une raison pour vivre dans la peur et s'enfermer dans le cycle infernal de l'anxiété ? Au contraire, acceptez les surprises offertes par l'existence (heureusement, sinon elle serait ennuyeuse), pesez les risques mais vivez votre vie !

Levez le pied !

Vous ne pensez qu'à gagner du temps ou à ne pas en perdre ? Vous dépensez une énergie folle à râler contre tout ce qui vous ralentit ? Brisez vos chaînes : la course au temps est un esclavage. Vous redoutez les temps morts ? Que faites-vous du rêve, de la paresse, du silence, du plaisir ? La créativité et l'efficacité ne font pas bon ménage avec la précipitation (quelques minutes de pause dans la journée augmenteraient de 34 % les performances). Et vos priorités, qu'en faites-vous ? Pensez au modèle peu enviable d'outre-Atlantique : un cadre américain passe chaque année, en moyenne, quelque 68 heures à attendre au téléphone et seulement 26 heures à faire l'amour – ça vous tente ?

Si vous êtes de celles qui ont l'impression de ne pas avoir de temps, qui ne savent plus pourquoi elles font les choses, faites une pause et réfléchissez. Cessez d'agir, de vouloir faire et de vous énerver quand les choses ne se font pas assez vite. L'hyperactivité provient souvent de la peur du vide, d'une angoisse d'abandon ; c'est une façon de ne jamais se sentir seule, comme si vous aviez toujours quelqu'un près de vous. L'hyperactivité est aux antipodes de la sensation sereine d'exister.

La paresse serait un vice ? C'est plutôt une qualité essentielle : car, après tout, qui a gagné la course entre le Lièvre et la Tortue ? La lenteur, c'est le respect, la tendresse, la conscience du monde qui vous entoure. Rejoignez la minorité en plein développement des sages qui sont rebelles à la vitesse, des chefs d'entreprise qui imposent une sieste à leurs employés, des amoureux qui s'adonnent au tantrisme, du mouvement *slow-food* qui combat le fast-food.

Et un ultime conseil : ne vous faites pas bouffer par le temps, vous aurez bien le temps de vieillir ; alors posez-vous !

Trucs de paresseuse qui n'a pas peur de ne rien faire

1. **Allez-y doucement**. Si une heure creuse vous effraie, accordez-vous de minuscules pauses et laissez votre esprit vagabonder librement (en évitant de saisir votre portable !).

2. **Arrêtez de jongler**. Faire plusieurs choses en même temps devient vite une habitude. Concentrez-vous sur une seule activité : en renforçant votre attention, vous serez plus productive sur le long terme.

3. **Rêvez un peu !** Cessez de tirer des plans sur la comète ou de penser à ce que vous devriez faire ; demandez-vous comment vous aimeriez passer une soirée ou un week-end si vous n'aviez aucune obligation et si personne ne vous jugeait. Et mettez vos rêves en pratique !

Comportez-vous comme une gamine

Vous avez remarqué comme les enfants sont naturellement gais et heureux et comment ils savent profiter de ce qu'ils ont et de l'instant présent ? Quelques points de repère pour rester à jamais la gamine insouciante que vous étiez jadis :

1. Choisissez votre humeur

Vous avez le choix d'être de bonne ou de mauvaise humeur, mais ne faites pas porter le chapeau aux autres !

2. Aimez sans pudeur

Le bonheur, c'est d'abord apprécier ceux que vous aimez et le leur dire aussi souvent que possible.

3. Apprenez à apprécier

Même les tâches obligatoires peuvent être plaisantes si vous choisissez de les voir comme telles.

4. Redéfinissez la notion de succès

Appréciez ce que vous avez accompli au lieu de regretter ce que vous n'avez pas accompli.

5. Émerveillez-vous

Laissez-vous guider par vos sens, fermez les yeux et sentez l'air frais sur votre visage. Soyez aussi insouciante qu'une môme sur une balançoire !

6. Soyez spontanée

Ne vous torturez pas de questions, lâchez-vous et amusez-vous le plus possible !

7. Soyez la meilleure amie de...

.... qui vous voulez, pour chanter ensemble, prendre soin de l'autre, ou même vous disputer, et vivre une belle amitié.

8. Soyez attentive...

... aux petits bonheurs quotidiens. Comme on dit, il n'y a pas de bonheur, il n'y a que des moments de bonheur ; alors partagez, quoi que ce soit, même les trucs les plus banals, avec ceux que vous aimez.

9. Cultivez la passion

Pour n'importe quoi ou n'importe qui, même quand vous êtes fatiguée ou que le succès n'est pas à la clé.

10. Savourez votre bonheur pendant qu'il est temps

N'attendez pas le parfait moment de bonheur, croquez la vie, là, maintenant, et plein d'autres petits moments de bonheur suivront.

20 TRUCS POUR RESTER JEUNE ET PROFITER DE LA VIE À CHAQUE INSTANT

1. Laissez-vous aller

Ne ressassez pas vos soucis ou vos rancunes, laissez aller et laissez faire. Lorsque vous êtes tendue, respirez profondément et comptez jusqu'à 10.

2. Faites de la musique

Pour ne pas finir gaga ! Selon une étude de l'université de Hongkong, jouer d'un instrument développe aussi la mémoire des mots.

3. Pouponnez

Suivez les conclusions d'une étude de l'université de Berkeley en Californie : pour augmenter significativement votre espérance de vie, occupez-vous de vos enfants, petits-enfants, arrière-petits-enfants (ou à défaut de votre animal préféré).

4. Confiez-vous

Pourquoi les femmes vivent-elles sept ans et demi de plus que les hommes ? Sans doute à cause de leur capacité à se confier à des ami(e)s en cas de déprime ou de stress. Autrement dit : ne vous renfermez pas comme une huître en cas de pépin.

5. Touchez

Un simple geste, comme se donner la main, génère de l'oxytocine, l'hormone de l'amour. Ça vaut le coup d'essayer !

6. Transpirez

Selon une étude de l'université de San Diego en Californie, 20 minutes d'exercices d'aérobic accroissent, ô surprise, la réponse des femmes aux stimuli sexuels.

7. Faites-vous du bien

Pour faire place au plaisir et au plaisir seulement, fixez-vous la règle d'or suivante : mangez uniquement ce que vous appréciez et appréciez ce que vous mangez.

8. Vivez sainement

Votre corps « est un temple » ; alors traitez-le avec révérence ! Et puis, il est fait pour bouger ; alors bougez-vous !

9. Allez-y franco

Arrêtez de répéter que vous voulez gagner plus de sous, fixez-vous un objectif clair (changer de job, reprendre des études...) et faites en sorte d'utiliser votre temps judicieusement. C'est sympa de passer 2 heures au téléphone avec votre sœur si votre but est de vous rapprocher d'elle, ça l'est moins si vous rêvez de créer votre propre entreprise.

10. Partez à l'aventure

Découvrir d'autres cultures, faire de nouvelles rencontres sont de bons moyens de sortir de votre routine, d'évacuer le stress et surtout de retrouver l'inspiration. Certaines femmes célèbres qui l'ont fait ont écrit le récit de leurs voyages et... ont presque toutes vécu centenaires !

11. Aidez les autres

Restos du cœur, associations de quartier, voisin de palier ? C'est le premier pas qui compte ; l'altruisme n'est ni coûteux, ni difficile, ni trop prenant. En tout cas, oublier un peu son petit ego est une des façons les plus sûres de rester jeune.

12. Riez-en !

Riez de vos ennuis, plutôt que de dramatiser. Racontez ou imaginez que vous racontez à des amis la catastrophe qui vient de vous arriver ; la situation vous paraîtra cocasse et vous réussirez à en rire à votre tour !

13. Ayez la mémoire gourmande

Pensez à la madeleine que tante Léonie offrait le dimanche au petit Marcel (Proust), savourez les sons et les odeurs qui vous entourent : l'affectif joue un rôle essentiel dans la mémoire.

14. Ayez la mémoire heureuse

Repassez dans votre tête, aussi souvent que possible, les images de vos instants de bonheur, revivez vos moments d'extase, pour les immortaliser dans votre mémoire.

15. Ayez la mémoire sélective

Souvenez-vous de toutes les gentillesses reçues, des petites marques de générosité et des sentiments positifs dont vous êtes chaque jour le témoin.

16. Ayez la mémoire courte

C'est-à-dire pardonnez ! Si vous traînez vos vieilles rancunes, c'est à vous-même que vous faites du mal. La rancune est toxique « physiquement », elle augmente la tension et diminue votre capacité à faire face aux événements de la vie.

17. Chérissez chaque instant

Écoutez, soyez attentive, soyez dans l'instant présent – pour ne pas perdre le contact avec les autres – mais aussi avec vous-même.

18. Faites la fête

Célébrez à tout crin ! En plus de fêter l'anniversaire de votre chéri ou votre nouvelle promotion, profitez de toutes les occasions : organisez un dîner exotique pour montrer vos photos de voyages aux amis ou confectionnez des brownies que vous servirez avec de la glace à la vanille (qui peut le plus peut le moins !) sans aucune justification, juste pour le plaisir !

19. N'ayez pas peur des mots

Ne cachez pas vos sentiments, surtout pas l'amour. Si vous aimez, dites-le et n'attendez pas de réciprocité ou de récompense immédiates, soyez simplement en accord avec vos sentiments.

20. Aimez !

Votre petite personne, vos enfants, votre mari, votre chien, votre voisin, vos amies, votre poisson rouge, la Terre entière, mais aimez de tout votre être ! Là est le vrai secret de l'éternelle jeunesse !

chapitre 8

Petit glossaire des secrets de jeunesse

Comment tout savoir pour rester jeune le plus longtemps possible sans faire d'efforts insurmontables ?

Vous avez été trop... paresseuse pour consulter les chapitres précédents ? Parcourez ce lexique et essayez même de le mémoriser – à votre rythme (cela va sans dire) –, et vous resterez une paresseuse resplendissante jusqu'à un âge avancé.

Acides gras saturés, mono-insaturés et poly-insaturés

Ce que la science en pense

Les graisses, qu'elles soient animales ou végétales, sont classées selon leur saturation en acides gras. Les acides sont des chaînes d'atomes fixés entre eux par des liaisons. Ils sont « saturés » quand toutes leurs liaisons sont occupées, mono-insaturés lorsqu'ils ont un bras libre et poly-insaturés lorsqu'il leur reste plusieurs bras libres.

Les acides gras mono et poly-insaturés sont de bonnes graisses issues des aliments d'origine végétale ou animale. Ils font baisser le « mauvais » cholestérol (LDL-C) et maintiennent le « bon » (HDL-C).

Ce que les paresseuses peuvent en penser

Vous vous en doutiez peut-être : il y a gras et gras (ce n'est pas une excuse pour vous jeter sur les frites !). N'oubliez pas que tous les lipides affichent 9 kcal par gramme ; privilégiez les huiles végétales pour la cuisson et les assaisonnements, mais ayez la main légère : un filet fera l'affaire !

Adipocytes (voir *Tissu adipeux*)

Ce que la science en pense

Vulgairement appelés « graisse », ce sont de grosses cellules qui constituent le tissu adipeux : elles sont 8 fois plus grosses que les autres ! Les adipocytes sont formés de compartiments, comme des sphères de lipides (80 % de leur volume total), et sont donc un véritable « grenier à graisse ». Ils ne sont cependant pas foncièrement mauvais car ce sont des réservoirs d'énergie ; ils stockent des vitamines, du cholestérol et des polluants.

Ce que les paresseuses peuvent en penser

La taille de vos adipocytes augmente en même temps que votre poids (sans compter qu'ils peuvent se multiplier tout au long de la vie)... bref, vous l'avez sans doute constaté : vous mangez trop, vous augmentez de volume ! Votre cas n'est toutefois pas désespéré : moins de sucres et de graisses, plus d'exercices physiques, et vos adipocytes seront libérés de leur carcan, vous verrez leur taille diminuer en même temps que la vôtre !

Adrénaline

Ce que la science en pense

L'adrénaline est l'une des trois hormones responsables de l'utilisation des nutriments et de leur régulation dans le sang. Elle est produite par les glandes surrénales sous la direction du système nerveux autonome, un système qui participe aux fonctions d'éveil, d'activité et de stress de l'organisme.

Ce que les paresseuses peuvent en penser

Vous libérez de l'adrénaline quand vous êtes stressée. Ce n'est ni bien, ni mal : c'est une réaction normale de défense, mais, à haute dose, le stress altère les cellules et peut même tuer les neurones. De plus, le stress fait grossir : il induit un flot constant de cortisol, une hormone qui stimule l'insuline, qui elle-même favorise le stockage des graisses ! Conclusion : identifiez la cause de votre stress, détendez-vous et soyez plus tendre avec vous-même.

AHA

Ce que la science en pense

Aussi connus sous le nom d'« alpha-hydroxy-acides », ces acides de fruits accélèrent la régénération cellulaire et gomment la couche supérieure de la peau.

Ce que les paresseuses peuvent en penser

Ces acides de fruits nettoient la surface de la peau et rendent le visage plus lisse et plus lumineux. À recommander aux paresseuses qui veulent une peau éclatante.

Antioxydants

Ce que la science en pense

Les antioxydants sont des molécules qui luttent contre les radicaux libres (molécules toxiques dues à la respiration, au tabac, à la fatigue, au stress et aux polluants) et protègent contre les réactions d'oxydation qui accélèrent le vieillissement. On trouve des antioxydants dans les fruits, les légumes, le thé et le vin.

Ce que les paresseuses peuvent en penser

Les antioxydants sont les « antirouilles » de votre corps ; donc, pour être mince et en bonne santé, ce n'est pas compliqué : faites le plein de fruits et de légumes !

Bêta-carotène

Ce que la science en pense

Encore appelé « provitamine A », c'est le pigment jaune orangé des fruits et légumes (genre carotte). Il possède de nombreuses vertus antioxydantes.

Ce que les paresseuses peuvent en penser

Les fruits et les légumes ont encore une fois tout bon ! Vous savez ce qu'il vous reste à faire...

Botox (toxique botulique)

Ce que la science en pense

Le Botox ou toxique botulique gomme les rides du front et les rides d'expression. Il nécessite l'intervention d'un spécialiste qui injecte de minuscules quantités de Botox dans les muscles contractés pour les aider à se détendre.

Ce que les paresseuses peuvent en penser

Il s'agit d'injections dans le visage d'un produit contenant des traces de poison pour paralyser les muscles du front et avoir l'air éternellement jeune (du moins pendant quelques mois !). Vous trouvez que ça vaut vraiment le coup ?

Calcium

Ce que la science en pense

Le calcium est le sel minéral le plus abondant dans l'organisme. Il se concentre à près de 99 % dans les os et les dents. Il joue aussi un rôle primordial auprès des cellules musculaires et nerveuses.

Ce que les paresseuses peuvent en penser

Il vous faut 800 à 1 000 mg de calcium par jour pour avoir de beaux os. Le calcium vous protégera contre l'ostéoporose (os poreux et cassants). Assurez vos vieux jours en buvant des eaux riches en calcium et en consommant un produit laitier à chaque repas.

Calories

Ce que la science en pense

La calorie est l'unité de base énergétique des aliments ; sa valeur s'exprime en kilocalories ou en kilojoules. Le nombre de calories nécessaires au quotidien dépend du sexe, de l'âge, du métabolisme individuel et de l'activité physique.

Ce que les paresseuses peuvent en penser

C'est ce qui fait grossir quand on en abuse ! Ne les comptez pas, mais faites-vous une idée en jetant un coup d'œil à une table des calories de temps en temps.

Cellulite

Ce que la science en pense

C'est un gonflement du tissu conjonctif placé sous la peau qui donne un aspect « peau d'orange ». La cellulite est de la graisse composée d'adipocytes de grande taille ; elle est localisée sur les genoux, l'abdomen, les hanches et les cuisses (la disgracieuse « culotte de cheval » !).

Ce que les paresseuses peuvent en penser

C'est votre bête noire ! Voilà ce qui arrive quand vous faites tout ce que vous aimez et non tout ce que vous devriez faire !

Collagène

Ce que la science en pense

C'est une molécule naturelle de la peau qui gonfle les joues et les rend fraîches comme un fruit mûr. Sans collagène, la peau se relâche comme une crêpe et se ride.

Ce que les paresseuses peuvent en penser

Le collagène est un actif raffermissant naturel.

Cortisol

Ce que la science en pense

C'est une hormone sécrétée par les glandes surrénales. Le cortisol est fondamental dans le fonctionnement du corps humain. Il libère les réserves d'énergie au moment opportun (stress, énervement, envie d'action, envie de combattre, etc.) et augmente l'apport en sucre dans le sang. C'est une hormone d'adaptation au stress dont l'excès augmente les risques de maladies cardio-vasculaires, les ulcères d'estomac et le stockage des graisses. Le cortisol naturel a donné naissance à une classe de médicaments majeurs connue sous l'appellation de « cortisone ».

Ce que les paresseuses peuvent en penser

Ne vous en souciez pas particulièrement. Laissez votre corps faire son boulot mais veillez à ne pas vous laisser dépasser par le stress de la vie quotidienne : votre santé et votre ligne sont en jeu.

Dermabrasion

Ce que la science en pense

Il s'agit d'un polissage de la peau à l'aide d'un produit abrasif à base de fins cristaux ou d'une matière équivalente.

Ce que les paresseuses peuvent en penser

Décapage de la peau – si ça vous tente – pour la rendre plus lisse.

DHEA

Ce que la science en pense

C'est une hormone stéroïde produite par les glandes surrénales (au-dessus des reins), que l'organisme utilise à la fois pour fabriquer les hormones femelles (œstrogènes et progestérone) et l'hormone mâle (testostérone). Elle est produite en quantité croissante jusqu'à l'âge de 25 ans. Puis son taux commence à décliner et ne représente plus, chez quelqu'un de 70 ans, que 10 % de ce qu'il était quand il avait 30 ans !

Ce que les paresseuses peuvent en penser

La DHEA a été comparée à une pilule anti-âge, une sorte de source de jouvence, sauf qu'elle est interdite en France faute de résultats scientifiques concluants. Donc, qui vivra verra : tenez-vous au courant de la suite des événements – sait-on jamais ?

Écran solaire

Ce que la science en pense

C'est une crème avec plus ou moins d'agents chimiques qui forme une barrière contre les UVA et les UVB.

Ce que les paresseuses peuvent en penser

N'hésitez pas : cette crème vous évitera de ressembler à une vieille prune !

Élastine

Ce que la science en pense

C'est une fibre conjonctive qui soutient la peau et lui donne son élasticité.

Ce que les paresseuses peuvent en penser

Vive le trampoline de la peau !

Endorphines

Ce que la science en pense

Les endorphines sont des substances apaisantes libérées par le cerveau dans les situations de stress, pendant et après l'exercice physique.

Ce que les paresseuses peuvent en penser

Ne vous demandez plus pourquoi vous vous sentez bien après une bonne séance de sport !

Exfoliation

Ce que la science en pense

Ce sont des produits gommants qui permettent de nettoyer la peau en profondeur pour déloger et faire partir les cellules mortes, responsables des mines ternes.

Ce que les paresseuses peuvent en penser

Un soin du visage vigoureux avec une crème grumeleuse.

Féculents

Ce que la science en pense

Blé, riz, maïs, mais aussi haricots, lentilles, pommes de terre, les féculents sont des aliments d'origine végétale. Ils sont source d'énergie, de vitamines et de minéraux et contiennent une grande quantité de sucres lents.

Ce que les paresseuses peuvent en penser

Ne les rejetez pas en bloc : ils vous aideront à contrôler votre faim. Faites jouer la diversité et la complémentarité et, bien sûr, contrôlez vos portions.

Fer

Ce que la science en pense

Il est important d'éviter la carence en fer car c'est un minéral actif dans la formation de l'hémoglobine qui transporte l'oxygène dans les tissus. Il joue également un rôle dans la résistance aux infections et les performances physiques et intellectuelles.

Ce que les paresseuses peuvent en penser

Si vous avez des règles abondantes et que vous êtes fatiguée, vous manquez peut-être de fer. Abusez pendant un certain temps de viande rouge (maigre), de boudin noir et de foie de veau. Si les symptômes persistent, consultez votre médecin.

Fibres

Ce que la science en pense

Les fibres alimentaires, que ce soient les fibres du son, des végétaux, des légumes secs ou des fruits, sont indispensables à la régulation intestinale et ont un rôle de prévention des cancers des voies digestives. Bon point : les fibres ont un effet « coupe-faim ».

Ce que les paresseuses peuvent en penser

Les fibres traversent le tube digestif sans subir de transformation – ce qui signifie « 0 calorie à la clé » !

Glucides (ou sucres)

Ce que la science en pense

Les glucides sont encore appelés « sucres » ou « hydrates de carbone ». On les divise en deux camps :

— Les sucres lents (ou complexes), plus longs à se décomposer dans l'organisme. Ils sont formés d'une chaîne plus ou moins longue de molécules de glucose et ont un pouvoir sucrant modéré et prolongé. Ce sont les pâtes, le pain, les céréales, les légumes secs, les pommes de terre.

— Les sucres rapides (ou simples), immédiatement utilisables. Ils sont composés d'une seule molécule de glucose, de fructose (le sucre naturel des fruits), de galactose ou de deux molécules de saccharose (sucre pur) et de lactose (glucide du lait). Ils ont un pouvoir sucrant élevé et rapide, surtout s'ils sont consommés en dehors des repas. Ce sont les sodas, les jus de fruits, le miel, la confiture, les glaces, les pâtisseries et le sucre de table.

Ce que les paresseuses peuvent en penser

Les sucres ne sont pas diaboliques, à condition de savoir les distinguer et de ne pas se laisser aller à des pulsions incontrôlées. Associez des sucres lents pour caler l'estomac et fouetter l'énergie à une rare douceur pour l'humeur et le plaisir : il n'y a pas de quoi grossir.

Glycémie

Ce que la science en pense

La glycémie est le taux de sucre circulant dans le sang dans des conditions normales.

Ce que les paresseuses peuvent en penser

Ne vous posez pas trop de questions, sauf si vous êtes diabétique ou mangez de façon tellement anarchique que votre glycémie joue le Yo-Yo (voir *Hypoglycémie*).

Graisses (voir *Lipides*)

Hormone de croissance

Ce que la science en pense

Après un pic vers 20 ans, la synthèse de l'hormone de croissance diminue progressivement jusqu'à devenir pratiquement nulle à 60 ans. Des similitudes étroites entre les symptômes du vieillissement et ceux de personnes présentant un déficit en hormone de croissance ont été constatées.

Ce que les paresseuses peuvent en penser

Elle est parfaite pour une paresseuse puisque l'hormone de croissance est produite pendant le sommeil. En revanche, vouloir en prendre contre le vieillissement présente des dangers et des effets secondaires sérieux. Stimulez donc votre chère hormone de façon naturelle : en dormant !

Hypoglycémie

Ce que la science en pense

La crise d'hypoglycémie a pour origine une baisse du glucose du cerveau, due à un dysfonctionnement du pancréas qui sécrète l'insuline régulatrice du taux de sucre dans le sang. L'hypoglycémie provoque un malaise qui se traduit par une angoisse, une grande fatigue, des difficultés à se concentrer, des sueurs et des tremblements.

Ce que les paresseuses peuvent en penser

Ne sautez pas de repas, à commencer par le petit-déjeuner, sous peine d'avoir un coup de barre à 11 h, voire une crise d'hypoglycémie. Fractionnez vos collations et ne consommez pas d'aliments sucrés en dehors des repas : ça oblige le pancréas à sécréter brutalement de l'insuline.

Index de glycémie

Ce que la science en pense

L'index de glycémie d'un aliment témoigne de sa vitesse de pénétration dans le sang ; il varie selon les aliments avec lesquels il est consommé et associé. Plus l'index de glycémie d'un aliment est bas, plus la réponse glycérique (le taux de sucre) est étalée dans le temps.

Ce que les paresseuses peuvent en penser

Choisissez en priorité des aliments à index glycérique faible : c'est tout bénéfice. En effet, un taux élevé ou l'élévation brutale du taux de glycémie provoque une augmentation de l'insuline, qui a pour conséquence une fatigue musculaire, des pannes cérébrales et... le stockage des graisses !

Insuline

Ce que la science en pense

C'est une hormone sécrétée par le pancréas. Elle permet l'assimilation du sucre (glucose) apporté par l'alimentation et favorise son utilisation par les cellules ou sa mise en réserve dans le foie, les muscles et... les tissus graisseux.

Ce que les paresseuses peuvent en penser

Rien de spécial, sauf qu'il vaut mieux éviter les variations intempestives de votre taux d'insuline (genre fringales de sucre). Les pics d'insuline provoquent une faim de loup et le trop-plein de glucides se transforme en lipides qui font leur nid dans les cellules graisseuses !

Kératine

Ce que la science en pense

Il s'agit de la protéine présente dans les cheveux et les ongles.

Ce que les paresseuses peuvent en penser

C'est l'une des premières protéines à flancher quand vous vivez dans l'excès et que vous mangez n'importe quoi (pensez aux ongles striés ou qui se dédoublent).

Lipides (ou graisses)

Ce que la science en pense

Les lipides ont un rôle énergétique important et sont fondamentaux dans la composition des membranes des cellules, des noyaux et tissus nerveux. Il est nécessaire d'avoir un apport suffisant en lipides car ils agissent dans l'assimilation des vitamines et la fabrication des hormones.

Ce que les paresseuses peuvent en penser

Il en existe de plusieurs sortes : graisses ou acides gras saturés, mono et polyinsaturés, et ils ne sont pas tous recommandables (voir plus haut). Question poids, ne renversez pas la bouteille d'huile d'olive dans votre salade sous prétexte qu'elle est bonne pour la santé : vos hanches risqueraient d'en pâtir !

Liposuccion

Ce que la science en pense

Il s'agit d'une opération chirurgicale esthétique qui consiste à introduire un tube, par une petite incision, dans la peau et le tissu adipeux pour prélever la graisse par aspiration. Elle est généralement pratiquée à l'intérieur des cuisses, sur les fesses, au menton et sur le ventre.

Ce que les paresseuses peuvent en penser

Un mini-aspirateur qui débarrasse de la culotte de cheval et autres peaux d'orange.

Magnésium

Ce que la science en pense

C'est un minéral dont le rôle est prépondérant dans la bonne marche de l'activité cérébrale, la résistance au stress et le bon fonctionnement des muscles.

Ce que les paresseuses peuvent en penser

Il vous suffit de retenir que, fort à propos, le chocolat noir contient du magnésium !

Masse grasse

Ce que la science en pense

Encore nommée « graisse corporelle », la masse grasse est présente sous la surface de la peau et dans les profondeurs du corps. Son excès, outre qu'il nuit à l'esthétique, nuit à la santé, surtout lorsque ladite graisse se situe autour de l'abdomen. Il s'agit alors d'obésité androïde car elle touche plus les hommes, mais elle se rencontre aussi chez les femmes. Cette forme d'obésité expose aux maladies cardio-vasculaires et elle est souvent associée au diabète de type 2.

Ce que les paresseuses peuvent en penser

Pas vraiment du bien ! Disgracieuse et nuisible pour la santé, débarrassez-vous-en une fois pour toutes !

Masse maigre

Ce que la science en pense

Ou muscle. La masse maigre n'a que des avantages ; elle brûle plus de calories que la graisse – encore faut-il l'entretenir en la faisant travailler régulièrement. C'est dans les muscles que les graisses se consument : 1 kg de muscles dépense 30 kcal contre 5 à 6 kcal pour la masse grasse. À méditer !

Ce que les paresseuses peuvent en penser

Que du bien ! Chez un sportif (ou une sportive ?), la masse maigre dépense environ 10 % d'énergie de plus, même au repos, que chez un non-sportif. Maigrir sans rien faire, c'est le rêve, non ?

Méditation

Ce que la science en pense

C'est une parfaite solution anti-stress et une technique simple prouvée par de nombreuses études scientifiques pour soulager divers symptômes : anxiété, tension musculaire, diminution de la pression artérielle et du rythme cardiaque. La méditation permet de vous découvrir de l'intérieur, d'observer votre corps et votre mental en témoin privilégié.

Ce que les paresseuses peuvent en penser

Ne croyez pas que la méditation demande des années d'entraînement dignes d'un moine tibétain. Au départ, vous devrez vous habituer à faire le vide dans votre tête ; ce n'est pas facile, mais, une fois aguerrie, vous pourrez même méditer dans les embouteillages.

Mélatonine

Ce que la science en pense

La mélatonine est une hormone sécrétée essentiellement la nuit par une petite glande du cerveau : l'épiphyse. Sa sécrétion est 5 à 7 fois supérieure la nuit que le jour, avec un pic vers 2 à 3 h du matin. Très importante pendant la petite enfance, la production de mélatonine diminue au cours de la puberté puis tend à se stabiliser. Elle chute fortement ensuite pour devenir inexistante vers 70 ou 80 ans.

Ce que les paresseuses peuvent en penser

Elle est parée de bien des vertus mais elle n'est pas autorisée en France car l'état actuel des connaissances n'indique pas les possibles effets indésirables d'un traitement. Conseil : résistez à la tentation de vous en procurer sur Internet.

Métabolisme de base

Ce que la science en pense

C'est l'ensemble des dépenses énergétiques liées à l'entretien et à la vie de toute personne au repos complet et à une température stable. Bref, c'est le nombre de calories que votre corps brûle au repos ainsi que la composante principale (60 à 70 %) de votre dépense énergétique globale.

Ce que les paresseuses peuvent en penser

Les dépenses du métabolisme de base sont en partie génétiques et diminuent avec l'âge. Ne désespérez pas cependant : plus vous êtes musclée, plus votre métabolisme brûle !

Minéraux (et oligoéléments)

Ce que la science en pense

Potassium, calcium, magnésium, fer, cuivre, zinc, nickel, sélénium sont indispensables au métabolisme et présents en quantité infinitésimale dans l'organisme. Ils n'apportent pas de calories et, en plus, ils protègent des maladies que vous n'avez pas envie de voir apparaître.

Ce que les paresseuses peuvent en penser

De bons petits trucs minuscules et invisibles à trouver dans une alimentation variée qui privilégie les produits frais. Même la plus paresseuse peut le faire !

Nutriments

Ce que la science en pense

Les aliments sont composés de nutriments : protides (protéines), lipides (graisses) et glucides (sucres). Les nutriments ont pour fonction de fournir de l'énergie, mais chaque nutriment a aussi toutes sortes de fonctions propres. Les protéines sont les bâtisseurs des cellules ; les glucides sont la principale source d'énergie du cerveau et des muscles, y compris le cœur ; les lipides, constituants des cellules et stockés dans les tissus graisseux, sont à la fois le support de certaines vitamines et une réserve importante d'énergie.

Ce que les paresseuses peuvent en penser

Les nutriments ne sont pas libres et égaux en droit, en ce qui concerne votre ligne. La preuve : 1 g de protéines ou de glucides apporte 4 kcal et 1 g de lipides 9 kcal. À vous d'en tirer les conclusions qui s'imposent.

Peeling

Ce que la science en pense

Il s'agit d'un traitement assez radical au cours duquel on applique un acide chimique sur le visage pour desquamer les couches supérieures de la peau et la rendre (après tout, c'est le but recherché) aussi douce que celle d'un bébé.

Ce que les paresseuses peuvent en penser

Cela évoque – Dieu sait pourquoi – une râpe à légumes !

Polyphénols

Ce que la science en pense

Ils font partie de la famille des micronutriments. Ce sont des antioxydants aux propriétés anti-inflammatoires et antiallergiques. Ils se répartissent en deux familles moléculaires : les acides phénoliques et les flavonoïdes.

Ce que les paresseuses peuvent en penser

Une prévention bien ciblée, c'est bon à prendre. Évidemment, il faut se nourrir de légumes verts, de fruits rouges et boire du thé et/ou du vin : faisable !

Protéines

Ce que la science en pense

Ou protides. Ce sont des macromolécules constituées par l'association d'acides aminés indispensables à tous les tissus (muscles, peau, etc.) ; elles participent aussi au système immunitaire.

Ce que les paresseuses peuvent en penser

N'oubliez jamais que les protéines sont les constituants de la masse maigre ; donc, si vous ne consommez pas assez de protéines, vous deviendrez ramollo. Assurez un apport suffisant : 1 g de protéines par jour et par kilo de poids est l'idéal.

Radicaux libres

Ce que la science en pense

Ils sont responsables du « stress oxydatif ». Explication : ce sont des éléments chimiques qui ont un électron instable – ce qui les incite à rechercher la stabilité auprès d'autres molécules pour s'accoupler et leur donner ou leur prendre un électron (ce qui endommage les cellules). D'une part, ils participent aux défenses de l'organisme en luttant contre les infections ; d'autre part, ils favorisent l'apparition de nombreuses maladies.

Ce que les paresseuses peuvent en penser

Il en faut un peu mais pas trop, pour que la production et l'élimination des radicaux libres s'équilibrent et n'abîment pas vos cellules. N'en favorisez pas la production avec le stress, le tabac ou la pollution et misez sur les antioxydants contenus dans de bonnes choses comme les fruits et les légumes frais, les céréales complètes, l'ail, la viande, les poissons et le germe de blé.

Rétinol

Ce que la science en pense

C'est un nouvel ingrédient anti-âge dérivé de la vitamine A. Ne le confondez pas avec le Retin A, une crème anti-acné vendue en pharmacie.

Ce que les paresseuses peuvent en penser

Encore des promesses !

Rosacée

Ce que la science en pense

C'est une maladie de la peau qui se traduit par des rougeurs sur le visage et qui ressemble au début à un coup de soleil ou à de l'acné. Elle peut se propager sur les joues, le front et le menton et donner un teint très rouge.

Ce que les paresseuses peuvent en penser

Contrôlez le mal en débusquant l'ennemi : l'alcool, le chocolat, les nourritures épicées, le stress, le soleil et les températures extrêmes qui ne font qu'aggraver la situation.

Sélénium

Ce que la science en pense

C'est un oligoélément, ennemi puissant des radicaux libres. Son action est couplée à celle de la vitamine E. On lui prête des propriétés anticancéreuses et anti-vieillissement.

Ce que les paresseuses peuvent en penser

Si vous êtes fumeuse, vous êtes sans doute carencée en sélénium. Pour ne pas vous rider prématurément, traquez-le dans les céréales complètes, le germe de blé, la viande, les légumes secs, les brocolis, les œufs, le poisson et les huîtres.

Sérotonine

Ce que la science en pense

C'est un neurotransmetteur qui intervient probablement dans la régulation du sommeil, de l'appétit et de l'humeur. Les personnes déprimées ou anxieuses sont souvent déficitaires en sérotonine. Sa production est favorisée par le sport.

Ce que les paresseuses peuvent en penser

Encore une fois, vous n'y couperez pas – au sport ! Alors, quand vous avez le moral à zéro, ne vous jetez plus sur la tablette de chocolat, enfilez juste vos baskets : à n'en pas douter, vous serez tentée de vous en servir.

Sodium (ou sel)

Ce que la science en pense

On emploie peut-être l'expression « le sel de la vie » dans un contexte positif ; il n'empêche : en matière de santé, sachez que le sel favorise la rétention d'eau et peut faire monter la tension.

Ce que les paresseuses peuvent en penser

« Un peu mais pas trop », telle doit être votre devise. Vous penserez aussi à être vigilante en ce qui concerne les plats industriels, les conserves, le pain, les condiments et même certains aliments au goût sucré qui contiennent cependant du sel.

Stress

Ce que la science en pense

Ni bon ni mauvais en soi, le stress est un syndrome normal d'adaptation. À petites doses, il est indispensable à la survie et à l'évolution, à l'efficacité et à la créativité, mais point trop n'en faut : sinon, d'une réaction biologique naturelle, le stress devient toxique.

Ce que les paresseuses peuvent en penser

Syndrome ou pas, vous devez vaincre votre stress et apprendre à le gérer. Sinon, vous verrez monter votre taux de cortisol : vous savez, la fameuse hormone responsable du stockage des graisses et de la prise de poids.

Tissu adipeux

Ce que la science en pense

Ce sont des réserves de graisses – comprenant le tissu adipeux brun, présent à la naissance, et le tissu adipeux blanc, développé après. Ce dernier est essentiellement composé d'adipocytes blancs et a de multiples fonctions. Il assure le stockage et la mobilisation de réserves d'énergie lipidiques, de polluants, de vitamines liposolubles et du cholestérol. Il a aussi une fonction endocrine : la sécrétion de leptine, d'œstrogènes, etc.

Ce que les paresseuses peuvent en penser

Pas que du bien ! Il est difficile de se faire une raison même si vous savez que les femmes sont programmées génétiquement pour stocker de la graisse (il fallait bien tenir le coup pour faire des enfants, même en cas de famine). Le mieux consiste à limiter les dégâts avec une alimentation équilibrée, pas trop grasse, pas trop sucrée, et... avec de l'exercice physique !

UVA et UVB

Ce que la science en pense

Ce sont des rayons ultraviolets. Les UVB sont les rayons qui brûlent la peau et les UVA ceux qui accélèrent le vieillissement et déclenchent les cancers. Pour bien vous protéger, choisissez une crème solaire active contre ces deux sortes de rayons.

Ce que les paresseuses peuvent en penser

Si vous vous fichez pas mal de votre beauté, par pitié, mettez au moins une crème avec un filtre solaire (SPF) d'indice 15 ou plus.

Vitamines

Ce que la science en pense

Ce sont des substances organiques nécessaires, en très petites quantités, indispensables à la croissance et au bon fonctionnement de l'organisme. À l'exception de la vitamine D, les vitamines peuvent être synthétisées par notre corps et doivent donc être présentes dans l'alimentation. Elles préviennent et participent au traitement de certaines maladies comme le cancer ou les maladies cardio-vasculaires.

Ce que les paresseuses peuvent en penser

Facile à retenir : c'est tout ce que vous apporte une nourriture saine, c'est-à-dire l'inverse des cochonneries et de l'alcool !

Zinc

Ce que la science en pense

C'est un minéral essentiel ; il a un pouvoir antioxydant à la dose de 30 mg par jour.

Ce que les paresseuses peuvent en penser

Faites le plein de zinc en mangeant des huîtres le plus souvent possible ; et si vous n'aimez pas les huîtres, il vous reste le pain complet, les jaunes d'œufs (si vous n'avez pas de cholestérol), les amandes et la viande de bœuf.

Zzzzz... sommeil

Ce que la science en pense

Le sommeil est notre façon naturelle de récupérer en même temps qu'une source essentielle de beauté et de bien-être. L'idéal est de dormir 7 à 9 heures par nuit.

Ce que les paresseuses peuvent en penser

Pas étonnant que la Belle au bois dormant soit si canon !

Table des matières

Sommaire 5
Avant-propos
Pourquoi ce guide va vous aider 9

chapitre 1
Comment rester jeune en apprenant à vous apprécier 11

Et si vous vous faisiez du bien 13

« Bravo moi ! » 15
Pour vivre longtemps et bien, la paresseuse n'a pas à être parfaite 15
« Parce que je le vaux bien ! » 18

Vous avez le droit de garder le silence 21
Occupez-vous de vous 22
Les 10 travaux pratiques de la paresseuse qui profite de la vie 24

Vous avez le droit d'être heureuse 26
Débroussaillez le terrain ! 26
Cultivez votre jardin ! 29

Vous avez le droit de déborder d'énergie 32
Avoir la pêche, c'est pas trop fatigant ! 32
Dormir, quel boulot ! 35
Le sommeil est dans l'assiette 37

Vous avez « même » le droit d'être en colère 40
La paresseuse réhabilite ses émotions 41

chapitre 2
Comment rester jeune en respectant son corps 47

Et si vous vous rappropriez votre corps ? 49
La paresseuse se fait du bien de 7 h du matin à 10 h du soir (au moins !) 50
Votre langage corporel en dit long 52

Comment faire taire la sempiternelle autocritique qui est en vous ? 53
Conseils pour aimer un peu plus votre corps… et vous-même par la même occasion 54

Comment être une sylphide pour longtemps ? 56
Le gras ne passera pas ! 56
Pas la peine d'en rajouter ! 57
10 bonnes raisons de garder votre poids idéal 59

Objectif « ventre plat » 62
De cause à effet 63
10 secrets de jeunesse pour « dégonfler » 65

Comment vous concocter une silhouette qui tient la route ? 69
Du muscle en plus, des années en moins 69
Motivation *versus paresse* 71
À tout crin 76
Atout « muscles » 77
La paresseuse tient la forme ET se muscle 78
La paresseuse fait de la gym sans en avoir l'air 81
La paresseuse fait de la gym entre midi et deux 83
La paresseuse occupe l'espace avec grâce 84

chapitre 3
Comment rester jeune en gardant la ligne 91

Comment ne pas (trop) abuser des bonnes choses ? 93
Le poids des ans 93
Le poids des hormones 96

Régime de croisière pour éviter de vous empâter au fil du temps 97
Calories, calories, calories ! 100
Mettez la pédale douce 104
La bonne « croque » 107

Rides et gras, même combat ! 111
Examinons la situation de plus près 111
La part des choses 113

Manger pour brûler de la graisse 117
Atouts « protéines » 117
Atouts « fibres » 121

Tous les moyens sont bons pour garder la ligne 124
De 30 à 40 ans, recherchez l'équilibre 124
À 40 ans et plus, allégez votre alimentation 125
À tout âge, jouez les index bas 126

chapitre 4
Comment rester jeune en soignant votre corps de l'intérieur 135

Où se trouve la fontaine de jouvence ? 137
Au dernier top de l'horloge biologique, il sera... 137
10 conseils pour une longue vie 139

10 ans de moins, ça vous tente ? 142
Vos ennemis sont identifiés 143
Luttez contre l'usure 146

Un lifting dans votre assiette ! 150
Idées « vertes » 150
Votre ligne de défense 151
Les autres compères antioxydants 154

chapitre 5
Comment rester jeune en prenant soin de sa santé 169

Comment mettre tous les atouts de son côté ? 171
L'heure des bilans 171
Paresseuse, elle aussi ? 174
Une pharmacie dans votre assiette 176

La paresseuse fait de vieux os 179
Des protéines pour avoir de beaux os 180
Du calcium à gogo 180

La paresseuse limite les facteurs de risque 183
Atout « cœur » 183

Vos meilleurs atouts de la prévention du cancer 191
Agissez sur votre environnement 191
Faites-vous dépister 193
Mangez « anti-cancer » 194

Hormones de jouvence ? 195
La DHEA 195
L'hormone de croissance 199
La mélatonine 200

chapitre 6
Comment rester jeune en vous bichonnant des pieds à la tête 207

« Et si je m'occupais de moi ? » 209

« La vérité si je mens ! » 209

Une belle peau pour longtemps 212
Paresseuse certes, mais pas « vieille peau » 212
Votre peau à la loupe 213
Peau de chagrin 215
La paresseuse échappe au « coup de vieux » 218

La paresseuse n'a – presque – rien à cacher 220
Règles générales 221

« Miroir, mon beau miroir » 226
La paresseuse bichonne son visage 227
La paresseuse bichonne son cou 232
La paresseuse bichonne ses yeux 233
La paresseuse bichonne ses cheveux 235
La paresseuse bichonne ses mains 237
La paresseuse bichonne ses ongles 238

Ravalement de façade sans bistouri 239
Le Botox – La toxine botulique 239
L'acide hyaluronique 240
Le peeling 241
La dermabrasion 242
Le laser 242

Sourire éclatant égale des années en moins 243
Un bon geste ! 243
À belles dents ! 246

chapitre 7
Comment rester jeune contre vents et marées 253

Ne laissez pas les hormones vous faire des misères 255
1. Vous avez de l'acné rebelle 255
2. Vous avez des trous de mémoire 256
3. Vous faites de l'insomnie 257
4. Vous avez le syndrome du côlon irritable 257
5. Vous êtes fatiguée en permanence 258

La paresseuse fête ses 100 ans sans être gaga 259
Boostez vos méninges ! 260
Dopez-vous à l'amour ! 262
Dopez-vous à l'amitié ! 265

La paresseuse vit dans le présent 268
Les vertus du rire 269
Là, maintenant ! 272

La paresseuse se laisse vivre (enfin !) 275
Chaussez vos lunettes roses 275
Levez le pied ! 278
Comportez-vous comme une gamine 279

chapitre 8
Petit glossaire des secrets de jeunesse 285

Comment tout savoir pour rester jeune le plus longtemps possible sans faire d'efforts insurmontables ? 287
Acides gras saturés, mono-insaturés et poly-insaturés 287
Adipocytes (voir *Tissu adipeux*) 288
Adrénaline 288
AHA 289
Antioxydants 289
Bêta-carotène 290

Botox (toxique botulique) 290
Calcium 291
Calories 291
Cellulite 292
Collagène 292
Cortisol 292
Dermabrasion 293
DHEA 293
Écran solaire 294
Élastine 294
Endorphines 294
Exfoliation 295
Féculents 295
Fer 296
Fibres 296
Glucides (ou sucres) 297
Glycémie 297
Graisses (voir *Lipides*) 298
Hormone de croissance 298
Hypoglycémie 298
Index de glycémie 299
Insuline 299
Kératine 300
Lipides (ou graisses) 300
Liposuccion 301
Magnésium 301
Masse grasse 302
Masse maigre 302
Méditation 303
Mélatonine 303
Métabolisme de base 304
Minéraux (et oligoéléments) 304
Nutriments 305
Peeling 305
Polyphénols 306
Protéines 306
Radicaux libres 307
Rétinol 307
Rosacée 308

Sélénium 308
Sérotonine 309
Sodium (ou sel) 309
Stress 310
Tissu adipeux 310
UVA et UVB 311
Vitamines 311
Zinc 312
Zzzzz... sommeil 312

Dans la même collection :

La Sexualité des paresseuses
La Santé des paresseuses
La Beauté des paresseuses
La Gym des paresseuses
La Cave à vin des paresseuses
Le Corps de rêve des paresseuses
Le Feng Shui des paresseuses
La Cuisine des paresseuses
Le Régime des paresseuses
Le Nouveau Savoir-Vivre des paresseuses
L'Astrologie des paresseuses
La Fête des paresseuses
La Vie rêvée des paresseuses
L'Agenda des paresseuses 2006
L'Armoire idéale des paresseuses
L'Art de se faire épouser des paresseuses
Le Guide de survie des paresseuses
L'Histoire de France des paresseuses
Les Bonnes Résolutions des paresseuses
L'Écologie des paresseuses
Les Vacances des paresseuses
La B.D. des paresseuses
Le Sudoku des paresseuses
Le Bricolage des paresseuses
Le Répertoire des paresseuses
La Positive Attitude des paresseuses
Le Kama-sutra des paresseuses
Le Prince Charmant des paresseuses
Les Paresseuses s'engagent !
Le Vintage des paresseuses
L'Agenda des paresseuses 2007
La Couture des paresseuses
L'Almanach des paresseuses
Le home sweet home des paresseuses
L'Anglais des paresseuses
La B.D. des paresseuses 2
La Recherche de job des paresseuses
La Vie politique (enfin) expliquée aux paresseuses

Photocomposition Nord Compo

Imprimé en Italie
par « La Tipografica Varese S.p.A.»
ISBN : 978-2-501-05077-7
Dépôt légal : 81714 -- Février 2007
40.8932.2/01